“江苏省社科应用研究精品工程”高校思想政治教育专项课题（20SZB－025）
江苏省社会科学基金项目（17MLD003）

新时代高校思政课教学模式改革研究

崔诣晨　刘中亮　著

合肥工业大学出版社

图书在版编目(CIP)数据

新时代高校思政课教学模式改革研究/崔诣晨,刘中亮著.—合肥:合肥工业大学出版社,2022.5

ISBN 978-7-5650-5355-9

Ⅰ.①新…　Ⅱ.①崔…②刘…　Ⅲ.①高等学校—思想政治教育—教学模式—研究—中国　Ⅳ.①G641

中国版本图书馆CIP数据核字(2021)第120863号

新时代高校思政课教学模式改革研究

崔诣晨　刘中亮　著　　　　责任编辑　郭娟娟

出　版	合肥工业大学出版社	版　次	2022年5月第1版
地　址	合肥市屯溪路193号	印　次	2022年5月第1次印刷
邮　编	230009	开　本	710毫米×1010毫米　1/16
电　话	人文社科出版中心:0551-62903200	印　张	12.75
	营销与储运管理中心:0551-62903198	字　数	228千字
网　址	www.hfutpress.com.cn	印　刷	安徽昶颉包装印务有限责任公司
E-mail	hfutpress@163.com	发　行	全国新华书店

ISBN 978-7-5650-5355-9　　　　定价:58.00元

前　言

我国正处于中国特色社会主义新时代。以习近平同志为核心的党中央团结带领全国各族人民，紧紧围绕实现“两个一百年”奋斗目标和中华民族伟大复兴的中国梦，举旗定向，攻坚克难，谋篇布局，强基固本，开辟了治国理政新境界，推动我国经济实力、科技实力、国防实力、综合实力进入世界前列，开创了党和国家事业发展新局面，得到了广大干部群众的衷心拥护，在国际社会产生了重大影响，党的面貌、国家的面貌、人民的面貌、军队的面貌、中华民族的面貌发生了前所未有的变化，这是我国发展新的历史方位。

在“青年政治引领”战略背景下，中国特色思想政治理论课研究的学科体系、学术体系、话语体系建设正经历一系列全局性、长期性的新变化和新发展。新时代高校思政课教学模式的相关研究以践行立德树人根本任务为出发点，正趋向多元化与实证化。本书正是对这一趋势的积极回应，旨在探究微文化时代大学生政治认同的“知行合一”教学模式。

人们在创造或适应互联网技术过程中，不断融入个体与社会的思想观念、情感体验、价值态度与精神文化。由此，微文化孕育而生，它具有认知、传播与舆论承载功能。微文化时代，现实与虚拟相交织、开放互动的社会生态环境与复杂分布式网络政治环境相交织，从而使大学生的政治认同培育体系受微文化信息和个体的政治敏锐性特质等因素的多重影响。与此同时，由微文化推动的政治环境透明化、政治信息多元化、政治组织开放化、个人政治作用扩大化等新的变化和发展间接影响到大学生政治认同的培育体系。

微文化时代，意识形态的多元化、传统思想与现代观念的博弈、中西思想的相互交流与碰撞，迫切需要社会主义核心价值观的引领。作为国家治理体系和治理能力现代化的“根”，政治认同是社会主义核心价值观确立的前提，是习近平新时代中国特色社会主义思想行稳致远的基石。因此，培养、塑造和加强当代大学生的政治认同关乎中国未来的政治稳定和实现中华民族的伟大复兴。

20 世纪 70 年代以来，政治认同研究大致经历了制度理论和文化理论两个发展阶段。制度理论强调政治认同是对制度设置和政治绩效的理性反应，该观点得到了相关研究的证实；文化理论则主张，政治认同不是基于理性的计算，而是来自后天习得的政治态度或价值观，它一方面受民族历史和文化传统的影响，另一方面则受社会资本和社会信任的影响。研究表明，个体在儿童期对父母温暖和疏离的知觉使其形成了认同感的内部工作模型，且一直稳定到成人期。与此同时，媒介的教化、家庭与学校教育都会影响广大青年的政治认同。

中国改革开放以来，社会正处于经济发展的高速期，同时也是矛盾的凸显期，伴生着大量的风险性和不确定性，社会焦虑、风险意识、群体事件等都在一定程度上影响人们的政治认同。纵观各学派观点，作为一种政治支持性的情感、态度或信念，政治认同遵循着政治心理发生与发展的一般过程，即环境刺激、心理倾向、政治行为。研究发现，大学生的政治认同，呈现出异质趋同与排他斥异张力中认同的消解与强化、迷惘虚无与互动共识张力中认同的困惑与觉醒、物化膨胀与精神供给张力中认同的冷漠与提升等冲突现象。

基于上述思考，本书一方面阐释新时代大学生政治认同状况的社会心理动力源，构建思政课“知行合一”的教学模式，为推动思政课改革创新提供教学实验素材；另一方面，坚持问题和需求双导向，有效搭建微文化视阈下高校思政课“知行合一”教学平台，为培育和践行社会主义核心价值观提供实证支持与教学参考。

全书以“大学生政治认同”为理论框架，将习近平新时代中国特色社会主义思想进教材、进课堂、进头脑建设目标置于“青年政治引领”战略背景下进行系统研究，构建大学生政治认同的“知行合一”教学模式。

选题申报、成果撰写和出版是一个艰辛的过程。依托“江苏省社科应用研究精品工程”高校思想政治教育专项课题“微文化时代大学生政治认同‘知行合一’教学模式研究”（20SZB－025）、江苏省社会科学基金项目“江苏高校教师职业道德自律及其评价机制研究”（17MLD003），本书得以顺利出版。在此，感谢课题评审组专家的厚爱；感谢合肥工业大学出版社朱移山副社长的鼎力指导和帮助；感谢合肥工业大学出版社张慧女士、秦晓丹女士、郭娟娟女士和审读专家为本书校对和付梓不辞劳苦地工作，使笔者能兼顾好日常工作和本书的创作。

本书的创作受到了国内外很多专家、学者的思想启迪，在此一并致谢。由于笔者水平有限，书中不足之处恳请广大读者批评指正！最后，谨以本书献给所有关怀、帮助、支持、鼓励笔者的亲人、师长、学友和朋友们！

崔诣晨　刘中亮

二〇二一年七月

目录

Contents

第一章　微文化现象与大学生道德敏感性

本章要点：

◆ 微文化现象的社会意蕴。

◆ 微文化的时代特征。

◆ 微文化时代大学生的道德敏感性。

试着来解答这些问题：

微文化是如何产生的？

微文化对当代大学生产生了哪些有利影响？

什么是道德敏感性？

背景因素如何影响道德敏感性？

大学生的不同经历与其道德敏感性存在怎样的关系？

文化是一个国家、一个民族的灵魂，文化兴则国运兴，文化强则民族强。中国特色社会主义文化，源自中华民族五千多年文明历史所孕育的中华优秀传统文化，熔铸于党领导人民在革命、建设、改革中创造的革命文化和社会主义先进文化，植根于中国特色社会主义伟大实践。发展中国特色社会主义文化，就是以马克思主义为指导，坚守中华文化立场，立足当前中国现实，结合当今时代条件，发展面向现代化、面向世界、面向未来的民族、科学、大众的文化，推动社会主义精神文明和物质文明协调发展，坚持百花齐放、百家争鸣，坚持创新性发展，不断铸就中华文化新辉煌。

第一节　微文化现象的社会意蕴

人们在主动创造或被动适应当代互联网时代全球文化传播趋势的过程中，不断融入个体与社会交流信息，相互交换并更新思想观念、情感体验、价值态度、精神文化。由此及彼，微文化这一新生事物孕育而生、广泛传播，当代社会已经步入“无微不至”的时代，人们可以通过代表社会各阶层群众的大众性、小群体的微小文化互联网载体，比如微博、微信、微支付、微行动、微电影、微文学、微创作、微发明、微建议、微方案、微产业、微服务等形式传播信息。

微文化是微时代的具象缩影，更是网络时代的必然产物。单从字面意思解构，“微”就是短和少。孕育于广义文化之中的微文化，打破了传统的空间逻辑和时间逻辑，将只言片语的文字交流、短小精悍的视频传播注入大众生活之中，形成了一种基于媒介技术的社会文化现象①。

一、微文化是科学技术进步的产物

微文化是当今社会的普遍文化现象，是人们的意识对物质世界的客观反映。人们在创造或者适应互联网技术的过程中，不断融入个体与社会相互交往的思想观念、情感体验、价值态度与精神文化。由此，微文化孕育而生。当代社会已步入“无处不微”的时代。人们通过代表社会各种思潮的群众性微小文化载体（如微博、微信、微支付、微行动、微电影、微文学等）感知和记录生活，改变了传统文化的叙事风格——由关注宏观迈向关注具象、由行政调节走向自我力量积聚、由外加变为内生。在微文化中，意识形态的多元化、传统思想与现代观念的博弈、中西方思想的相互交流与碰撞，社会思潮的紊流迫切需要社会主义核心价值观引领导航。人们对于政治体系的认同倾向开始受到微文化的挑战。这一新的社会变迁问题与其说是政治体系本身的变化，还不如说是认同主体，即社会公众“主观情境”的变化。

微文化首先是互联网时代的必然产物。互联网的运用，极大地改善了人们的文化生活，也改变了人们的传统生活习惯，人与人之间的物理距离哪怕是远隔千

---

①　段鹏．传播效果研究：起源、发展与应用［M］．北京：中国传媒大学出版社，2008.

山万水，瞬间缩短至近在咫尺；时间被压缩，空间可消弭，古代《西游记》中所描绘的“千里眼”“顺风耳”“筋斗云”“风火轮”等，如今早已成为现实。与互联网直接挂钩的手机、电脑等无线电通信工具，几乎是全民所有，更不用说大学生人人配备，微文化的传播速度伴随着科学技术日新月异、突飞猛进，使用成本日见低廉，使用功能更新换代。现代微文化的传播速度与五年前、十年前相比几乎是天壤之别，世界科学技术的进步促进了微文化的传播空间。

二、微文化是知识生产领域与阅读方式的双重变革

微文化通常是双向或者多向传播的，QQ、微信、BBS、网络直播、网络短视频、快手、秒拍、抖音、火山小视频、大数据技术、云算法模式，甚至微电子商务、微公益、微整容、微表情等，均表现为知识生产领域，即知识产权的扩大再生产。微文化同时也是阅读方式，即知识产权的消费。依据马克思主义政治经济学基本原理，每一个人都生活在人类社会，不能离群索居，必然要与人类社会发生生产、分配、交换、消费的关系，既是生产关系，也是社会再生产关系。除了物质产品之外，精神产品同样也有生产、分配、交换、消费的关系。微文化有时是要给付费用的，主要是具有明确知识产权的文化产品；有时则无须给付费用，因为是在亲人和友人之间相互传播，无须经济往来。但不管对方是否收费，微文化的生产和阅读都一定要通过互联网通信公司，都要支付最基本的无线电通信费。反过来看，没有互联网通信公司，也就没有微文化的生产与阅读。微文化是知识生产领域与知识阅读方式的双重变革。

三、微文化是新时代高校思想政治教育的有力阵地

新时代的高校思想政治教育，要把坚定理想信念作为思想建设的首要任务。党的十九大报告指出，文化自信是一个国家、一个民族发展中更基本、更深沉、更持久的力量。必须坚持马克思主义，牢固树立共产主义远大理想和中国特色社会主义共同理想，培育和践行社会主义核心价值观，不断增强意识形态领域主导权和话语权，发展社会主义先进文化，更好构筑中国精神、价值与力量，推动中华优秀传统文化创造性转化、创新性发展。

微文化在大学校园内无处不在，应当为促进高校坚持文化自信提供有力保证。利用微文化的及时性和普遍性特点，推行高校思想政治教育常态化、制度化，在大学校园内弘扬优良学风、师风，创新理论、武装大学生头脑，提高广大师生的政治素质，更加自觉地为实现国家和民族的历史使命而不懈奋斗。

四、微文化是促进高校坚持文化自信的有力保证

高校师生要大力培育和弘扬社会主义核心价值体系和核心价值观，加快构建充分反映中国特色、民族特色、时代特色的价值体系，努力抢占价值体系的制高点。中华民族五千多年的文明发展孕育的中华优秀传统文化，有学者把中华民族的文明史向前推进到距今五万年；在党和人民伟大斗争、伟大事业中孕育的革命文化和社会主义先进文化，积淀着中华民族最深层的精神追求，代表着中华民族独特的精神标识。

微文化是提高我国高校文化软实力、抵御西方腐朽思想文化侵蚀的迫切需要。今天，中华文化在世界上得到更广泛的传播，遍布世界各国的孔子学院就是有力的例证；但同时，西方腐朽思想文化对我国的渗透和影响也在不断加剧。坚持用微文化传播社会主义核心价值观，用以爱国主义为核心的民族精神和改革创新为核心的时代精神鼓舞高校师生斗志，充分挖掘和弘扬中华传统文化的价值，不断从时代的火热实践中汲取新鲜养分，有利于中华文化保持民族性、时代性、先进性，展现中国特色、风格与气派，有利于抵御西方资产阶级腐朽思想文化渗透，维护国家政治安全、文化安全，有利于推动中华文化更好地走向世界，扩大我国的国际影响力，切实增强中国特色社会主义文化自信和文化软实力。

第二节　微文化的时代特征

微文化时代是现代化社会科学技术发展所产生的新时代，是在互联网全球化范围内，人们普遍利用手机、电脑等无线电通信工具，以“微媒体”为载体，进行教育、学习、娱乐、休闲、交流的一种新型文化形式。微文化时代特征主要有现代科学技术特征、现代文化传播特征、信息资源迅速更替特征、信息记录可固定特征等。

一、基于现代科学技术特征的微文化

现代化社会的高科技时代背景，催生了互联网、手机、电脑等无线电通信设备，包括所有的硬件和软件，以及与此协同生产的文化产品。有统计数据表明，当代全世界从事以上相关现代科学技术产品的就业人口占全部就业人口的比重正在逐年增加。正是由于现代科学技术的迅猛发展，使微文化时代的物质基础得到

加强和发展。微文化是一种社会上层建筑，与社会经济基础是作用与反作用的辩证统一关系，即现代科学技术经济越发达，微文化发展也越快。反之，若现代科学技术经济停滞不前，微文化事业也难以发展。

微文化时代与传统文化时代有很大不同。微文化时代的时间、空间等被人类高度利用，人们的工作效率和生活节奏因现代科学技术逐步加快而提高，在不知不觉中人们信息交流被碎片化。微文化时代人们使用很短的时间和很少的信息容量，就能传递文化和情感，并且还能相互适应信息交流双方或多方的真实见解。可见，信息交流碎片化特征一方面可以提高人们的工作效率和生活节奏，但也可能引发信息误解和信息扭曲，还有增加信息阻断的风险；另一方面反而降低了人们的工作效率和生活节奏。

二、基于媒介视角的高校微文化

我国正处于中国特色社会主义新时代，实现中华民族伟大复兴是中国共产党与生俱来的历史使命。鸦片战争使得中华民族警醒，无数仁人志士从来没有自甘落后挨打的窘境，矢志不渝地在黑暗中探索中华民族复兴之路，人民英雄纪念碑清晰地记录下中华民族从倒下去再爬起来的漫长历程，新时代呼唤微文化充分体现了中国特色社会主义核心价值观。

微文化是高校社会意识的客观存在。在高校，教师与学生之间、教师与教师之间、学生与学生之间，无处不用微文化作为联系的纽带，所有的物质、运动、时间、空间，组成了高校微文化的存在形式。唯物主义认为，时间是物质运动的持续性、顺序性，时间的特点是它的一维性；空间是物质运动的广延性、伸张性，空间的特点是它的三维性。高校微文化在大学校园内的客观存在，既是绝对的，又是相对的，是绝对与相对的辩证统一；既是无限的，又是有限的。在大学校园里，没有离开高校社会意识的微文化，也没有离开微文化的高校社会意识。微文化是高校社会意识的客观存在，具有高校内在的社会意识形态统一性。

回顾五年前或十年前，在微文化还没有今天这样普遍发展的时候，校园里的文化联系主要依靠人力和纸质文件来完成，而现在，大多实行无纸化文件，几乎完全依赖人的脑力来完成，甚至交给电脑去自动完成。微文化这种无处不在的文化现象，反映了社会意识的普遍性，即物质存在的普遍性。

三、大学校园里的微文化

文化是一个国家、一个民族的灵魂，文化自信是一个国家、一个民族发展中更基本、更深沉、更持久的精神力量。新时代高校，以什么样的立场和态度对待微文化，用什么样的思路和举措发展微文化，朝着什么样的方向和目标推进微文化，才能使民族文化繁荣、学术研究兴盛、科研成果丰硕？对此，坚定高校文化自信，在高校科学技术实践创造中进行高校文化创造，在高校科技进步中实现高校文化进步，这些理念、举措和行动离不开微文化的持续发展和创新。

（一）微文化有助于大学生实现“微学习”

高校大学生的学习环境是整个高校校园。高校可以着眼于细微化的理念创新，善用微形式，打造微课堂，构建微学习的新模式，创新高校思想政治教育教学新模式。在新时代，传统的高校大学生思想政治教育理念已经不能完全适应创新型价值诉求，这就要求高校大学生和高校教师之间建立起一种师生平等话语权共享的新理念，用以解决师生关系中如何去中心化问题，就像圆桌会议一样，师生平等讨论专业课题，大家各抒己见，实现高校思政课教育话语权的现代转化，切实达到心灵敞开，双向沟通。

思想政治教育教师在微文化下重新塑造良好形象，相互讲好中国故事，研究世界问题。思想政治教育教师引导大学生从细微处入手，牢牢抓住思想政治教育的主渠道，面对海量专业信息，引导大学生及时做出积极回应，善于选择中国在世界历史舞台上各个领域里的辉煌成就事迹，选择能唱响主旋律、传递正能量的中国故事，把微元素、微话题、微内容等融入高校思想政治教育课堂教学，利用微理念创新微课堂，采用多样化的微课堂形式，如微时评、微沙龙、微辩论等，实现网络微文化与传统课堂教学有效衔接，这不仅符合大学生的价值诉求，还可发挥高校教师正确的舆论导向，实现高校思想政治教育立德树人的大目标。

（二）微文化有助于大学生提高主体意识

微文化可以强化大学生主体意识，发挥大学生主动学习的自主性，营造微学习氛围。例如，高校思政课教师精选热点话题，结合“00后”大学生伴随网络一起成长的群体性特点，以大学生身边的小事、时事热点、社会聚焦等问题为切入点，让大学生在课外零碎时间里主动讨论，活跃学术气氛，通过微文化信息平台进行多渠道交流，让所有大学生都有发言权、话语权、辩解权、评议权，努力构建微学习氛围。思想政治教育教师可与大学生一起讨论，引导讨论，增加学习讨论研究的趣味性、知识性、新颖性，如指导大学生亲自动手制作微视频、微电影、微课件等，通过微访谈、微沙龙、微作品等展现大学生的个性才华和创新亮点，提高思想政治教育课程结构的多元化，实现双向互动，展现立体几何画面。

（三）微文化有利于促进大学生营造友好型“微生态”

新时代大学生更热衷于日常生活中的微事件。他们大都喜欢通过电脑网络进行社交与分享，晒生活、晒美食、晒行为，成为高校微文化的显著特点，凸显了微民生活礼仪感，以及微文化风格的转变。高校校园文化环境对每一个大学生的成长都有着不可忽视的协同作用，其辐射了中国社会伦理思想内涵，彰显出中国社会主流价值，对高校大学生价值观培养具有潜移默化的环境作用。

高校应当在贴近学生、贴近教师、贴近学习、贴近生活等基础上，加大投资力度，充分利用微媒体，创造并完善有利于大学生健康成长的微环境，通过微电影、微杂志、微宣传等“微”形式，把生活化教育和气息渗透于高校校园各个领域，促进高校大学生健康而有序地生活，使大学生对美好生活的向往梦想成真。

第三节 微文化时代大学生的道德敏感性

一、道德敏感性及其影响因素

（一）道德敏感性的定义

网络上频频爆出的各种道德滑坡现象并不能完全代表我国全体公民的整体道德素质，可是，当这些蕴含道德危机的不道德事件频频出现在公众的视野时，我们不得不对整个社会的道德风气产生担忧。当前社会频发的道德滑坡现象，除了让我们深思和警醒之外，更加需要我们去探究此类事件为何会发生？仔细考量，不难发现，所有的这些事件都蕴含着某种道德前提：当事人缺乏“道德敏感性”，即无法察觉甚至无视自身不道德行为给他人带来的伤害和后果。

当人们意识到个体之间存在对道德问题的反应差异时，这种对于情境或事件的敏锐认识（即道德敏感性）也成为学者们研究的热点。现实生活中，你或许会遇到这样的人，他总能在第一时间一针见血地指出问题的关键，我们会用“敏锐”来形容他、夸赞他。敏感性是一个比较生活化的常见概念，它可以看作是个体对事件本身或事物变化的快速察觉或灵敏感知。但事实上，我们不难发现，个体在复杂的道德情境中很难摒除复杂、纷繁的信息而果断、直接地进行判断。这是因为，无论是缺少对事件信息的充分了解，还是各种外部信息的干扰，都导致我们在生活中很难准确并笃定地做出对应的是非判断。

道德敏感性并不是一个全新且陌生的概念。我国先哲孔夫子早就在《论语》中提出要警惕“德之不敏”。孔夫子最担忧的是对道德品质培养的忽视（即对道义相关事情的不敏感）和明明知道什么是符合道义的事情却不去做（即对道义相关事情的引而不发），甚至最后会发展成道义上的“麻木不仁”。

一开始，人们常用一些更为常见的名词来指代道德敏感性，如道德察觉、道德意识、同情反应、识别能力等。道德敏感性被赋予明确的解释并从道德心理结构中凸显出来，始于 Rest（1986）提出的道德的“四成分模型”[①]。四成分模型指出，个体的道德行为由道德敏感性、道德判断、道德动机和道德品性构成。道德敏感性是对道德情境或道德事件的敏锐感知、察觉和解释，其中，包括了移情、想象事件因果关系、对后果的察觉及对情境所涉及的道德规范的理解。Bebeau（2002）进一步指出，所谓道德敏感性理应能够感知、察觉或识别出一些其他信息中潜在的、隐蔽的道德成分（或道德含义），而不是单独地针对某一具体领域[②]。此外，Rawls 等人（1999）认为，道德敏感性所体现的更多是对道德事件或道德情境中道德含义的一种察觉能力，并在职业领域对这种道德上的察觉能力进行研究[③]。Bock 和 Narvaez（2002）对该定义做了有力的补充，认为道德敏感性应该不只表现为一种对道德事件或道德相关情境中道德含义（或道德意味）的察觉能力，其中，还应该包括对道德事件或道德相关情境中道德成分的一种解释和理解[④]。他们认为道德察觉是指一个人有没有察觉到道德事件中隐含的道德含义，而道德解释是对道德情境或事件中的道德含义进行分析并给予解释的能力，前者偏向于“有没有”，后者涉及“是什么”。

国内学者中，郑信军和岑国桢（2007）首次对道德敏感性进行了系统研究[⑤]。他们指出，道德敏感性表现为个体对道德价值的优先反应趋向和对道德问题的敏锐察觉与解释能力，包括倾向性道德敏感性和情境性道德敏感性。另有学

---

① Rest，J. R. Moral development：Advance in research and theory［M］. New York：A division of Greeenwood Press，1986.

② Bebeau，M. J. The Defining Issues Test and the Four Component Model：Contributions to professional education［J］. Journal of Moral Education，2002，31（3）：271－295.

③ Rawls，J. A theory of justice［M］. Cambridge，MA：Harvard University Press，1999.

④ Bock，T.，& Narvaez，D. Moral Schemas and Tacit Judgement or How the Defining Issues Test is Supported by Cognitive Science［J］. Journal of Moral Education，2002，31（3）：297－314.

⑤ 郑信军，岑国桢. 道德敏感性的研究现状与展望［J］. 心理科学进展，2007，15（1）：108－115.

者认为，道德冷漠表现为对道德事件的忽视和冷漠，而道德敏感性则表现为个体不自觉地对道德事件或道德问题保持活跃且积极的关注，同时自发启动对道德事件中道德含义或道德意味的感知、察觉、解释的一种能力。

国内外学者对道德敏感性虽有着不同的理解，但是在整体上却趋于一致：道德敏感性不是单一的心理成分，它不是简单的对道德事件的情绪反应，更不是摒弃情感因素的理性思考下的道德认知，而是道德认知和道德情感的相互作用，既是对道德价值进行优先选择的一种心理倾向，又是对道德情境进行察觉和解释的一种心理能力，其中包括了移情和想象。

（二）道德敏感性的影响因素

研究发现，背景因素（尤其是背景信息的准确度和熟悉度）会影响个体的道德敏感性。在更为模糊的背景信息情境中，个体的道德敏感性越低。当然，这种观点并非适用于所有领域。例如，当背景信息很少，但情境却非常熟悉时，个体依旧能有较高的道德敏感性。另有学者发现，个体身份立场的不同会导致他们对同一道德事件具有不同的理解。这一观点被概括为道德敏感性的场合特异性，即在同一道德情境中，当人们身处不同的角色时，会依照不同角色的立场进行情绪卷入，对该道德情境表现出不同的道德情绪，同时，对该情境中道德成分的感知、察觉及解释能力都有着明显区别。

陈步青等人（2018）通过实证研究发现，个体的道德敏感性与其攻击倾向有着显著的关系。对道德事件的感知、察觉和解释能力越强（高道德敏感性）的个体，其自我控制、约束行为的能力越强，情绪趋于稳定状态，攻击倾向较低。因此，高道德敏感性的个体具备更强的自控能力，更能约束自己的行为，反社会行为发生的可能性越小。无独有偶，研究发现，个体的道德敏感性越低，越容易发生道德脱离；而高敏感性的个体，自我控制力更强，相对于低敏感性个体，更不易发生道德脱离。

国外学者集中对道德敏感性的外部影响因素进行研究，而我国学者对道德敏感性影响因素的研究范围较广，除了人口统计学变量的相关研究外，还对道德敏感性与道德判断、道德脱离和道德决策的关系展开研究，试图探讨道德领域内各因素的互相影响，并且开展了对特定对象（如公务员、教师、聋哑人、监狱服刑人员、医学生、保险推销员和留守儿童等）的道德敏感性的针对性研究，为道德敏感性的相关研究做了有力的补充。值得一提的是，道德敏感性的影响因素适用于一般领域，而非适用于所有领域，其影响因素会与其他因素产生交互作用，对道德敏感性带来不一样的影响效果。

（三）道德敏感性的测量

国外由 Harenski（2010）编制的《科学伦理敏感性测验（TESS)》被用于对科学伦理范畴内的道德敏感性测验[①]。该测验的主要材料是涉及科学伦理意味道德问题情境（若干个），采用对被试进行访谈的方法，提问被试："假若自己正面对此类道德情境，那么在做出决策之前你必须思考的 5 个问题是什么（问题数量小于或等于 5)?"根据他们的访谈内容进行编码计分，得出在科学伦理范畴内道德敏感性的具体程度。随后，Kymlicka（2010）将道德敏感性划分为 7 个维度编制出《道德敏感性问卷（ESSQ)》，测验编制题目数量为 28 题，每个道德敏感性纬度对应 4 道题项，采用 5 点评分法，让被试进行选择，具有较好的信效度[②]。国内岑国桢和郑信军（2008）编制的《倾向性道德敏感性问卷(DMSQ)》不仅操作简单，测验方便快捷，同时信效度较高[③]。该问卷将道德敏感性划分为 5 个因子进行测量，测验编制题目数量为 28 题，采用 6 点计分(0—6 分依次对应：完全反对、不大同意、少许同意、有些同意、基本同意、完全同意)，此量表可靠有效，应用成熟。此外，根据研究对象（医学生、公务员、监狱服刑人员和保险推销员等）的不同，较多研究均自行编制道德敏感性的测量工具，在已有理论的基础上进行问卷编制，将道德敏感性重新划分维度，自行编制道德情境故事进行测验。此类自编测量工具的应用范围虽低于较成熟的 DMSQ 问卷，但是道德情境更加细化且生动，具有针对性，亦具有较好的测量效果。

二、微文化时代社会不公信息对大学生道德敏感性影响的实证研究

（一）研究对象

在南京某高校随机抽取 350 名在校大学生作为研究对象，向他们统一发放《社会不公信息与道德敏感性调查问卷》纸质版，对无效作答筛选处理后，最终

---

① Harenski, C. L., Antonenko, O., Shane, M. S., & Kiehl, K. A. A functional imaging investigation of moral deliberation and moral intuition [J]. Neuroimage, 2010, 49 (3): 2707—2716.

② Kymlicka, W. Testing the liberal multiculturalists hypothesis: Normative theories and social science evidence [J]. Canadian journal of political science, 2010, 43 (2): 257—271.

③ 郑信军，岑国桢．大学生倾向性道德敏感的结构研究［J］．心理科学，2008，31（5）：1026—1030.

有效问卷327份（有效率为93.43%），录入SPSS.22进行数据统计分析。

（二）研究工具

编制《社会不公信息与道德敏感性调查问卷》。本问卷社会不公信息的题项设置参考了国内相关调研。考虑到社会不公信息对大学生道德发展影响的可能差别，为社会不公信息设置三个研究方向：被试自身亲身经历的社会不公；被试的亲朋好友等亲近之人经历过的社会不公；后续影响程度不同的社会不公信息。本问卷中道德敏感性的划分依据《倾向性道德敏感性问卷》（郑信军，岑国桢，2009），即移情烦扰、移情内疚、惩罚倾向、察觉频率和共感想象5个维度①。

（三）结果与分析

1. 亲身经历过社会不公对大学生道德敏感性的影响

采用单因素方差分析发现，“是否亲身经历过社会不公”对大学生的道德敏感性均具有显著的影响（$ps<0.05$）（见表1-1）。具体而言，“亲身经历过”的大学生道德敏感性总均分为2.78，“没有亲身经历过”的大学生道德敏感性总均分为2.51，“记不清是否经历过”的大学生道德敏感性总均分为2.56。从道德敏感性的总均分来看，亲身经历社会不公的大学生的道德敏感性得分最高，没有亲身经历社会不公的大学生道德敏感性得分最低，而不确定、不记得自己是否亲身经历社会不公的大学生居于中间地位。由此可见，实实在在的社会不公经历将会内化为学生的道德经验和心理体验，这种直接的社会不公道德体验会严重影响大学生的道德认知，使其产生社会不公的内在认知。因为曾经遭遇过不公正事件，所以对不公正事件具有较高的敏锐度，能够更加敏感地察觉到道德情境的不公成分。

表1-1 是否亲身经历过社会不公对大学生道德敏感性的影响

	是否亲身经历过	M	SD	F
道德敏感性总均分	亲身经历过	2.78	0.60	7.30***
	没有亲身经历过	2.51	0.51	
	记不清是否经历过	2.56	0.54	

① 郑信军，岑国桢．道德敏感性：概念理解与辨析［J］．心理学探新，2009，29（1）：10—13.

（续表）

	是否亲身经历过	M	SD	F
惩罚倾向	亲身经历过	3.18	1.05	4.85 *
	没有亲身经历过	2.79	1.02	
	记不清是否经历过	2.83	1.07	
察觉频率	亲身经历过	2.15	0.85	18.51 ***
	没有亲身经历过	1.52	0.71	
	记不清是否经历过	1.71	0.69	

注：* $p<0.05$，** $p<0.01$，*** $p<0.001$。

"是否亲身经历过社会不公"在道德敏感性的惩罚倾向上具有显著的影响（$p<0.05$）（见表 1 - 1）。具体来说，"亲身经历过社会不公"的大学生道德敏感性惩罚倾向维度的得分为 3.18，"没有亲身经历过社会不公"的大学生道德敏感性惩罚倾向维度的得分为 2.79，"记不清是否经历过社会不公"的大学生道德敏感性惩罚倾向维度的得分为 2.83。道德敏感性惩罚倾向维度的得分最高的是"亲身经历过社会不公"，说明亲身经历的社会不公会给大学生造成心理上的创伤和实际上的伤害，这种直接的不公道德体验会严重影响大学生的道德认知，使其产生社会不公的内在认知。比如，曾经被人以权施压遭遇过社会不公的大学生，会对有权有势的人无形中产生"道德败坏"的不公倾向判断，会不自觉地认为有权有势的人都不是好人。此外，在接触到相关的道德情境时，经历过社会不公的大学生往往对道德情境中的犯过者表现出最强烈的惩罚意愿，希望犯过者可以受到相应的惩罚，这是出于对自身所受不公伤害的本能应激反应。道德敏感性惩罚倾向维度的得分最低的是"没有亲身经历过社会不公"，此类大学生没有社会不公的道德体验，因而不会对道德情境中的犯过者表现出最强烈的惩罚意愿，情绪反应也相对平和。

"是否亲身经历过社会不公"在道德敏感性的察觉频率维度上具有显著的影响（$p<0.05$）（见表 1 - 1）。"亲身经历过社会不公"的大学生道德敏感性的察觉频率维度的得分为 2.15，"没有亲身经历过社会不公"的大学生道德敏感性的察觉频率维度的得分为 1.52，"记不清是否经历过社会不公"的大学生道德敏感性的察觉频率维度的得分为 1.71。道德敏感性察觉频率维度的得分最高的是"亲身经历过社会不公"的大学生，可见，亲身经历过社会不公的大学生具有最高的察觉频率，对社会信息中不公信息的察觉次数是最多的，自身经历社会不公

的主观体验往往最让人难以忘怀，这种深刻记忆会显著提高大学生对社会不公的察觉能力，进而提高其道德敏感性。道德敏感性察觉频率维度的得分最低的是“没有亲身经历过社会不公”的大学生，这说明，与经历过社会不公的大学生相比，没有经历过社会不公的大学生对社会不公的察觉能力较低。这是因为对道德情境的敏感性与自身的经验、以往的体验密切相关，越是不公经历少的大学生，其不公正的道德体验相对较少，可能看不到或者忽略了其中的不道德成分。

2. 亲友亲身经历过社会不公对大学生道德敏感性的影响

采用单因素方差分析发现，“亲友是否亲身经历过社会不公”对大学生的道德敏感性影响显著（$ps<0.05$）（见表 1-2）。具体而言，“亲友亲身经历过社会不公”的大学生道德敏感性总均分为 2.72，“亲友没有亲身经历过社会不公”的大学生道德敏感性总均分为 2.28，“不知道亲友是否经历过社会不公”的大学生道德敏感性总均分为 2.59。从道德敏感性的总均分来看，亲友亲身经历过社会不公的大学生的道德敏感性得分最高，亲友没有亲身经历社会不公的大学生道德敏感性得分最低，而不知道亲友是否经历过社会不公的大学生居于中间地位。由此可见，亲友亲身经历社会不公对大学生道德敏感性的影响是明显的。亲友是自己周围的亲戚朋友，与自己的生活距离很近，他们的亲身经历也会让大学生感同身受，受到较为强烈的影响，亲近之人的社会不公经历会对大学生进行直接的、强烈的不公信息的传递，而这些不公信息将会对大学生的道德敏感性产生影响。

“亲友是否亲身经历过社会不公”对道德敏感性的惩罚倾向上具有显著的影响（$p<0.05$）（见表 1-2）。具体而言，“亲友亲身经历过社会不公”的大学生道德敏感性的惩罚倾向维度得分为 3.09，“亲友没有亲身经历过社会不公”的大学生道德敏感性的惩罚倾向维度得分为 2.46，“不知道亲友是否经历过社会不公”的大学生道德敏感性的惩罚倾向维度得分为 2.88。道德敏感性惩罚倾向维度最高的是“亲友亲身经历过社会不公”，最低的是“亲友没有亲身经历过社会不公”，而“不知道亲友是否经历过社会不公”居于中间位置。因为亲友曾经遭遇过不公正事件，所以大学生会有一种同仇敌忾的愤怒情绪，对不公事件具有较高的敌意和愤慨情绪，往往对道德情境中的犯过者表现出最强烈的惩罚意愿，希望犯过者可以受到相应的惩罚，这种惩罚意愿有一部分来源于对亲友的心疼和同情。

“亲友是否亲身经历过社会不公”对道德敏感性的察觉频率具有显著的影响（$p<0.05$）。具体而言，“亲友亲身经历过社会不公”的大学生道德敏感性的察觉频率维度得分为 2.01，“亲友没有亲身经历过社会不公”的大学生道德敏感性的

察觉频率维度得分为 1.57，“不知道亲友是否经历过社会不公”的大学生道德敏感性察觉频率维度得分为 1.72（见表 1－2）。道德敏感性的察觉频率维度最高的是“亲友经历过社会不公”，最低的是“亲友没有经历过社会不公”，而“不知道亲友是否经历过社会不公”居于中间位置。可见，即便是作为旁观者，在见证了社会不公后，往往也会导致大学生产生更高的对社会不公情境的察觉力和敏锐度。见证过亲友经历社会不公的大学生比未见证过亲友经历社会不公的大学生察觉频率显著增加，亲友意味着是身边关系亲密之人，他们的亲身体验也会给大学生带来相对深刻的道德记忆或道德体验，这种深刻记忆或体验会显著提高大学生对社会不公的察觉能力，进而提高其道德敏感性。

表 1－2　亲友是否亲身经历过社会不公对大学生道德敏感性的影响

	亲友是否亲身经历	*M*	*SD*	*F*
道德敏感性总均分	亲友亲身经历过	2.72	0.57	4.14 *
	亲友没有亲身经历过	2.28	0.51	
	不知道亲友是否经历过	2.59	0.57	
惩罚倾向	亲友亲身经历过	3.09	1.06	5.28 *
	亲友没有亲身经历过	2.46	0.91	
	不知道亲友是否经历过	2.88	1.06	
察觉频率	亲友亲身经历过	2.01	0.82	2.79
	亲友没有亲身经历过	1.57	0.60	
	不知道亲友是否经历过	1.72	0.80	

注：* $p<0.05$，** $p<0.01$，*** $p<0.001$。

3. 不同影响程度的社会不公信息对大学生道德敏感性的影响

采用单因素方差分析发现，社会不公信息的影响程度对大学生道德敏感性影响显著（$ps<0.05$）（见表 1－3）。具体而言，“社会不公信息对自己影响很小”的大学生道德敏感性总均分为 2.51，“社会不公信息对自己影响中等”的大学生道德敏感性总均分为 2.77，“社会不公信息对自己影响很大”的大学生道德敏感性总均分为 2.92。可见，社会不公信息会对大学生造成不同程度的影响，影响越大，其道德敏感性越高。具体而言，越是被社会不公信息影响深远的大学生，其道德敏感性越高，能够较多地察觉出道德情境中的社会不公成分，引起较为强烈的情绪反应，并且能够想象出不道德事件的前因后果，识别不道德事件对别人

产生后果和伤害；同时，在感同身受、共情等影响下，会对道德情境中的犯过者表现出最强烈的惩罚意愿，希望犯过者可以受到相应的惩罚。

表 1-3　不同影响程度的社会不公信息对大学生道德敏感性的影响

	不同影响程度的社会不公信息	*M*	*SD*	*F*
道德敏感性总均分	影响很小	2.51	0.56	7.84 **
	影响中等	2.77	0.56	
	影响很大	2.92	0.55	
惩罚倾向	影响很小	2.85	1.07	5.67 **
	影响中等	3.01	0.99	
	影响很大	3.66	1.13	
移情烦扰	影响很小	2.66	0.77	
	影响中等	2.96	0.79	
	影响很大	2.89	0.81	
察觉频率	影响很小	1.60	0.72	24.80 ***
	影响中等	2.09	0.81	
	影响很大	2.46	0.78	

注：* $p<0.05$，** $p<0.01$，*** $p<0.001$。

社会不公信息的影响程度对大学生的道德敏感性的惩罚倾向、移情烦扰、察觉频率具有显著的影响（$ps<0.05$）。具体而言，认为“社会不公信息对自己影响很小”的大学生，其道德敏感性的惩罚倾向维度得分为 2.85；认为“社会不公信息对自己影响中等”的大学生，其惩罚倾向维度得分为 3.01；认为“社会不公信息对自己影响很大”的大学生，其惩罚倾向维度得分为 3.66；“社会不公信息对自己影响很小”的大学生，其移情烦扰维度得分为 2.66；认为“社会不公信息对自身影响中等”的大学生，其移情烦扰维度得分为 2.96；认为“社会不公信息对自己影响很大”的大学生，其移情烦扰维度得分为 2.89。认为“社会不公信息对自己影响很小”的大学生，其察觉频率维度得分为 1.60；认为“社会不公信息对自己影响中等”的大学生，其察觉频率维度得分为 2.09；认为“社会不公信息对自己影响很大”的大学生，其察觉频率维度得分为 2.46。由此可见，越是受到社会不公信息影响的大学生，将越会长时间受到情绪困扰，对社

会不公信息感到气愤，内心久久不能平静。无论是作为旁观者没能及时施以援手的内疚情绪，还是对不公事件再次发生的担忧，抑或是对犯过者的愤怒情绪，都会长时间地困扰着大学生。因此，受到不公事件影响越深的大学生，其心理情绪受到困扰的时间越久，越会被社会不公信息所影响；同时，在感同身受、共情等因素影响下，这些学生会对道德情境中的犯过者表现出最强烈的惩罚意愿，希望犯过者可以受到相应的惩罚。

（四）结论

社会不公信息对大学生道德敏感性具有显著影响。具体表现在以下三个方面：

（1）亲身经历过社会不公的大学生，其道德敏感性总均分最高，且惩罚倾向维度和察觉频率维度得分最高。亲身经历过的社会不公，会提高大学生的道德敏感性，主要表现在提高对社会不公信息的察觉能力、增强对犯过者的惩罚意愿方面。

（2）亲友曾经历过社会不公的大学生，其道德敏感性总均分最高，且惩罚倾向维度和察觉频率维度得分最高。亲友经历过的社会不公，会提高大学生的道德敏感性，主要表现在提高对社会不公信息的察觉能力、增强对犯过者的惩罚意愿方面。

（3）受到社会不公信息影响较大的大学生，其道德敏感性总均分最高，且移情烦扰维度、惩罚倾向维度和察觉频率维度得分最高。社会不公信息对大学生的影响程度越深，越能提高大学生的道德敏感性，主要表现在受到社会不公信息所引起的心理情绪的烦扰状态会持续更久、提高对社会不公信息的察觉能力、增强对犯过者的惩罚意愿方面。

第二章　大学生道德发展的影响机制及德育对策

本章要点：

- ◆ 当代大学生道德认知能力的调查研究。
- ◆ 社会公正信念与大学生道德发展的关系。
- ◆ 基于社会公正信念的大学生道德情绪与道德判断。
- ◆ 社会公正分配客体维度与道德情绪的双向互动。
- ◆ 社会不公信息摄入下大学生道德发展的教育对策。

试着来解答这些问题：

新时代大学生的道德认知能力如何？

新时代的大学生拥有哪些社会公正信念？

大学生的道德情绪与道德判断如何受社会公正信念调节？

社会不公信息的摄入对大学生道德发展有着怎样的抑制作用？

大学生的道德发展及高校思政课教学必须得到全社会的重视。作为推动经济社会发展的主力军，大学生的道德认知折射的是未来中国的道德取向。大学阶段是大学生正式迈入社会前的一个特殊的过渡时期，此时的大学生人际交流大多局限在校园环境中，真正意义上的社会阅历和社会经验十分欠缺，对社会的真实体验也相对较少，容易通过对社会信息的摄取来获得社会经验，这些间接的社会经验和道德体验会刺激大学生对整个社会道德氛围的感知和理解，进而内化为自身稳定的道德认知。基于这些特征，该如何更好地对大学生进行道德教育，是近年来教育界无法回避的重要现实问题。

在大学生道德发展的过程中，环境是一个无法忽视的外在因素。当前互联网的高速发展给社会不公信息的传播与扩散提供了便利条件和有力支持。社会不公信息通过各种媒介进行信息扩散与传播（电视新闻、手机、广播等），互联网凭借其信息的及时性、便捷性和快速性已经成了人们获取信息的重要渠道和方式。当代大学生其实处于一个被信息包围着的环境中，社会不公信息的获取变得十分容易和便捷。互联网应用的普及与发展，让我国经济转型期普遍存在的社会矛盾能够轻易地通过各种媒介迅速地传播出去，刺激着大学生对整个社会道德氛围的感知和理解，进而影响大学生道德发展水平。

第一节　当代大学生道德认知能力的调查研究

一、道德认知能力的界定

近年来，道德认知能力的调查研究越来越受到社会各界的普遍关注，成为教育研究的重点之一。道德认知能力是个体形成道德概念，并应用已有的道德知识进行分析、判断和选择的能力。它的形成和发展要经过道德的概念化与具体化两个过程。道德品质（moral trait），简称品德，是道德在个人身上体现出来的比较稳定的行为倾向和心理特征。个体的品德不是与生俱来的，而是在一定的社会环境中习得的，是个体所具有的道德信念不断内化的产物。品德心理的研究在我国起步较晚，直到 20 世纪 60 年代才出现一些研究报告。以李伯黍（1987）为首的儿童道德发展研究组验证和修正了皮亚杰的一些实验模式，探讨了中国儿童公私、公正、集体等一些道德观念的发展，同时进行了道德干预研究和各民族儿童道德的跨文化研究。朱智贤、林崇德（1989）和章志光（1993）等人对大学生的道德认知、道德情感和道德意志行为进行了一系列研究，其成果集中反映在专著《大学生品德的发展与培养》《品德不良学生的心理特点》《品德发展心理学》和《大学生品德形成新探》中。郑日昌在 1997 年出版的《大学生心理诊断》中，为大学生知行关系的研究编制了大量问卷。

关于道德认知能力发展状况的多项研究所得出的共同结论是：大学生的道德认知水平随年龄的增长而逐步提高。道德认知能力发展是否遵循着普遍的阶段序列是品德心理的基本理论问题之一。上述这些研究尚未涉及新时代大学生品德发展的水平和特点，也缺乏道德认知与道德行为的相关性研究。考虑到处于青春期的大学生在各个方面都迅速发展并逐渐达到成熟，其道德品质也表现出更加丰富和稳定的特征，本调查试图采用概念理解（包括概念感知、观点辨析）、情境判断和两难故事等三种测验形式研究大学生的道德认知能力及其发展水平①。

综合以上观点，道德认知能力是一个多维度、多层次的结构体系。它由两个维度构成，包括对个人层面和社会层面的道德知识分析、判断和选择。个人层面的道德认知能力主要表现在对个体的生命、尊严和冒险的认知上；社会层面的道德认知能力则体现在对自由与约束、公与私、义与利、平等与公正等四对道德冲突的认知上。这样的维度构想是对道德认知能力的操作性定义。

二、研究方法

（一）调查被试

调查取样自南京市、兰州市、锦州市、长沙市 8 所高校 4 个年级共 16 个班，其中省属重点高校一年级 4 个班、二年级 4 个班，男生 1255 人、女生 1198 人；省属普通高校一年级 4 个班、四年级 4 个班，男生 1189 人、女生 1130 人。实发问卷 4772 份，回收问卷 4692 份（其中 364 份为无效问卷），有效问卷回收率为 90.7%。

（二）调查问卷

1. 问卷的编制

根据道德认知能力的操作性定义，将开放式问卷收集的结果加以分析。同时，参照以往关于道德认知能力研究中所编制的题项，征求教师对当前大学生道德认知能力的基本估计，编制出大学生道德认知能力预测问卷的题项。

特别指出，道德两难故事的编制是以自由与约束、公与私、义与利、平等与公正四对道德冲突问题作为依据。这些问题涉及体育、医药、科研和家庭等几个方面。原始素材大多来自新闻媒体的报道，具有较强的现实性。另外，每个测验故事道德论据的编制参照柯尔伯格提供的 6 个道德阶段的主要特征，与其“标准判断”相对应；每一论据包含正、反两个方面，正、反面论据的排序一致；每一方面只允许表征 6 个阶段中的一个阶段。

2. 问卷的删改

为使问卷的题项清晰，减少歧义，便于被试理解，请有关教育专家对题项的长度、措辞和表述进行评议和修改，形成 26 个原始题项。然后，在取样之外的

---

① ［美］L. 科尔伯格. 道德发展心理学：道德阶段的本质与确证［M］. 郭本禹，等译. 上海：华东师范大学出版社，2004.

某高校进行小样本测试，并对施测结果进行聚类分析，删除一些存在问题的题项，最终形成20个题项的正式问卷。该问卷的构成参见表2-1。

表2-1 大学生道德认知能力调查模式

调查形式	调查内容	调查题项
概念感知	生命、尊严、冒险	1、2、3
观点辨析	公与私、义与利	4、5、6、7、8
情境判断	义与利、公与私、平等与公正	9、10、11、12
两难故事	自由与约束、公与私、义与利、平等与公正	15、16、17、18、19、20
相关信息	道德行为倾向	13、14
个人背景	学校、年级、性别、父母文化程度	未列入题项中

（三）调查步骤

（1）调查的前期准备工作。包括问卷的打印，联系样本学校等。

（2）预测阶段。先在一所高校进行初步预测，考察问卷的信度和效度。

（3）正式测试。施测以班为单位，在规定的时间、地点进行。

（4）测试结果的整理。采用SPSS 10.0对数据进行统计分析。

三、结果与分析

（一）对道德概念的理解

对生命持“热爱”态度的学生占76.3%，认为“有权终结自己生命”的占12.7%，持“无所谓”态度的占11.0%。在热爱生命者中，女生高出男生约10个百分点，对生命持“无所谓”态度的男生高出女生近8个百分点。就调查总体而言，不同年级、性别、父母文化程度的大学生对生命的理解均无显著差异。92.7%的学生认为尊严可贵，人人享有。女生高出男生约11个百分点。没有持消极态度的女生，持否定态度的男生占6.4%。5.7%的男生对此“说不清楚”。说明女生对尊严问题较男生看得更重。而不同年级、父母文化程度的大学生对尊严的理解无显著差异。对“冒险”问题持赞成态度和暧昧态度的学生占98.8%，且无显著性别差异。对“冒险”持赞成态度的高三学生比初三学生高出10个百分点。经检验，差异显著。父母的文化程度越高，对“冒险”持赞成态度的大学生越多，持反对态度的大学生越少。经检验，差异十分显著，具体见表2-2所列。

表 2-2　不同年级、性别、父母文化程度在个人层面上的差异检验（%，χ^2）

N		生命				尊严				冒险			
		热爱	无所谓	有权终结	χ^2	是	否	说不清楚	χ^2	是	否	说不清楚	χ^2
总体		76.3	11.0	12.7		92.7	3.7	3.6		80.9	1.2	17.9	
	大一	77.6	12.8	9.6	−0.912	91.3	2.4	6.3	−1.138	76.2	0.8	23.0	−2.006 *
	大四	73.9	9.6	16.5		94.8	4.3	0.9		86.2	1.7	12.1	
	男	71.9	14.4	13.7	−1.569	87.9	6.4	5.7	−3.240 ***	80.7	2.2	17.1	−0.077
	女	81.4	6.8	11.8		99.0	0.0	1.0		81.4	0.0	18.6	
[a]父亲	初中	83.3	0.0	16.7	0.484	100.0	0.0	0.0	1.693	66.7	33.3	0.0	−6.193 *
	高中	75.8	12.9	11.3		90.3	4.9	4.8		71.0	1.6	27.4	
	大学	79.3	10.0	10.7		93.7	2.8	3.5		84.5	1.4	14.1	
[b]母亲	初中	93.8	6.2	0.0	2.433	87.5	0.0	12.5	−1.008	62.5	37.5	0.0	−12.794 **
	高中	77.7	11.7	10.6		92.6	5.3	2.1		71.6	2.1	26.3	
	大学	76.7	9.7	13.6		94.3	1.9	3.8		89.4	1.0	9.6	

注：* $p<0.05$，** $p<0.01$，*** $p<0.001$。下同。

[a]父亲文化程度分初中及以下、高中或中专、大学及以上三个等级，[b]母亲文化程度分初中及以下、高中或中专、大学及以上三个等级，下同。

从表 2-3 可以看出，大学生对“一切向钱看，才是有才干”这一观点的内涵掌握最好，认为它是错误的达 57.7%；其次是对“大学生为救农民而牺牲不值得”这一观点的辨析，53.9% 的学生都能认识到它的错误性质，但也有 18.0%（将近 1/5）的学生认为它是对的。概念理解最混乱的是表现在对“救人只为回报，行为不高尚”的看法上，持否定、肯定和模棱两可态度的学生各占 1/3。这说明，大学生在对道德动机和道德行为效果进行评价时，一方面肯定道德动机在道德行为中的定性、定向作用；另一方面又无法摆脱道德行为本身的束缚。这种心理现象也体现在对“个人利益是唯一的现实利益”这一看法的辨误上，超过 2/5 的学生持暧昧态度，约 1/5 的学生把公众利益和个人利益对立起来。可见，大学生未真正理解公众利益中也包含个人利益在内的道德知识。

上述调查结果表明，大学生道德概念的感性水平较高，但对道德概念的理性认知确实存在一些问题。这些问题的症结何在？究竟是由于他们对道德概念欠理解，还是由于他们缺乏道德实践？为此，须进一步弄清楚大学生道德概念认知的应用形式，即他们在道德判断方面的特点。

表 2-3 不同年级、性别、父母文化程度在社会层面上的差异检验（%，χ^2）

	评价等级	总体	大一	大四	男	女	[a]父亲			[b]母亲		
							初中	高中	大学	初中	高中	大学
救人只为回报，行为不高尚	绝对错	12.1	9.5	14.7	16.3	6.9	16.7	14.5	11.3	18.8	12.6	11.5
	基本错	23.5	21.4	25.9	25.5	21.6	33.3	22.6	24.6	37.5	23.2	23.1
	对错各半	36.8	39.7	33.6	29.1	46.1	33.3	38.7	36.6	25.0	41.1	35.6
	基本正确	19.4	22.2	17.2	21.3	17.6	8.3	22.6	19.0	18.8	18.9	20.2
	绝对正确	8.1	7.1	8.6	7.8	7.8	8.3	1.6	8.5	0.0	4.2	9.6
	χ^2		−1.279		−1.309		1.265			2.890		
一切向钱看，才是有才干	绝对错	27.2	26.2	27.6	28.4	25.5	16.7	30.6	26.8	25.0	28.4	26.9
	基本错	30.5	28.6	31.0	31.2	28.4	33.3	27.4	31.0	18.8	27.4	33.7
	对错各半	36.2	34.9	38.8	34.8	39.2	50.0	41.9	33.8	50.0	40.0	32.7
	基本正确	5.3	8.7	1.7	5.0	4.9	0.0	0.0	7.0	6.3	4.2	5.8
	绝对正确	0.8	1.6	0.9	0.7	2.0	0.0	0.0	1.4	0.0	0.0	1.0
	χ^2		−0.941		−0.837		0.842			0.717		
个人利益是唯一的现实利益	绝对错	14.2	10.3	18.3	17.9	8.8	8.3	13.1	16.2	13.3	15.8	14.4
	基本错	22.4	23.0	22.6	18.6	28.4	25.0	18.0	24.6	20.0	24.2	22.1
	对错各半	42.7	40.5	44.3	42.1	43.1	50.0	52.5	38.0	26.7	46.3	41.3
	基本正确	14.6	17.5	12.2	15.7	12.7	16.7	11.5	15.5	20.0	10.5	17.3
	绝对正确	6.1	8.7	2.6	5.7	6.9	0.0	4.9	5.6	20.0	3.2	4.8
	χ^2		−2.203*		−0.277		0.338			2.770		
大学生为救农民而牺牲不值得	绝对错	25.3	29.4	21.1	28.1	22.5	25.0	22.6	26.2	43.8	23.4	24.0
	基本错	28.6	31.0	26.3	28.1	28.4	41.7	25.8	27.7	25.0	29.8	26.0
	对错各半	28.2	27.0	29.8	27.3	30.4	16.7	32.3	29.1	12.5	27.7	33.7
	基本正确	13.1	11.1	14.9	9.4	17.6	8.3	14.5	13.5	18.8	13.8	12.5
	绝对正确	4.9	1.6	7.9	7.2	1.0	8.3	4.8	3.5	0.0	5.3	3.8
	χ^2		−2.374*		−0.778		0.775			2.034		

（续表）

	评价等级	总体	大一	大四	男	女	[a]父亲			[b]母亲		
							初中	高中	大学	初中	高中	大学
死读书是傻子，早下海是进步	绝对错	18.2	15.1	20.7	22.7	11.8	8.3	17.7	19.7	6.3	17.9	20.2
	基本错	31.2	32.5	30.2	29.8	33.3	50.0	29.0	32.4	25.0	32.6	33.7
	对错各半	42.5	40.5	44.8	39.0	47.1	33.3	45.2	39.4	43.8	42.1	39.4
	基本正确	6.1	10.3	1.7	6.4	5.9	8.3	6.5	6.3	18.8	6.3	4.8
	绝对正确	2.0	1.6	2.6	2.1	2.0	0.0	1.6	2.1	6.3	1.1	1.9
	χ^2		−1.253		−1.482		0.318			4.977		

（二）对道德情境的判断

情境判断题项是以社会层面的四个道德情境事件的形式出现，要求被调查者进入情境角色，设身处地处理道德事件，从而了解大学生的道德行为方式能否受已掌握的道德概念的指导。

大学生对道德情境的判断，见表 2－4 所列。

表 2－4　大学生对道德情境的判断　（单位：%）

情境及选项	百分数排列
在无人的时候捡到一个钱包	
（1）理应交公	44.5
（2）张贴招领启事，如无人认领，归为己有	22.4
（3）只把钱拿走，其他东西一概不动	6.5
（4）向失主索取报酬	8.2
（5）原封不动地放回原处	18.4
面对激烈的市场竞争，应	
（1）诚实做人，脚踏实地	39.7
（2）人不能老实，老实要吃亏	6.5
（3）不要相信任何人	10.9
（4）说真话也要分场合	31.2
（5）无所谓，一切顺其自然	11.7

（续表）

情境及选项	百分数排列
先把钱给够，才下水救人	
（1）救人为报酬，不道德	46.5
（2）不索取更好，索取也不错	28.2
（3）体现风险重酬，是现代道德价值观	7.8
（4）不该先要，救起后再索取报酬才对	14.3
（5）报酬可以，不可太多	3.3
在生活中处理公私关系时，应	
（1）公私兼顾	65.4
（2）先公后私	25.2
（3）大公无私	3.3
（4）有私无公	0.8
（5）先私后公	5.3

表2-4的结果显示，对捡到钱包采取向失主索取报酬的学生仅占8.2%；赞成市场经济条件下“人不能老实，老实要吃亏”的学生只有6.5%；对于先给钱后救人这一行为，虽有46.5%的学生认为不道德，但也有28.2%的学生认为索取报酬也不错，还有7.8%的学生认为索取报酬是现代道德价值观的体现；在生活中处理公私关系时，主张公私兼顾的比例最大（大约2/3），主张大公无私的只有3.3%。这表明，大学生对义与利、公与私等道德冲突的判断处于矛盾的状态。

（三）对两难故事的选择

大学生道德判断能力等级划分的依据是其所在群体得分的平均数和标准差。6个等级的具体划分标准为：①得分低于平均数2个标准差，属该级的人道德判断能力水平很低。②得分在平均数以下2个标准差至1个标准差之间，属该级的人道德判断能力水平较低。③得分在平均数以下1个标准差至平均数之间，属该级的人道德判断能力水平中等偏下。④得分在平均数至平均数以上1个标准差之间，属该级的人道德判断能力水平中等偏上。⑤得分在平均数以上1个标准差至2个标准差之间，属该级的人道德判断能力水平较高。⑥得分高于平均数2个标准差，属该级的人道德判断能力水平很高。

大学生对两难故事的选择，见表 2-5 所列。

表 2-5　大学生对两难故事的选择（$M\pm SD$）

		T_1 $M\pm SD$	T_2 $M\pm SD$	T_3 $M\pm SD$	T_4 $M\pm SD$	T_5 $M\pm SD$	T_6 $M\pm SD$
	总体	0.79±0.32	0.79±0.31	0.75±0.34	0.77±0.34	0.80±0.22	0.90±0.22
	大一	0.77±0.32	0.77±0.30	0.72±0.31	0.75±0.32	0.81±0.22	0.88±0.24
	大四	0.80±0.32	0.80±0.32	0.78±0.36	0.79±0.36	0.78±0.21	0.92±0.17
	男	0.76±0.34	0.78±0.32	0.72±0.33	0.74±0.34	0.81±0.22	0.90±0.20
	女	0.81±0.28	0.81±0.29	0.79±0.34	0.81±0.32	0.79±0.20	0.89±0.23
父[a]	初中	0.94±0.48	0.93±0.42	0.88±0.44	0.94±0.50	0.78±0.21	0.92±0.24
	高中	0.80±0.34	0.80±0.33	0.76±0.35	0.79±0.35	0.79±0.23	0.88±0.22
	大学	0.75±0.28	0.77±0.28	0.72±0.32	0.73±0.30	0.80±0.21	0.90±0.21
母[b]	初中	0.84±0.33	0.78±0.36	0.83±0.33	0.82±0.39	0.73±0.21	0.80±0.24
	高中	0.77±0.29	0.77±0.29	0.74±0.33	0.76±0.33	0.76±0.19	0.93±0.19
	大学	0.77±0.32	0.80±0.32	0.73±0.34	0.75±0.32	0.84±0.23	0.88±0.22

注：T_1为故事一（自由与约束），T_2为故事二（义与利），T_3为故事三（公与私），T_4为故事四（公与私），T_5为故事五（平等与公正），T_6为故事六（平等与公正）。

由表 2-5 可知，大学生道德判断能力的总体水平普遍较高（$M>0.70$，$SD\leqslant 0.50$）。同时，随着年级的升高，他们的道德判断能力也相应提高；而女生的道德判断能力略高于男生。但是，他们的道德判断能力却随着父母文化程度的提升呈下降趋势。另外，不同年级、性别、父母文化程度的大学生对平等与公正这一道德冲突的判断显得尤为混乱。造成不稳定性的原因是心理的还是环境的？抑或是两者的交互作用？这有待进一步考证。

四、相关结论及启示

调查发现，女生的道德判断水平稍高于男生；不同年级、性别、父母文化程度的大学生的道德判断能力存在差异；大学生的道德概念理解能力与其所在年级、其父母文化程度成正相关；大学生对义与利、公与私、平等与公正等道德冲突的判断处于矛盾状态。不少研究者强调，道德判断能力的性别差异是由男女在价值取向上的差异造成的。社会化过程对女性有较高的关怀定向（care orientation），道德判断较高水平的女性通常表现出关怀、同情的价值取向；而社会化过程对男性有较高的公正定向（justice-oriented），道德判断水平较高的男性倾向于表现公正、平等的价值取向。也有研究者主张，男女在道德判断发展水平上的差异依赖于具体情境。虽然道德观念的形成与家庭以外的社会交往分不开，但个体进行这些社交活动的同时并没有脱离家庭的影响，特别是父母受教育程度的制约。

调查还发现，无论是大一学生还是大四学生，对道德概念的理解能力均呈现较高水平；但是，他们对义与利、公与私、平等与公正等道德冲突的判断却较为混乱。为什么会出现这种矛盾现象？有些学校德育课程的考核往往是考查学生掌握理论知识的程度，而没能考查学生的实际表现以及运用理论知识去解决现实问题的能力。这可能会导致学生对德育课程的态度是仅仅追求表面的高分，不顾自身思想与品德的实际修养。为此，当前学校德育应走向生活，关注如何促进学生道德思维的发展，帮助学生完成从知到行的转化，使学生道德认知能力的形成与发展建立在有效的生成机制与环境之上。

第二节　社会公正信念与大学生道德发展的关系

互联网应用的普及与发展让我国经济转型时期普遍存在的社会矛盾能够轻易地通过各种媒介迅速地传播出去，刺激着大学生对整个社会道德氛围的感知和理解，进而影响大学生道德发展水平。本节从社会公正信念与大学生道德发展的关系入手，基于理论与实践两个方面，探讨了不同道德敏感性的大学生在摄入社会不公信息后的道德判断及其影响因素，从而为社会不公信息带来的负面影响提出有效的德育对策。

一、关于道德判断的理论研究

（一）道德判断的发展理论

皮亚杰（J. Piaget）于1932年提出了道德认知发展理论。该理论强调，个体的道德形成会与主观认知紧密结合，并强调道德发展与环境具有相互作用，认为道德是随着认知发展而不断成熟和完善的[①]。由此，个体的道德发展依次分为

① ［瑞］皮亚杰．儿童的道德判断［M］．傅统先，陆有铨，译．济南：山东教育出版社，1984.

前道德、道德他律、道德自律和公正道德四个阶段。

当儿童处于前道德阶段，没有规则意识，只会以自我为中心，按照自己的想法办事，无法受到规则的约束。在道德他律阶段，儿童的道德判断服从于外界规则，尤其是法律等绝对权威。由道德他律阶段发展到自律阶段后，儿童开始意识到规则是大家制定的，是可以修改而非一成不变的。公正道德阶段，儿童会不自觉地开始关注公正或者公道，逐步思考公正到底是什么，并以自己对公正道义的理解来判断道义上的是非对错，基于人道主义，从同情或关心的角度做出判断。此外，皮亚杰强调，无论是儿童与同伴的嬉闹玩要，还是儿童与同伴有意识地合作交往，都是同伴参与的重要表现形式；而同伴参与是儿童社会经验的主要来源，正是这些社会经验帮助儿童从道德自律走向他律。在与同伴进行嬉闹玩要或合作交往的同时，儿童以自我为中心的意识会逐渐弱化，不再完全按照自己的想象办事，会在交流中学会尊重与合作，走向更为灵活的道德自律状态。这种同伴参与，不仅能够增强儿童对道德规范的理解，更能促进儿童的道德发展。

随后，科尔伯格（L. Kohlberg）于 1958 年提出了著名的道德发展三水平、六阶段理论[①]。前习俗水平上（惩罚与服从阶段、相对功利取向阶段）的儿童遵从本心、追求快乐，其判断是非的标准是惩罚、奖励等，判断行为更加考虑自身的利益。习俗水平（好孩子取向阶段、遵守法规取向阶段）的儿童会积极地按照社会大众所认可的标准来进行道德判断，表现出取悦、迎合大众的好孩子倾向；而随着道德认知的不断发展，儿童会开始认识到权威与法律的重要性，不自觉地产生服从权威以及维护法律的道德倾向，喜欢遵守社会秩序的生活。后习俗水平（社会契约取向阶段、普通伦理取向阶段）的儿童不再盲从于权威，意识到法律也是一种契约，会依据自己的标准进行道德判断，内心追求公平正义。科尔伯格指出，虽然道德推理水平并不等同于一定能促使个体产生对应的道德行为，可是，具备较高道德推理水平，做出相应道德行为的可能性越高。因此，科尔伯格建议从社会互动的角度，提高儿童的道德判断能力，无论是对他人的同情，还是对他人帮助的兴趣，都可以促进儿童的道德发展。此外，科尔伯格认为儿童品德的形成并不是个体内部自然产生，而是其与社会环境不断交互作用后逐步发展出来的。

---

① ［美］L. 科尔伯格．道德发展心理学：道德阶段的本质与确证［M］．郭本禹，等译．上海：华东师范大学出版社，2004.

（二）道德判断的测量

国外对道德判断的测量研究较为成熟，研究方法较多，成果丰富，不但能够较为准确地测量出个体的道德判断能力和不同阶段的特点，其理论也为道德教育提供理论依据。

20 世纪 30 年代，皮亚杰采用对偶故事法对儿童道德认知发展进行了系统研究。该方法是让儿童作为被试回答一些假设性的问题：故事中主人公所做出的道德行为的动机是什么，所导致的结果是什么。此方法确实达到了收集资料的效果，但是这种提问方式的缺点也是显而易见的，儿童很有可能存在被迫、违心的回答，因而存在较强的主观性，存在一些质疑。

20 世纪 50 年代末，科尔伯格编制了存在矛盾冲突的道德两难故事。该故事在道德判断上存在矛盾冲突，其故事的典型特征可以归纳为：现在有一个急需帮助的人，想要帮助他则需要违反法律。科尔伯格的两难故事只允许儿童有两种选择：第一，违反法律，提供帮助；第二，遵守法律，不提供帮助。科尔伯格在考察儿童道德判断水平时，强调的不是儿童做出的最终选择，而是儿童道德做出选择的原因或理由。此方法应用较好，效果明显，但是实际施测起来，复杂程度较高，并不适合用于团体施测，存在较为明显的缺陷。

从 20 世纪 70 年代中期开始，科尔伯格的学生莱斯特（J. R. Rest）以情感因素为重点编制了确定问题测验（Defining Issues Test，DIT）。该测验下设 12 个问题，让被试按照重要程度对故事进行排序，重要程度划分为 5 个等级，从被试所选择的重要性排序上考察其道德判断水平，同时具有较好的信效度。不足的是，此方法十分考验被试的阅读理解能力，被试的年龄必须控制在 12 岁以上，存在一定的局限性。

20 世纪 70 年代末期，德国康斯坦兹大学的林德（G. Lind）和威根赫特（R. Wakenhut）在莱斯特研究的基础上，编制了道德判断测验（Moral Judgment Test，MJT）。该测验是让被试对道德两难情境中主人公的行为进行表态（赞成或不赞成，采用 7 点或 5 点评分法）。这种测量方式简单有效、费时少，因而被大众所认可，应用广泛。

（三）道德判断的相关研究

1. 青少年道德判断的实证研究

寇彧（1998）采用修订过的道德判断测验方法，对我国青少年的道德判断展开了相关实证研究，发现青少年的道德发展水平与每个阶段的道德观念影响源呈现对应关系。齐志远（2018）发现，普通高中学生的道德判断水平较之示范高中来说呈现偏低水平，强调课程建设是提高青少年道德判断水平的重要途径。

2. 道德判断的测评对象

道德判断测验不仅应用于特定的学生群体，还可应用到行政管理、犯罪群体和障碍人群等领域。例如，张志君（2008）将道德判断测验应用在聋哑青少年群体中，并与正常青少年进行差异比较，发现聋哑青少年与正常青少年的道德判断能力存在认知上的差异，但不存在行为上的差异。

3. 道德判断能力的影响因素

已有研究表明，情绪会影响个体的道德判断能力。具体来说，愤怒会使人失去理智，丧失起码的判断能力，当处于悲伤、愤怒等负面情绪时，大学生的道德判断能力会更低。钟毅平（2013）依据时间距离和社会距离划分的不同程度来编制道德情境故事，结果表明：心理距离对道德判断能力具有显著影响。时间距离越近，道德判断能力越低；越是靠近自己的道德事件，道德评价会越低。郑睦凡（2013）对权力与道德判断的关系展开研究，发现权力会通过情绪卷入程度的不同对道德判断能力产生影响，此时的道德判断更像是一种适应环境的手段。

二、社会不公信息摄入下大学生道德敏感性对道德判断影响的实证研究

（一）研究目的及理论假设

考察摄入或不摄入社会不公信息的情况下，不同道德敏感性的大学生对相同道德情境的道德判断是否一致，从而考察摄入社会不公信息和道德敏感性对道德判断的共同影响。由此，提出三个研究假设：

第一，道德敏感性对道德判断有显著影响。

第二，摄入社会不公信息对道德判断有显著影响。

第三，道德敏感性与摄入社会不公信息之间存在交互作用，共同对道德判断产生影响。

（二）研究对象

按照统计学标准，在参与《道德敏感性现状调查问卷（DMSQ）》的大学生中选取研究对象。依据DMSQ问卷得分结果从低到高进行被试排序，前27%的被试代表着低道德敏感性，划分为低分组；后27%的被试代表着高道德敏感性，划分为高分组。为了验证高、低分组的被试确实在道德敏感性上差异显著，将两

组被试的道德敏感性数据录入 SPSS 进行独立样本检验，最终结果证实差异确实显著（$p<0.05$）。最终，在两组被试中随机选取男性和女性各 48 名参加实验。

（三）研究工具

（1）道德两难问题测验（道德判断测验中经典材料 3 段，对应 3 个道德两难情境）。

（2）社会不公素材（视频和故事）：首先，播放社会不公事件的视频让被试观看。视频时长为 3 分 38 秒，内容为男士 A 被交警拦下开罚单，而男士 B 明明连驾驶证都没有，却不需要负任何责任，开车扬长而去。其次，根据社会热点，自编 10 篇反映社会不公现象的故事情境，让被试进行阅读并勾选态度选项，进行社会不公信息的摄入。

（四）研究程序

在安静的教室内完成整个过程是为了排除实验以外的其他因素对实验造成的干扰。第一步，在参与大学生道德敏感性现状调查的被试中，依据所填问卷的道德敏感性得分（DMSQ 得分），从低到高进行排序。前 27%的被试代表着低道德敏感性，划分为低分组；后 27%的被试代表着高道德敏感性，划分为高分组，共计 96 人进行实验组和控制组的分配。第二步，实验组观看不公视频并阅读不公文字信息；控制组不观看、不阅读。第三步，实验组和控制组均参加道德问题测验。第四步，整理录入 96 份问卷数据。

（五）研究设计

采用 2（高敏感性、低敏感性）×2（摄入社会不公信息、未摄入社会不公信息）的双因素被试间实验设计。其中，自变量是社会不公信息和道德敏感性得分，因变量是道德判断得分。道德敏感性是被试间变量，具有高敏感性、低敏感性两个水平；社会不公信息是被试间变量，具有摄入社会不公信息和未摄入社会不公信息两个水平。

（六）结果与分析

1. 大学生道德敏感性对道德判断的影响

将大学生按照道德敏感性的高低分为高道德敏感性组和低道德敏感性组。其中，高道德敏感性组的大学生与低道德敏感性组的大学生在道德判断测验的得分上存在差异，高分组表现出的道德判断更加严厉，道德判断测验的得分低于低道德敏感性组的大学生。

从平均数的数值上来看，高低道德敏感性组的大学生的道德判断得分存在差异，但是这种差异是否显著，还需要进一步的验证。双因素方差分析结果表明，道德敏感性对道德判断具有显著的主效应，$F=22.07$，$p<0.05$，$\eta^2=0.55$。简言之，高道德敏感性的大学生与低道德敏感性的大学生在道德判断的得分上不仅存在差异，而且这种差异十分显著。

本研究的数据结果支持了研究假设：道德敏感性会对道德判断产生显著影响。道德敏感性越高的大学生会测量出更低的道德判断得分，表现出更强烈、更严厉的道德判断。这说明，高敏感性的大学生比低敏感性的大学生更容易觉察出道德情境中的不道德成分，对社会信息中不公信息的察觉次数是最多的，并且能够想象出不道德事件的前因后果，识别不道德事件对别人产生的伤害；同时，在感同身受、共情等影响下，会对道德情境中的犯过者表现出最强烈的惩罚意愿，希望犯过者可以受到相应的惩罚，由此，对道德两难问题的评价也会更加严厉。

2. 摄入社会不公信息对大学生道德判断的影响

本研究将大学生随机分为实验组和控制组，实验组的大学生将以观看视频和阅读文字的方式摄入社会不公信息，而控制组的大学生将不做任何处理。数据结果表明，实验组（摄入社会不公信息）的大学生与控制组（不摄入）大学生在道德判断测验的得分上存在差异，实验组的大学生，在摄入不公信息后，其道德判断更加严厉，道德判断测验的得分低于控制组的大学生。

从平均数的数值上来看，实验组的大学生和控制组的大学生其道德判断得分存在差异，对此进行进一步的验证。双因素方差分析结果表明，社会不公信息的主效应显著，$F=7.30$，$p<0.05$，$\eta^2=0.30$。因此，摄入社会不公信息的大学生与没有摄入社会不公信息的大学生在道德判断的得分上不仅存在差异，而且这种差异十分显著。

本研究的数据结果支持了研究假设：摄入社会不公信息会对道德判断产生显著影响。一般而言，在摄入社会不公信息后，无论是低道德敏感性组还是高道德敏感性组的被试，均对道德两难问题的评价变得更为严厉。人们会不自觉地对涉及公正的信息保持更强的注意，本研究的结果也验证了这一点：实验组被试观看了不公视频及阅读不公文字信息，视频和文字所包含的社会不公成分被大学生被试感知并察觉到，刺激了被试内心潜在地对不公信息的厌恶，导致实验组大学生对道德情境中道德成分的判断更加严厉。此外，摄入社会不公信息会促使大学生在内隐认知中形成“社会不公刻板印象”。实验组的大学生在摄入社会不公信息后，社会不公的刻板印象便在脑海中形成，而后对涉及不公正现象的道德情境进行评价时，会不自觉地倾向于做出更严厉的判断。并且，社会不公信息的摄入会刺激个体的情感，激活个体关于不公正的潜在想法和意识，这种激活会潜在地影响个体不公正地去看待和评价他人；而长期的摄入社会不公信息则会导致大学生在对涉及不公正现象的道德情境进行评价时，会不自觉地倾向于做出更严厉的判断。

3. 摄入社会不公信息和大学生道德敏感性对道德判断的影响

高道德敏感性组的大学生在不摄入社会不公信息的条件下大学生道德两难问题测验得分为0.29，摄入社会不公信息后道德问题测验得分为－0.36；低敏感性组的大学生在不摄入社会不公信息的条件下大学生道德两难问题测验得分为0.67，摄入社会不公信息后道德问题测验得分为0.57。可见，无论是摄入社会不公信息或未摄入社会不公信息，高道德敏感性组大学生道德判断测验得分都更低，对道德情境的判断更加严厉。无论是具有高道德敏感性的大学生，还是低道德敏感性的大学生，摄入社会不公信息后，大学生的道德判断测验得分均变得更低，对道德情境的判断更加严厉。

本研究的数据结果支持研究假设：社会不公信息与道德敏感性存在显著的交互作用，并共同作用于大学生的道德判断，$F=3.99$，$p<0.05$，$\eta^2=0.35$。这意味着，道德敏感性对道德判断发生作用的过程中，会受到社会不公信息的影响。从描述统计结果而言，无论是具有高道德敏感性的大学生，还是低道德敏感性的大学生，在摄入社会不公信息后，大学生的道德判断测验得分都会更低，对道德情境的判断更加严厉。由此得出结论：摄入社会不公信息与道德敏感性产生显著的交互作用。交互作用具体是如何体现的，需要进一步做简单的效应检验。

在本研究的双因素实验设计中，简单效应检验可以沿着两个方向进行：第一，固定道德敏感性的两个水平（高道德敏感性、低道德敏感性），考察摄入社会不公信息的效应，即考察摄入社会不公信息如何影响道德敏感性对道德判断的作用。第二，固定社会不公信息的两个水平（摄入社会不公信息、不摄入社会不公信息），考察道德敏感性的作用，即考察道德敏感性如何影响社会不公信息对道德判断的作用。由于本书的研究目标是探究社会不公信息摄入下大学生道德敏感性对道德判断的影响，因此，依据本书的研究目标，选择第一种简单效应检验方向。

从数据结果可以看出，社会不公信息和道德敏感性的交互作用体现在：当道德敏感性对道德判断产生作用时，会受到社会不公信息的影响。具体而言，当未摄入社会不公信息，道德敏感性的主效应不显著，$F=3.42$，$p=0.068$，$\eta^2=$

0.27。当摄入社会不公信息后，道德敏感性会呈现十分显著的主效应，$F=20.99$，$p<0.05$，$\eta^2=0.61$。与未摄入社会不公信息的大学生相比，摄入社会不公信息的大学生，无论道德敏感性是高水平还是低水平，摄入社会不公信息后，其道德判断都会变严厉。其中，高道德敏感性的大学生由于被社会不公信息中的不道德信息成分刺激，表现出极为强烈的道德谴责；而低道德敏感性组的大学生对不道德情境的察觉和共情能力相对较弱，其道德判断得分显著高于高道德敏感性组。因此，高低道德敏感性组大学生的道德判断得分差异显著，即道德敏感性在社会不公信息的摄入条件下表现出显著的主效应。

此外，存在另一种假设：当刺激够强的社会不公信息摄入时，低道德敏感性的大学生本身对道德事件的评价得分不是很严厉，但是在摄入社会不公信息后，被不公信息中所蕴含的道德情境所刺激，对接下来的道德两难情境会做出明显的更为严厉的判断，此时，无论是高敏感性还是低敏感性的大学生，对同一道德事件的道德判断严厉程度均显著上升，道德敏感性对道德判断的影响以另一种方式受到了社会不公信息的干扰，后续将会继续对此视角进行研究。本次实验的不公信息摄入具有一定即时性，且摄入的社会不公信息的刺激强度未做控制，若想要对道德敏感性和社会不公信息的另一种交互作用进行更加深入的验证，我们可以更加仔细地控制各项变量，进行更有针对性的探究。

（七）研究结论

社会不公信息的摄入与大学生的道德敏感性共同影响其道德判断力。换句话说，当社会不公信息摄入后，具有不同道德敏感性水平的大学生，其对道德事件的判断能力存在明显差异。具体而言，大学生的道德敏感性高，其道德判断力不易受社会不公信息的干扰，即始终保持较高的道德判断水平；相反，大学生的道德敏感性低，其道德判断力则易受社会不公信息的干扰而呈现下滑趋势。

第三节　基于社会公正信念的大学生道德情绪与道德判断

社会不公信息通过影响道德敏感性的情绪因子、察觉频率和惩罚倾向，进而影响大学生的道德敏感性。具体而言，社会不公信息会导致大学生产生强烈的正向情绪卷入，提高大学生对社会不公信息的察觉能力，增强大学生对犯过者的强烈惩罚意愿。若无及时有效的德育干预及调节，大学生的情绪反应会从正向移情走向负向移情，察觉能力会从明显增强走向道德盲视，惩罚倾向会从强烈惩罚意愿转向惩罚无用倾向，导致大学生从对社会不公信息的高度敏感走向道德冷漠。

一、社会不公信息对大学生道德敏感性的影响分析

（一）基于道德敏感性情绪反应的影响：从正向移情走向负向移情

我国经济转型、社会变革期所带来的各种社会矛盾时有发生，这些矛盾凸显的社会不公问题通过各种渠道形成了易被大学生获取到的社会不公信息。大学生成长于一个信息交流非常快速的时代，对新事物的接受能力非常强，喜欢与新的思想和观点进行碰撞，不喜欢遵从传统及权威，更加具备独立思考、追根究底的探索事物的能力。与以往任何一代相比，当代大学生都更加具备探险精神和主人翁意识，对国家事务和社会事务的关注度和参与度较高。可是，有限的社会阅历和过往经验往往导致他们无法抓住社会不公发生的深层次原因，更没有能力去干预社会不公现象。但是，社会不公信息的摄取却能冲击大学生心中对公平正义的内在需求，造成大学生对于安全感缺失的恐慌和焦虑。

社会不公信息的摄入会引起大学生的正向移情从而提高其道德敏感性。一方面，社会不公信息的传播和摄入无疑是对社会赏善惩恶的公正预设的反驳和打击，冲击着大学生对于社会公正的内心追求和希望预设；另一方面，社会不公信息的传播和摄入打破安全感的界限，冲撞着大学生内心对于安全感的心理需要，造成对自身安全的担忧，对不公事件落于己身的害怕甚至愤怒。正向移情会促使大学生对社会不公信息中的道德成分更加敏感。比如，当网络上充斥着养父性侵养女、留守儿童被侵害等新闻消息时，人们会对儿童与性之间保持着极高的敏感性，甚至对生活中男性与儿童的相处界限时刻保持警惕和怀疑。正如本次实验结果所得，社会不公信息导致的正向移情会导致大学生的道德敏感性显著增强。除此之外，我们常常会在生活中对社会不公信息感到气愤，内心久久不能平静。这种因不公事件或不公信息引起的情绪上的困扰，我们称之为“移情烦扰”。实证研究的结果也说明，大学生在经历过社会不公后，社会不公将会持续地对大学生心理情绪产生困扰，无论是作为旁观者没能及时施以援手的内疚情绪，还是对不公事件再次发生的担忧和焦虑，抑或是对犯过者的愤怒情绪，都会长时间地困扰着大学生。受到不公事件影响越深的大学生，其心理情绪受到困扰的时间越久，越会被社会不公信息所影响。

社会不会信息的摄入会导致大学生从正向移情走向负向移情。一般而言，摄入社会不公信息会引起大学生的正向移情，从而提高其道德敏感性。当摄入社会不公信息时，大学生会产生明显的正向移情，便显出强烈的情绪反应和内心失衡。通过在个体原有的道德观念框架内对社会不公事件里道德成分的分析和辨别进行及时的调节，大学生有能力以自我调节来调节情绪，进而重拾内心平衡。可是，若是社会不公信息高频地、强烈地冲击着大学生的道德观念，或是不公现象在大学生关注期间一直没有得到公正的解决，则会引起大学生较为强烈的不安和痛苦的体验，强烈的情绪困扰会让大学生内心痛苦、纠结不已，最终出于对自我内心的保护启动道德冷漠机制，情绪反应就会从正向移情走向负向移情。具体而言，就是从"这实在是太公平了"转变为"这世界就是这样"，大学生不仅会对"讲道德"产生抗拒情绪，还会从内心深处坚信"道德毫无用处"，这种因道德挫败而产生的负向移情走向，将最终走至道德冷漠，其道德敏感性亦降至最低。

（二）基于道德敏感性察觉因子的影响：从提高察觉频率走向道德盲视

当社会不公现象发生时，能否察觉到这是不公事件或行为的次数就是察觉频率。这种察觉可以是自身经历社会不公的主观体验，也可以是作为旁观者摄入社会不公信息时的客观察觉。察觉频率是反映道德敏感性的重要指标。

摄入社会不公信息会提高大学生对社会不公信息的察觉能力。实验结果表明，亲身经历过社会不公的大学生具有最高的察觉频率，对社会信息中不公信息的察觉次数是最多的；而未经历过社会不公的大学生对社会信息中不公信息的察觉次数最低。作为旁观者，见证过亲友经历社会不公的大学生比未见证过亲友经历社会不公的大学生察觉频率显著增加。

因此，社会不公信息的摄入，无论是以亲身经历社会不公的方式将实践转化为内在认知，还是以旁观者的方式，都会显著提高大学生对社会不公的察觉能力，进而提高其道德敏感性。比如，曾在求职过程中遭受"黑幕"等不公正对待的大学生，会对求职招聘中的不公环节产生警惕和怀疑；而对招聘不公不敏感的大学生，有可能根本察觉不到招聘中存在的"黑幕"。再比如，近年来，公众对于教师师德缺失的问题越加重视，有一个很重要的原因，是大学生（尤其是研究生）跳楼事件在网络上的曝光。事件无疑牵动着公众对于师德缺失问题的敏感神经，导致人们对教师师德的缺失进行审视和警惕。一旦发生研究生跳楼事件，公众会立即将审视的目光聚集到该研究生的导师身上，这种敏锐的察觉力和关注程度，都源于此类社会信息的大量摄入。

社会不公信息的摄入会提高个体的察觉能力，提高个体对不公现象或事件的察觉频率，那么，是不是该采取大力加强社会不公信息摄入的方式来大力地提高大学生察觉能力呢？答案是否定的。摄入社会不公信息确实会在一定程度上提高大学生道德敏感性中的察觉成分，但是，只有察觉出不公现象的能力，却没有消化不公影响的能力，会让大学生从提高察觉能力走向道德盲视。道德盲视是道德冷漠的一种表现形式，是指无法看到或感受到他人的道德需要的一种道德冷漠。道德盲视是无意识的、短暂的。当个体身处极端情绪状态时（悲伤、愤怒、焦虑、痛苦等），其情绪之强烈、波动之频繁，均会造成疲惫不堪的身心状态和错综复杂的情绪烦扰。此时此刻，个体的察觉能力会降到最低，极有可能看不到或者忽略了他人急切的道德需要，造成道德盲视。这种短暂的道德盲视会在排除干扰后自行恢复，但若是个体处于长期的社会不公信息的摄入中，一味地察觉不公却无法改变不公的道德落差会慢慢累积，最终变成深度的道德盲视，也就是所谓的“道德麻木”和“道德无情”。

（三）基于道德敏感性惩罚倾向的影响：从强烈惩罚意愿转向惩罚无用倾向

惩罚倾向是作为受害者或旁观者的个体对社会不公事件中犯过者的惩罚意愿，是反映个体道德敏感性的重要维度。

摄入社会不公信息会增强大学生对道德情境中的犯过者的惩罚意愿。本书实证结果表明，经历过社会不公的大学生往往对道德情境中的犯过者表现出最强烈的惩罚意愿，希望犯过者可以受到相应的惩罚，这是出于对自身所受不公伤害的本能应激反应。而当亲友经历社会不公后，大学生出于对亲友的感情而产生同情、心疼等情绪，与此相对应的还有对犯过者的愤怒，希望犯过者可以受到相应的惩罚。事实上，对犯过者的惩罚意愿是源于我们长期以来对大学生的社会公正教育。从小到大，社会和学校都在对学生传递着一种社会公正价值观，其中最典型的当属“善有善报、恶有恶报”。因此，我们潜意识里坚信：社会是公正的，社会是赏善惩恶的。这种积极的公正预设满足了大学生内心对于公正的期望和追求，却在他们摄取到社会不公信息时，使他们的内心处于冲突状态。社会不公信息的摄入是对大学生所信奉的社会赏善惩恶公正预设的反驳和打击，其内心的冲突感急需得到平衡，大学生便会对造成自己内心秩序失衡的罪魁祸首进行指责，并希望犯过者“恶有恶报”，得到惩罚。

越是受到不公信息影响深的大学生，其内心的冲突感越强，越希望对犯过者实施惩罚以平衡自己内心的失衡。当犯过者迟迟没有受到惩罚，且不公现象不但没有得到有效解决，甚至变得司空见惯后，大学生的公正信念感会遭到破坏，对社会公正产生怀疑，不再表现出强烈的惩罚意愿，而是表现出“这个社会就是不公正的，有权有势的人，谁也惩罚不了他”的惩罚无用倾向。比如，当“走后门”成为一种常态，即便投诉也毫无效果时，大学生便会对就业不公的现象无动于衷，因为内心十分清楚无法改变这个不公的社会，其内心社会不公的信念会非常强烈，严重影响大学生的道德发展。

二、社会不公信息摄入下大学生道德敏感性对道德判断的影响分析

（一）大学生道德敏感性对道德判断的影响

大学生的道德敏感性是做出正确道德判断的前提，失去对道德价值应有敏感的大学生，无法对道德事件做出正确的是非判断，因而无法做出正确的道德行为。现实生活中存在的道德情境往往会表现得十分复杂，人们通常无法做到在面对一个道德情境时，非常清晰且直接地对该道德情境进行敏锐地感知、察觉和解释。

所以，当个体对道德情境或道德问题不敏感时，往往不能够及时发现道德情境中的道德成分，因而就不能够及时地进行道德判断。当人们在面对比较复杂的道德情境时，人们只有先发现和确定道德情境中蕴含的道德含义，才能做出相应的道德判断。

简单来说，面对复杂情境时，人们所做出的道德判断，往往不能够越过对该复杂情境中道德含义的感知和察觉。例如，当面对一个线索极其模糊的道德情境时，线索的模糊性会影响人们对该道德情境中道德成分的感知和察觉，人们往往因为不清楚到底发生了什么，所以表现出极低的道德敏感性，在不了解前提情况和具体细节的情况下，往往没有办法做出相应的道德判断。

对于道德情境的感知和察觉，不仅取决于情境信息的模糊性，与人们在道德敏感上的差异也有着显著的关系。简单来说，人与人之间的道德敏感性存在明显的差异，对于同一道德情境，有些人可以通过对此道德情境的描述，敏锐而直接地发现道德情节或细节中所蕴含的道德含义，而有些人往往对此不敏感，察觉不到任何道德含义。由此可见，人们在道德敏感上的个体差异会直接影响着个体对于道德事件或情境的判断。研究证明，具备较高道德推理水平的个体，做出相应道德行为的可能性越高。因此，道德敏感性影响着道德判断能力，并共同促进了道德行为的产生，影响个体的道德发展水平。

（二）摄入社会不公信息和大学生道德敏感性对道德判断的影响

道德敏感性是个体对道德情境中道德成分的敏锐感知和察觉，道德判断是指对道德情境中的道德行为进行是非判断的能力。失去对道德价值应有敏感的大学生，无法对道德事件做出正确的是非判断，因而无法做出正确的道德行为。实际上，人们往往不能越过对道德事件的感知和察觉而直接做出道德判断，道德敏感性对道德判断具有直接影响。而在摄取社会不公信息时，人们所获取的信息以及体验到的道德情境会影响个体的道德想象能力以及对道德问题的识别能力（道德敏感性），在摄入社会不公信息后发生变化的道德敏感性会不会影响人们对道德事件或情境的判断呢？简言之，我们明确道德敏感性会对道德判断产生影响，而社会不公信息的摄入也会对个体的道德敏感性造成改变，那么，摄入社会不公信息后的道德敏感性会不会对道德判断产生影响呢？

一般来说，当不同道德敏感性的大学生对相同的道德事件或道德情境做出判断时，具有更高敏感性的大学生往往能够更敏锐地察觉出道德事件中的不道德成分，出于对后果的察觉和更强烈的情绪卷入（如对受害者的同情、对犯过者的愤怒等），高道德敏感性的大学生往往会对该现象做出更严厉的道德判断；而低道德敏感性的大学生往往没有十分强烈的情绪卷入和移情，对相同事件所做出的道德判断也较为宽容。可以设想，在对不同道德敏感性的大学生分别摄入社会不公信息后，高道德敏感性的大学生本身就具有较强的察觉能力和移情能力，被社会不公信息中的不道德情境所刺激后，会更加严厉地表现出对不道德行为人的谴责，其道德判断得分明显降低。而低道德敏感性的大学生由于察觉、感知、共情能力有限，社会不公信息对低道德敏感性大学生的影响也就有限。此时，在社会不公信息的摄入下，道德敏感性会显著地影响着大学生的道德判断，道德敏感性越高，被社会不公信息的影响程度越深，其道德判断得分越低。

当然，我们不能忽视另一种情况。当相应的社会不公信息不断摄入后，由于被社会不公信息的强烈道德情境所刺激，无论是高敏感性还是低敏感性的大学生，均会对之前的道德事件做出相比未摄入前更严厉的道德判断。此时，在摄入社会不公信息影响下，道德敏感性对道德判断的作用发生显著改变，无论是高敏感性还是低敏感性的大学生，对同一道德事件的道德判断均会显著降低。负向移情的发生便是对此观点的有力佐证。大学生在摄入社会不公信息后，随着对相关事件的不断了解，他们的情绪也会不断卷入，内心冲突感会愈加强烈。而在这时，若是社会不公事件没有得到有效的解决，他们的内心无法获得平衡，便会产生强烈的道德无用感，这便是典型的负向移情。负向移情会引发强烈的道德无用感，引起大学生对道德事件的冷漠。因此，当高、低敏感性的大学生在社会不公信息摄取的初期表现出不同严厉程度的道德判断，高道德敏感性的大学生呈现出更严厉的道德判断倾向，低道德敏感性的大学生呈现出相对宽容的道德判断倾向，此时，道德敏感性对道德判断的影响显而易见。可当社会不公信息摄入所导致的负向移情发生后，无论道德敏感性是高水平还是低水平的大学生都会油然而生一种“道德毫无意义、毫无作用”的判断，道德判断会趋于一致。由此可见，社会不公信息摄入影响了道德敏感性对道德判断的作用。比如，美国相关的调查机构曾经用当地一起惨痛的交通事故来对学生们进行测试：

肇事司机逃逸后，还拥有了蓄意包庇的保护伞。测试结果显示：一开始，学生们对受害者普遍感到同情，对包庇者和肇事者普遍感到愤怒。在事故并没有得到公正解决的前提下，学生们也没有得到有效的道德调节。一个月后，同一批学生的情绪反馈就变成了“毫无感觉”“无能为力”“自认倒霉”“关我什么事”等。可见，负向移情所引发的道德冷漠会使高敏感性的大学生做出的道德判断与低敏感性大学生趋于一致。

第四节　社会公正分配客体维度与道德情绪的双向互动

人们普遍持有这样一种信念，即这个世界是公正的。公正世界信念的核心是：在这个公正世界里，人们得其所应得，所得即应得，这类似于我们传统文化中的“善恶终有报”。“公正世界信念（belief in a just world，BJW）”最早由心理学家 Lerner 和 Miller（1978）提出。他们主张，公正世界信念在个体适应方面具有重要的功能，一旦个体遇到例证表明世界是不公平和无秩序时，就会陷入忧虑烦恼之中；人们的遭遇和他的品行息息相关，一个拥有好的品行的人往往会拥有更多好的资源，反之亦然。此外，研究者关于社会阶层的研究发现，主观低阶层的行为正当性感知和分配公平感均显著低于主观高阶层。由此可见，对社会公正的测量不仅要依据客观实在性，还要考察个体的内在感受性。

当前研究往往着眼于人们对社会公正的内在感受，对于社会公正内部所蕴含的“人的理念”“共同体”等核心要素与社会公正的逻辑关系却少有问津。与此同时，一些研究者在测量人们对社会公正的感受时，往往通过被试对自身境遇、所见所感的满意度衡量，但是由于种种因素，他们的衡量标准不够全面。相比而言，由分配客体维度进行衡量则更为全面。分配客体维度可分为三类：第一类是基础价值，可视为人类发展的社会条件，包括尊严、权利和机会；第二类是外在价值，即人类发展的经济条件，包括收入、资产、资源；第三类是内在价值，是所有基础价值和外在价值所服务的目标，包括幸福与能力①。这三类价值几乎涵盖了人们在生活、工作中能涉及的各种感受。有鉴于此，社会公正是道德的外壳，个体情绪是道德的内核。

科尔伯格的道德发展阶段论（1984）主张，道德判断以个体角色承担社会责任为基础，它包含对人类幸福的终极关怀，这种关怀表现为一种社会公正信念（即社会认知结构的核心成分，是推动个体道德认知水平由一个阶段向另一个阶段发展的关键内核）。在此基础上，有研究者提出，人们的公正观念是其道德认识的内在渊源和基础，在此基础上人们才能逐步产生道德情感、道德意志，并外化为道德行为。该观点依据的是科尔伯格道德发展阶段论的第三水平“后习俗水平”（又称“原则水平”），它包括契约性墨守法规和普遍的道德原则两个阶段。在契约性墨守法规阶段中，虽然每个人的价值观和观点都不同，但他们在所属的团体内会遵循相对公正的规则。但是，有些权利诸如财产权、人身自由权等，不管社会成员的意见如何，都是需要社会全体人员遵守的。在普遍的道德原则阶段中，人们往往已经内化了社会契约（或社会公正），他们会遵循自己选择的伦理原则，这些原则是普遍的公正原则。在这些原则下，人们会立志为此献身。因此，为进一步探究社会公正与道德情绪的逻辑关系，需要厘清社会公正的测量维度及其核心价值。

一、社会公正分配客体的核心价值：道德情绪的外部作用力

道德是人们在社会生活中遵循的一种隐性的社会规则。与显性的社会规则——法律条例相比，道德没有明确的规定，它看不见、摸不着，但是在每个人的心中自有一杆“秤”。这杆“秤”也就是道德标准，它代表了一个社会的价值取向，这种价值取向往往是正面的。

---

① 麻宝斌．社会公正测量的五个维度［J］．理论探讨，2012（1）：5－10.

道德情绪是个体在利用道德标准判断自己或他人所做出的行为时所产生的一种情绪体验，如果做出的行为与道德标准一致，那么就会产生积极的情绪体验，如“自豪”“敬佩”等，反之则产生消极的情绪体验，如“羞愧”“气愤”等。从情感神经科学的角度来看，道德情绪是一种自动化的情绪，人们在这种自动化情绪的促使下产生了道德行为。

Haidt（2003）从“自我—他人”维度和“正向情绪—负向情绪”维度，将道德情绪分为四类：自我意识情绪、谴责他人的情绪、他人痛苦的情绪和称赞他人的情绪[①]。自我意识情绪源自自我反省和自我评价，在对自己的觉知中，自我意识情绪会对自己做出的行为产生反应，例如面对暴行我们选择袖手旁观时，会产生诸如内疚、羞耻的感觉；但当我们勇敢地去制止，就会产生自豪等自我肯定的情绪。但是，不同的人即使面对同一情境也会产生不同的道德情绪，这取决于个体内化的社会公正的程度。谴责他人的情绪，顾名思义是个体对他人的行为产生谴责意味的情绪，此时个体站在道德的高点，以内化的社会公正观对他人的行为进行指责。其中关注度最高的是气愤的情绪，气愤的情绪往往在个体受到不公正的待遇、希望被压抑时产生，并伴随有冲动、攻击等行为反应产生。研究表明，在气愤情境中个体感受到的不公平感最为强烈。他人痛苦的情绪指个体在他人遭遇困境时，产生的利己倾向或利他倾向的情绪。利己倾向（功利倾向）的情绪指个体在感受到别人困境的压力后，或逃避、或帮助他人后自己得到的内心的安慰；利他倾向的情绪指个体在他人遭遇困境时会产生移情，所以会帮助别人，借此减轻他人的痛苦。称赞他人的情绪是积极的，例如尊崇、感激等情绪，这些情绪往往也是个体在遭遇诸如友善、忠诚、牺牲等情境中产生的，这些情绪对个体有着积极的影响，在这些情绪的促使下，人们会模仿他人相应的积极行为。由此可见，这四种道德情绪的产生，都需要个体对社会公正有一定的内化，之后在发展中才会产生道德情绪或道德行为。

社会公正作为道德外化的重要组成部分，与个体的道德内化相互影响。在社会经济领域，以分配正义为核心的社会公正包括五个基本维度，它们分别是分配对象、分配客体、分配原则、分配空间和分配时间。其中，分配客体维度是信效度较高的测量指标之一。

---

① Haidt, J. The moral emotions［A］. In R. J. Davidson, K. R. Scherer, & H. H. Goldsmith (Eds.), Handbook of affective sciences［C］. Oxford: Oxford University Press, 2003.

综上所述，社会公正分配客体维度是社会公正的核心，分配客体维度的内涵是交换价值与社会价值。社会公正的分配客体维度分为三类：第一类基础价值因素可视为人类发展的社会条件，包括尊严、权利、机会，在法律层面上，这些基础价值是平等的，这也保障了社会成员最基本的生活，向成员传递了广泛意义上的公正观——人人平等。第二类外在价值因素是人类发展的经济条件，如资产、收入、资源。每个人拥有的外在价值各不相同，从社会的总体水平来看，高收入人群依旧占少数，但高收入人群拥有的资源相对来说占了大多数，因此人们认为社会不公的感觉往往来自于此。第三类内在价值因素是所有基础价值和外在价值所服务的目标，包括幸福与能力。内在价值的高低也是由个体主观感受决定的，基础价值和外在价值的增加能增强人们的内在价值，当一个人感到幸福时，更多的机会和资产会增加他的幸福感，但是若是没有这些机会，人的幸福感并不会因此消失。

社会公正分配客体维度是道德情绪的外部作用力，它具有可测量性。罗尔斯（J. Rawls）的《正义论》（1971）主张，分配客体维度的内涵是交换价值与社会价值，其外延是人类社会生活实体。物质世界和精神世界都是联系、发展的。在科学研究的多样性中，适当剥离整体与部分、大系统与小系统之间的联系与发展，更有利于科学研究的深层次探索与分析。因此，追求个体幸福和社会幸福是人类命运共同体的共识和准则，社会公正不仅需要程序公正，同时也要求内容公正，这就是人类社会的整体公平正义。

分配客体是社会公正研究的核心维度，其测量方法有正向和反向两类。其中，正向测量需要预设一个理想的社会公正状态，据此判断现实状况与理想状态的差距。现实状况往往是由多种因素共同作用的结果（如宗教信仰、个人境遇、道德标准等），因此在预设理想社会公正的状态时要注意变量的控制。反向测量则是在不同维度上进行不同社会之间公正程度差异的比较，或通过衡量人际“不公平”程度（与公平相比，给人感觉更具体明晰）来比较社会公正性的差异。从研究内容看，正向测量着眼于社会整体的客观实在性，而反向测量则着眼于人的主观情感体验。从研究方法看，正向测量运用社会调查和案例研究等方法，通过预先设置的指标体系来全面、客观地反映特定社会（间）各种分配客体在特定主体间的分配不均状况及主体的认知情况；而反向测量则采取实验和数理建模等方法，分析并验证人们的正义认知、分配行为与道德情绪的关系。

二、社会公正分配客体的基础价值：道德情绪的萌芽

社会公正分配客体维度的基础价值包括三类：尊严、权力、机会，这三类的基础价值，就是道德情绪的萌芽。启蒙运动是自文艺复兴运动以后，欧洲的又一次思想解放运动。启蒙运动认为，人与人在本质上是平等的，所有的人应该享受相同的关怀和尊严，这一人权观念在当时已经成为一种共识。尊严包括两方面：自尊和他人的尊重。在现实生活中，尊严的维护是与外界环境息息相关的；尊严需要自我建立，同时也需要得到他人承认；尊严需要自我维护，同时不加侵犯。可见，尊严是平等、互动、友好和善意的，尊严是有公共准则而非无条件的。在社会公正的角度下，人人平等的观念是最基础的，无论个体产生利己主义的想法（尊重别人是为了让别人尊重自己）还是产生利他主义的想法（人生而平等，每个人都值得被尊重），他们都会对尊重他人这一规范进行内化，并在接下来的生活中做出尊重他人的行为，这也强化了“人人平等”在社会观念中的基础地位。权力是一种抽象的概念，现在普遍认为权力是一种支配力，执行者拥有的权力大小体现在执行者是否能按照自己的意愿、不顾他人的意愿决定事情。也就是说，一个人的权力越大，他对事情的掌控能力就越高，这也是为何公民对权力趋之若鹜。但当个体内化了以公正为核心的价值观后，他们会自己建立一种秩序，当个体拥有一些权力时，如果他们想以权谋私，就会产生一些诸如内疚、担忧的道德情感和道德想法（此刻“我”滥用权力已损害他人利益，那么其他人是否也会用权力损害“我”的利益），这些道德想法通常是利己主义的，因此担心别人也会有利用权力损害自己的利益，个体就会避免权力的滥用，并监督其他的权力执行者，以维持一种公正的现象。

机会和资源密不可分，一个人、一个企业甚至于一个国家拥有更多的机会也意味着他们能选择的资源具有多样性，也代表着未来的发展有着很大的空间。机会的产生是不定的，能把握的机会也是有限的，但想要发展的个人或团体是无数的，因此为了抢夺到更多的机会，便有了竞争。竞争的有序化是国际社会与各国政府的普遍共识。在这一新常态下，社会公正分配客体维度可以及时维护社会公正，并对道德情绪产生正面影响。比如公务员考试，只要满足报名条件的都可以参加，这代表了机会的均等；考试方式为“笔试＋面试”，最终成绩的高低体现了个体对知识的内化程度的多少，落选的原因只是自己掌握的知识不够，而并非当选的人拥有更多的机会。这一道德想法促使落选者做出的行为是更加努力地学习、来年再继续考，接着产生的道德情绪可能是振奋等积极的情绪。

近年来，道德情绪问题已引起学界关注，如社会直觉模型（Haidt，2001）、道德判断双加工模型（Greene et al.，2004）。社会直觉模型认为道德判断是由直觉产生的，而并非由推理所得，这种道德判断是快速且不受认知控制的；道德判断双加工模型认为个体在道德判断过程中存在两种加工方式——直觉加工和认知推理加工，在不同的刺激条件下，这两种加工方式在做出道德行为前的参与程度也不一样。直觉加工是无意识的，也就是说，直觉加工的判断过程依赖于个体对道德的内化程度。认知推理加工受意识的影响，对于注意资源要合理分配，这些注意资源往往是上文提到的基础价值（尊严、机会和权力）。这些研究大多聚焦于个体情绪在道德产生机制中的作用，仍存在一些限制，并未明确揭示道德判断产生的内在机制，也缺少充分的证据证明道德判断是完全由情绪驱动的。相关研究主要围绕三个方面展开：一是道德情绪对道德判断的作用；二是道德发展阶段公正观的作用；三是道德情绪和道德行为之间的关系。目前，针对社会公正与道德发展阶段的关系及其发展过程的论证仍比较匮乏。有鉴于此，以个体情绪作为中介变量，深入探讨“社会公正对个体道德发展阶段的影响，以及社会公正分配客体维度与道德情绪的双向互动”等内容将成为新的研究趋势之一。

三、社会公正分配客体的外在价值：道德情绪的效用量

社会公正分配客体维度的外在价值，是人们日常生活中所接触最多的与矛盾双方冲突最大的客观实在，它包括三类：收入、资产、资源。众所周知，货币是商品交换的一种媒介，也叫作“一般等价物”。从一定意义上说，货币的收入给予了个体和组织购买商品、支付服务费的自由，避免了人与人之间产生“实物与实物交换”的许多麻烦。个体与组织的收入越高，可支配预算许可的范围就越大，购买或支付的自由度也会越大。收入平等的目的，就是让所有的个体或组织在社会公正的商品经济环境下享受这种购买或支付自由。这种公买公卖的自由不等于收入自由，在某种意义上，收入的平等才是真正的自由。所有的个体或组织都渴望这种收入自由，以避免贫富差距。

但是，随着经济和社会的快速发展，收入、资产、资源在分配过程中的一些突出问题就会暴露出来。研究表明，个体对于权力决定个人成败、税收政策不到位等分配不公现象极其敏感，明显增加了其收入的不公正感，进而产生负面的个体道德情绪。个体道德情绪的产生受其内在动力源的影响，社会公正分配客体的内在动力源包括两类：主观幸福感和能力。它们不仅受外在价值的影响，还受预

期寿命指数、人均 GDP 指数、地区差异和社会政策等要素的影响。研究表明，当个体认为自身内在动力源不公正时，就会产生愤怒、厌恶、悲伤等负性情绪。可见，外在价值通过内在动力源能间接影响个体的道德情绪体验。道德判断双加工理论主张，道德判断的加工由认知和情绪组成。Cushman 和 Greene（2010）采用脑成像技术，考察了个体在道德困境中进行行为判断时脑区的激活情况，发现在道德判断时，个体的认知脑区和情绪脑区被激活，但在道德判断结束后，这两个脑区的相对激活水平就产生了差异。根据这一研究结果，他们主张，个体的社会公正信息加工体系一方面受有意识的推理系统作用；另一方面受无意识的自动加工系统影响，后者则主要受道德情绪所驱动。

Moll 和 De Oliveira-Souza（2007）通过 FMRI 技术对道德判断双加工理论进行质疑，提出了事件—特征—情感复合（event-feature-emotion complexes，EFEC）模型，从而为概念化道德与决策之间的交互机制提供了认知神经科学依据。该模型提出道德判断的三个基本部分：（1）结构化事件认知（即与事件背景相关的社会和非社会知识）；（2）社会知觉和功能特征，通常来自他人的面部表情、身体姿势、态度、各种社会情境信息，与颞叶区域如颞上回、前额颞叶等脑区高度相关；（3）中枢动机状态，对应神经回路主要位于边缘—旁边缘区域（包括杏仁核、腹侧纹状体、下丘脑等）。研究者发现，让被试观看相同情绪效价的道德图片和非道德图片，结果发现道德图片不仅激活了被试的内侧前额叶与杏仁核，还激活了其大脑的腹内侧前额叶及前扣带回等脑区。在此基础上，Polman 和 Kim（2013）进一步发现，虽然大脑额叶受损的病人在智力上不存在相关的缺陷，但他们经常会出现一些不道德的行为，同时他们的情绪也存在着某些缺陷，这些缺陷在一定程度上可归因为额叶损伤所导致的情绪和认知结构异常。由此推测，大脑的腹内侧前额叶、颞上缘前端和中脑缘共同构成了亲社会情绪的神经中枢，对感觉刺激的情绪进行评估、判断、编码。

四、社会公正与道德发展的双向互动：道德情绪的效价调节

综上所述，作为社会公正分配客体的价值体现，道德情绪在个体道德发展过程中所起的中介效应不言自喻。因此，社会公正分配客体维度通过道德情绪这一内化机制对个体道德发展阶段产生作用。换句话说，不同的分配方式唤起了个体正性或负性的情绪状态，从而使个体产生相应的道德内化机制，即这些情绪状态伴随着个体的道德认知和判断推理发生动态变化，从而诱导出相应的利他主义或功利主义价值取向，如图 2－1 所示。

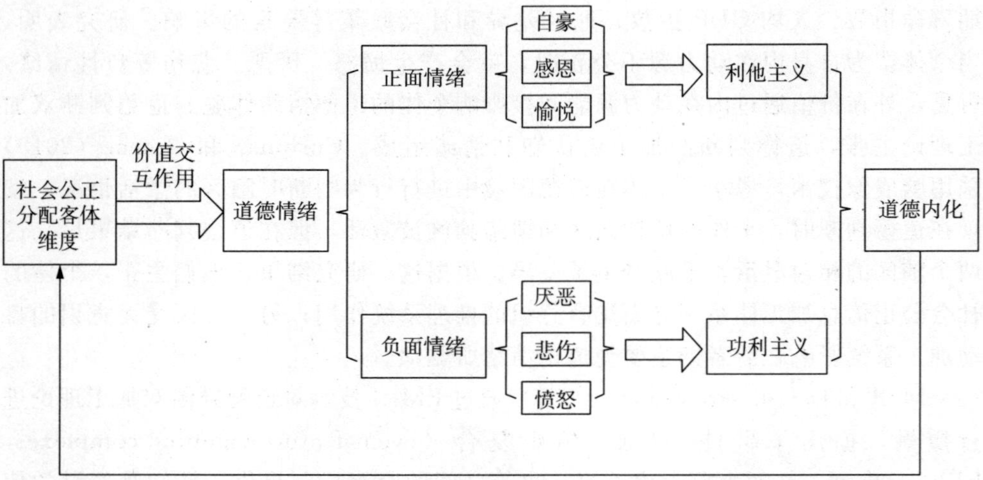

图 2-1　社会公正分配客体维度对道德情绪的影响

（一）正性情绪

随着积极心理学的蓬勃兴起，研究者开始关注正性情绪对个体道德发展的影响。如前所述，随着客体分配方式的不同，个体的道德情绪也产生相应的变化[①]。合理、平等的分配方式有助于个体或群体唤起自豪、感恩、愉悦等正性情绪。这些正性情绪对个体道德发展的影响都有着相应的内部加工机制。

自豪（pride）是人类的基本情绪之一，人们一般认为自豪是个体以个人成就为导向而体验到的一种正性情绪，具有增强人们的自我价值感的功能。当社会公正分配客体维度分配得合理时，在一定条件下会对个体进行自豪情绪的唤起。这种正性情绪体验可以激励个体在未来更加守信，促进符合社会道德标准的利他主义行为出现。从本质上说，自豪具有强化利他主义行为的功能，即在自豪情绪的唤起下，个体倾向于做出道义性判断，而不是功利性判断。个体会倾向于以正面的自我形象出现，并且赢得他人的尊重，以利他主义的行为方式来帮助那些需要帮助的人。这一公平正义的行为正好与道德发展阶段的第五阶段相对应，即个体是否愿意为维护大多数人的利益而主动放弃自己的利益。由此推断，当个体积累了大量的在自豪感情绪下唤起的道德判断后，这些道德判断将逐渐内化形成个体

① 赵东伟．道德情绪：厌恶、愤怒情绪在道德判断中的区分［J］．法制与社会，2012（14）：268—269.

自身的道德标准，而这些内隐的道德标准将影响认知过程，从而影响个体公平正义的道德行为。因此，随着认知水平的发展，个体的公平正义感自然而然地会向更高阶段发展。

感恩情绪（gratitude）是第二种正面的道德情绪，也是回馈社会公正的心理情绪。良好而合理的社会公正分配客体维度的分配，有助于唤起个体对环境和社会的感恩情绪，而感恩情绪对个体的道德发展具有积极的推动作用。一般而言，感恩主要有以下三方面的道德构建功能：一是道德构建的晴雨表功能，感恩是个体对环境和社会所提供的帮助与支持表示满意的情绪反应；二是道德构建的驱动功能，感恩能够驱动受益者主动回应环境和社会的善意；三是道德构建的强化功能，表达感恩有助于促进受益者在以后的实际生活中帮助身边更多的需要帮助的求助者。因此，感恩情绪在道德判断过程中具有双重作用：一方面它可以显示个体此刻表达的直接的情绪反应；另一方面它可以推动个体回馈环境和社会的报答情绪。这种情绪体验一方面提高了个体的心理抗压能力与自身的生活质量；另一方面也促进个体在进行道德判断时更倾向于利他主义判断即道义性判断。从某种意义上说，感恩情绪具有一定的传递利他主义行为的特点，当个体接受了他人馈赠并及时表达了感谢之后，其未来的亲社会行为有可能会显著增加。而亲社会行为的增加又会使个体在感恩情绪之后的道德判断中倾向于做出更多的利他主义行为，从而形成内隐道德标准，促进个体认知水平健康发展，最终使个体达到道德发展阶段的更高水平。

愉悦情绪，是个体最普遍、最常见的一种正性情绪。相比于自豪和感恩，愉悦情绪唤醒所需要的条件更易达到，当个体处于良好的社会公正之下，享受合理的分配制度，心情愉快、生活幸福，个体便会处于愉悦情绪的唤醒之中。研究表明，当快乐情绪被唤起后，个体的认知加工质量较中性的道德情绪也会有所提高，从而使被试的道德判断能力随之提高。究其缘由，在中等强度的正性情绪状态下，被试的决策能力以及思维能力得到的促进作用最高，即个体的认知能力得到促进，继而会导致个体道德水平的提高。

（二）负性情绪

以往研究对负性情绪给予了更多的关注，这不仅是因为负性情绪比正性情绪具有更多的进化学意义，还因为负性情绪更易激活人类大脑的部分脑区（如杏仁核），从而产生更为强烈的情绪反应。下文将具体说明厌恶、悲伤、愤怒等典型的负性情绪影响个体道德发展的内部加工机制。

厌恶是一种典型的负性情绪，从生物进化取向的角度来看，厌恶是个体在进化过程中，为了更好地适应环境，而产生的事物拒绝反应。远古时期的人类便会对那些可能会伤害到自己的物体产生厌恶情绪，现代人类仍然会对不符合社会规范的人或行为产生厌恶感。因此，当个体处在一个社会公正分配客体维度分配不平等的环境下，个体便会产生一种厌恶情绪。厌恶在道德推理判断中是一种非常重要的思想情绪，基本上可以肯定，在所有的文化背景中，道德上不正当的行为，都可以使人们产生厌恶情绪。这种道德厌恶感会使个体执行某种潜在或者外显的行为策略，如内省或者回避社会交往等。厌恶情绪可以促使个体遵守道德规范与伦理原则，所以不难理解，当个体处于厌恶的情绪状态时，会更加反感不道德的行为。研究表明，诱发的厌恶情绪对道德判断有显著的影响：要求被试对道德故事情境做出道德判断时，如果让被试闻某种无害的难闻气体或者让他们在一张比较脏乱的课桌上作答，那他们会判断得更为严格，并且这种现象与被试自身的厌恶敏感性有重要关系，如果被试的敏感度高，那这种效应就会更为明显；如果被试的敏感度低，则其对道德判断的严格性就会变得稍微温和一些。可见，当个体产生厌恶情绪时，其道德判断将会变得更加严格。研究表明，在厌恶情绪唤起的条件下，被试在个人道德判断情境中会产生更多的功利性判断。这种功利性的判断，也就是利己主义判断。如果个体长期处于厌恶的情绪唤起的状态中，其将会内化形成更为严格的道德标准，但是这种道德标准在个体道德判断中，均表现为自私自利的道德倾向。

悲伤，是一种很常见的负性情绪，而且是一种原始情绪。当周围的环境处于不公正的情况下，个体往往很容易唤醒悲伤情绪。Liberman 和 Trope（2008）指出，在面临道德两难问题时，处于快乐的情绪状态下的个体，其认知加工能力会变得比较微弱；相反，当处于悲伤情绪状态下的个体，其认知加工能力则会变强。这样，个体在对道德两难问题进行解答的过程中，所选取的观念就会比较复杂。实验表明，当个体在面临道德与法律相关的两难情境时，被试所处的情绪状态会对最后的判断结果产生显著的影响。具体而言，处在正面的情绪状态下的被试的判断会更加符合法律公正的要求；而处于负性情绪的个体会更倾向于做出功利性判断，即利己主义的判断。在这种情况下，个体的道德判断多采取认知加工状态，因此比正性情绪下的道德判断能力要高。长期处于悲伤唤醒状态下的个体，会将这种功利主义的判断内化为个体的道德标准，虽然道德判断能力提高，但这并不能促进个体向后习俗水平发展，反而会加强道德发展固化。

愤怒，作为一种典型的负性情绪，在不公正的客体分配维度下，极其容易爆发出来，并且具有很高的强度特性。与其他使个体发生规避隐忍倾向的负性情绪相比较，愤怒经常会以趋近对方的形式而突然爆发，通常会使个体消耗更多的生物能量。这些高成本的过激行为可能会防止或者抑制对方进一步的威胁行为，但也可能适得其反，并且愤怒增加了惩罚背叛的成本意愿。此外，尽管含有道德色彩，愤怒更容易被人们看作是对他们不友好行为的有力地回应。众多研究表明，愤怒情绪可使被试产生明显的功利性判断，并且愤怒情绪对个人道德判断有显著的心理影响，但对非个人道德判断并无影响。即处于愤怒的情绪状态下，被试在个人道德判断情境中会产生更多的功利性判断，并且反应的速度更快。由此可见，在长期的愤怒情绪唤醒下，个体会产生功利性判断倾向，并且会产生大量的外界行为，这些都不利于个体的道德发展。

社会公正与道德发展是一个双向影响的互动过程。正如科尔伯格（1984）所言，道德发展水平的阶段性也受到社会文明发展的程度所制约。道德判断力的发展就是在社会文化的大背景下，在不断与他人交往的过程中习得的。这种互动作用要受整个社会环境文化水平的影响。因此，社会公正有利于个体或者组织道德水平的发展，而当绝大多数个体或者组织在培养出较高的道德水平之后，又会反作用于社会，促进社会公正与分配的合理性。

综上所述，社会公正分配客体维度通过不同的分配方式对处于该环境的个体进行不同情绪的唤起。正性情绪使得个体在道德判断中产生道义性的判断倾向，而负性情绪倾向于使得个体产生功利性的判断。在良好道德发展水平环境下长期生活的个体，亦会促进整个环境内社会公正的健康发展。

五、道德发展阶段新论

科尔伯格（1984）指出，道德认知是对是非善恶行为的评判准则及其执行意义上的认识，并主要表现在道德判断上；而道德判断是人类思想道德的重要组成部分，是道德情感、道德意志、道德行为的前提。不同发展过程中的个体对于道德的判断，有着明显的阶段性差异。科尔伯格正是按照道德判断结构的性质，将不同个体的道德发展划分为三个水平、六个阶段。

正如个体的认知发展存在阶段性，道德发展也具有阶段性。第一，道德的发展能够使个体产生对外界经验的情感性认知以及理性分析，而这些行为正是认知发展的一种外部表现形式。第二，没有认知能力，个体也无法产生相应的情感和分析。因此，道德发展阶段与认知发展是一种相互作用的关系。认知发展是由个体的生物因素与外界的遗传因素相互影响所形成的。第三，道德的发展始终离不开社会文化的影响。道德发展是在历史唯物主义和人类社会宏观背景下逐渐形成的，通过个体与分配客体、社会成员之间相互的道德建构作用，促进个体道德的发展。研究发现，大部分人的道德阶段仅停留在第二水平，而第三水平的两个阶段其实并不是所有的人都可以达到。第三水平作为科尔伯格道德发展理论的最高水平，最重要的特征是个体终于脱离了他人所能够给予的低水平道德规范标准的限制，通过与社会环境反复作用，与大自然协同进化，最终在自己内心深处构建出的社会公正的道德规范，这种道德规范不同于前两个阶段，判断道德的规范不再由他人制定或者受他人影响，而是真正把自己融入人类社会大环境之中，坚决遵守这种客观、普适、理性、公平、高尚的社会准则。

Haidt（2013）等人提出的社会直觉模型，其核心判断由快速道德直觉产生，同时伴随着缓慢的道德推理过程。在这里，社会直觉可以理解为一种大脑意识的瞬间呈现，它不同于认知过程中的理性加工过程，而是一种带有感情色彩的、立即的、无意识的、自动的、不需要意志的思维过程。因此，个体在对外界或者客体进行道德评价时，总是先行通过这种自动化思维过程，立即在脑海里产生瞬间判断，之后再通过有意识的推理思维，对外界信息进行再一次整合。双加工理论模型认为，道德判断涉及两部分的加工过程，一个是慢速的、深思熟虑的认知推理过程；另一个是内隐的情绪动机过程，有些时候，这两种过程的参与程度相互作用，甚至相互竞争。

理论与实践研究发现，社会公正与个体道德的发展存在相互影响、相互作用的辩证关系，两者双向互动。社会公正分配客体作为外界环境的重要因素，会直接影响个体的道德情绪。而个体的道德情绪是思想品德形成与变化的根据之一，它横跨在道德标准和社会实践之间，起着连接或调节作用。通过个体的自身内隐性道德标准，判断具体分配客体而产生相应情绪，这种情绪与个体的道德水平相互作用，促使个体的道德发展水平进入更高阶段。

第五节　社会不公信息摄入下大学生道德发展的教育对策

我国经济转型、社会变革期所带来的各种社会矛盾和社会问题时有发生，这些矛盾凸显的社会不公问题通过各种渠道形成了易被大学生获取到的社会不公信息。摄入社会不公信息会对大学生的道德发展带来负面影响，而社会不公信息存在的普遍性和必然性是大学生道德教育必须面对的现实环境。因此，从社会支持、高校德育、自我教育的角度来应对社会不公信息对大学生道德发展的负面影响，是培养德才兼备的年轻一代的当务之急和重要手段。

一、社会支持对策

社会不公信息来源于社会环境中存在的社会不公现象。当前社会应该努力减少社会不公信息源，积极创设公平正义的社会大环境，并为消解社会不公信息的负面影响提供必要的社会支持。

（一）信息源头改善

个体的成长与发展离不开社会大环境的影响。生活在社会中的每一个个体，若想得到全面而自由的发展，首先要有一个公正的社会环境。只有重视并保障公平正义的实现及维护，才能够减缓社会矛盾的激化。社会矛盾的产生与激化会直接形成影响大学生道德发展的社会不公信息。无论是直接经历社会不公造成的直接体验，还是间接摄入社会不公信息造成的间接体验，都会对大学生的社会公正观造成严重冲击。由此可见，越是充满不公的社会大环境，越是充斥着许多不公的信息源，冲击着大学生的道德发展。

那么，如何有效减少社会不公信息源呢？我国是一个法治与德治相结合的社会主义国家，单纯依靠社会成员的道德自律是不可取的。种种社会不公现象的出现，就是人们道德自律失败的直接后果。因此，需要法律进行强制规范。比如，只有用法律对贪官的贪污腐败行为进行严厉制裁，才能震慑官场上蠢蠢欲动的不良官风，让遵纪守法之人更加坚定内心的正义信念，减少社会不公现象的发生。社会不公现象的发生，会源源不断地提供各种社会不公信息，必须依靠制度的保障和法律法规的完善，才能从根本上减少社会不公现象的发生。所谓“法网恢恢，疏而不漏”，只有持续不断地完善法律法规，严惩各种不正当利益的获利者，才能最终实现社会的公平正义。

（二）信息传播控制

首先，大众媒体应该及时快速地发布新闻内容，同时保障新闻内容的准确性。大众媒体是当代社会不公信息传播的主要媒介，理应肩负起自身环境监测和协调的职责。虽然我国大众媒体进行了一些市场化的改革，但这些改革并不意味着大众媒体就应该首要地考虑自身的经济利益的追求，而不考虑对正确舆论的引导。将正能量传递给大众是大众媒体的职责所在，因此，不故意捏造事实、不夸大社会矛盾、不使受众产生负向认知偏差，是大众媒体的应尽义务。生活中，媒体对于社会不公现象的报道，会直接影响公众的情绪，进而影响公众对社会不公事件的态度。媒体的态度倾向越强，越会引导公众对于该问题或事件产生强烈的道德反应，甚至走向极端。因此，媒体在报道时，应以更理性的角度报道社会不公问题，引导公众充分主动地了解事情的真相，在揭露事情对错的同时，潜移默化地传播真善美，避免带有目的性地去歪曲新闻事实。

其次，大众媒体在监督信息传播过程中，应强化自身把关人的角色。在当代互联网世界中，虚拟空间带来的隐蔽性给予了每个用户自由言论的权利，同时也给他们戴上一个无形的面具，让他们不必为自己的言论和行为承担太多责任。这难免会造成一些弊端，使得道德自律不合格的用户利用网络空间制造、传递虚假的信息。大众媒体既然肩负着把关人的角色，就有责任和义务清除这些垃圾信息或虚假信息。比如各种 App（如微博、论坛、贴吧等）若出现了不良信息，应及时予以清理和控制。当然，大众媒体也应提高自己辨别真伪的能力，不能因为公众与媒体经济利益之间的竞争，而放弃公德底线，利用虚假的负面的社会不公信息来谋求利益。

（三）提供风险支持

随着近几年道德滑坡现象的屡屡发生，当今社会已经成为一个风险社会。在风险社会中，生活在其中的社会成员，无法预知外人的威胁。因此，他们往往会惯性地把其他人等同于危险人物，对此表现出一副冷漠、拒绝交流的态度。比如，对于摔倒老人不敢扶、对于爱心捐款不敢捐等现象，就暴露了这个风险社会的残酷现实：人们会把陌生人等同于危险人物，从而对施助陌生人保持警惕。为什么人们会把陌生人等同于危险人物呢？归根究底是由于恐惧文化的影响。恐惧文化的核心是一种不信任文化，体现在个体对于人与人接触的不信任、人与人交往的不信任。不信任会带来交际距离的最大化，每个人之间保持着最大的交往距离，不敢靠近，甚至造成人与人之间的隔阂。事实上，恐惧的增加必然导致信任的丧失，两者是典型的因果关系。陌生人之间的互动本身就存在着一些不确定性，但这种不确定性并不意味着危险；而当社会是一个风险社会时，人们会不自觉地倾向于人与人一旦进行接触或交往就会发生危险，人们更会不自觉地放大与陌生人接触所带来的危险性。例如，有人觉得一定会被碰瓷，所以不敢去搀扶摔倒的老人。又例如，著名的小悦悦事件，当小悦悦正在遭受生死考验时，置身事外的冷漠路人认为帮忙只会惹祸上身，出于自我保护的角度保持了道德冷漠，无视了小悦悦的惨状。面对风险社会下的恐惧文化，社会应积极向大学生提供风险社会支持，防止大学生因为被碰瓷、好心反被讹等行为寒了心。

二、高校德育对策

社会不公信息存在的普遍性和必然性，是大学生道德教育必须面对的现实环境。基于社会不公信息的现实条件该如何更好地对大学生进行道德教育，是近年来教育界无法回避的重要现实问题。因此，积极应对社会不公信息对大学生道德发展的影响是保证高校德育实效性的必要条件。

（一）重视社会公正观教育

我国传统文化中存在一种“以恶报恶，以德报善”的道德观念，这种道德观念也反映了人们对于公平正义的内心需求，它来自人们对于这个社会赏善惩恶、维护公正的期望和追求①。

今天，我国各类学校一直以来也格外重视社会公正观教育，学校德育会积极呈现正面价值选择并传递正面道德观念，以此来提升学生对社会公正的肯定和信任。学校德育大多采用正面灌输方式向学生传递公正友好的社会道德观念，却对道德冲突的展现较少②。

当前我国社会现实正面临着深刻的社会转型，存在一些难以避免、无法忽视的社会不公现象。当前，大学生虽然没有解决社会不公现象的经验和能力，但其认知水平和道德观念已经相对成熟，对社会不公现象有着自己的想法和评价。在社会不公信息无法消除的现实条件下，一味地回避和排斥社会不公信息的社会公正观教育，传递的是一种过于理想化的伪饰的社会公平理念，是一种脱离具体实际的空洞说教，并不具有真实的教育效力，无法真实有效地对大学生的道德发展进行干预。因此，高校德育的内容应保持先进性、时代性和灵活性，应容纳社会不公的现实冲突，放弃理想化的社会公正观教育，以免引起大学生的反感和抵触情绪。正如古人所言“朱门酒肉臭，路有冻死骨”“富者田连阡陌，贫者无立锥之地”……在面对这些涉及社会分层、社会地位差异、社会分配不均等问题时，正确的德育引导思路应该是：虽然人与人之间的社会地位差异无法即刻消除，但是社会在为低层地位人群建立上升通道，社会分工并不是完全无法改变的……这

---

① 倪伟．我国品德心理研究 20 年的回顾与反思［J］．心理学动态．2001，9（1）：52－56.

② 庞维国，陆烨．道德发展理论的演进及其教育启示［J］．当代教育科学，2015（6）：41－44.

样才能引导大学生增强社会流动信念，坚定其通过自身的努力来提升社会地位的信念，培养大学生对社会公正的信心和追求。

（二）重视道德宽容教育

摄入社会不公信息后的大学生会产生正向移情（如愤怒、焦虑、同情等）。随着对社会不公信息了解的不断深入，这种情绪会愈加高涨，此时的大学生表现出强烈的道德兑现需要，道德判断力显著下降，并开始寻求释放负面情绪的渠道（如网络谩骂、人肉搜索等）。比如，2020 年新冠肺炎疫情期间，一名网友在武汉封城前夕，吃了退烧药，开着私家车从武汉逃离到上海，此后他并没有进行自我隔离和向医院求助，而是去了上海迪士尼乐园进行游玩，并在微博上发布了“逃离武汉”的相关微博，引起轩然大波。当人们在网络上看到他所发表的“逃离武汉”的微博后，指责并抨击他的行为十分自私且极其不道德，对其产生愤怒的情绪。而随着对相关信息的不断了解，尤其是知晓他竟然去往迪士尼乐园游玩后，担心被传染的愤怒情绪达到顶峰，网友们的道德判断力显著下降，开始对他进行网络谩骂和人肉搜索，以此来表达内心的愤怒和怕被传染的恐惧。直到最后，该网友返回武汉并发表道歉微博，却依旧有网友表示无法原谅他的行为而继续对他进行网络谩骂。

可见，摄入社会不公信息后的正向移情，可以让我们对社会不公现象保持敏感和积极关注，但是若情绪的卷入过于强烈，则会带来一些无法忽视的弊端。比如，道德判断能力的下降和情绪的宣泄。此类群体往往拥有极高的敏感性和极低的宽容度，容易情绪偏激和极端，将自己与外界社会对立起来。因此，高校德育要利用社会不公信息对“高敏低容”的大学生进行道德宽容教育，对他们的不良情绪进行调节，防止道德判断的绝对化和排他性。当然，道德宽容教育并不是教育大学生无条件地去宽容各种社会不公现象，而是要建立大学生道德心理的弹性，防止大学生产生“非黑即白”的绝对化的道德判断。

（三）重视道德风险教育

摄入社会不公信息会将大学生的情绪卷入到相应的道德情境中。随着对社会不公信息了解的不断深入，他们的情绪卷入的强度也会增加，大学生的内心冲突感会愈加强烈。这时，不公现象不但没有得到有效解决，甚至变得司空见惯，大学生的公正信念感会遭到破坏，对社会公正产生怀疑，不再表现出强烈的惩罚意愿，而是表现出“这个社会就是不公正的”“有权有势的人，谁也惩罚不了他”的惩罚无用倾向。此时，若学校德育没有及时地对大学生进行道德和心理上的调节，大学生就会由正向移情走向负向移情，认为道德毫无意义，甚至对道德问题表现出忽略和无视。例如，“自认倒霉吧”“关我啥事”“不屑一顾”等。现实生活中的这种道德沦落现象也很多，比如，因为扶老人过马路被碰瓷、救人送医院反被讹诈等，我们开始对“扶不扶”“救不救”等问题心生犹豫和退缩。因此，高校德育应重视道德风险教育，过去传统的道德观念（如乐于助人、乐施援手等）并没有过时，但在实施救助行为之前，要树立道德风险意识，明确道德不是没有成本的、道德是有风险的、道德不是绝对的等适用于现实实际的观点。高校德育要利用社会不公信息引导学生思考道德行为的成本及其背后的真实价值。比如，在“扶不扶”“救不救”等现象上，高校德育应向大学生传递自我保护意识，鼓励大学生开展自我救助、自我防范的事前措施，包括保留证据、保留法律申诉途径和宣传索赔政策等措施，防止因道德受挫而引发的道德冷漠和教育排斥。

（四）利用社会不公信息培养大学生道德敏感性

即将走出象牙塔、迈向社会的大学生虽然具有相对稳定的道德认知和道德观念，但是对社会的真实感触不多，其道德体验相对匮乏，会不自觉地汲取各种社会信息来获得社会经验和道德体验。大学生虽然没有解决社会不公现象的经验和能力，却对社会不公现象有着自己的想法和评价。因此，高校德育应引导大学生去探讨社会不公信息所涉及的深层次原因，利用社会不公信息来建立学生对道德现象或对道德情境中所包含的道德信息进行感知、识别的敏感性。具体来说，第一，高校德育应利用社会不公信息来引导大学生对道德情境中的道德成分进行感知和识别，提高大学生敏锐地察觉到“某件事是个道德问题”的能力；第二，高校德育应引导大学生对相关道德情境的因果链的想象，对该道德情境的行为后果进行识别；第三，高校德育应利用社会不公信息调节大学生对相关道德情境的道德情绪（如内疚、同情、担忧、害怕等）。

事实上，大学生有限的社会阅历和过往经验往往导致他们无法抓住社会不公发生的深层次原因，更没有能力去干预社会不公现象。但是社会不公信息的摄取，却能冲击大学生心中对公平正义的内在需求，造成大学生对于安全感缺失的恐慌和焦虑。一方面，社会不公信息的传播和摄入无疑是对社会赏善惩恶的公正预设的反驳和打击，冲击着大学生对于社会公正的内心追求和希望预设；另一方面，社会不公信息的传播和摄入打破了安全感的界限，冲撞着大学生内心对于安全感的心理需要，造成对自身安全的担忧，对不公事件落于己身的害怕甚至愤怒。此时，高校德育的及时干预可以稳定大学生的害怕情绪，帮助大学生及时调节，找到内心的平衡，避免大学生摄入过多不公信息后出于自我保护而产生的道德上的冷漠。此外，除了不安与焦虑，社会不公信息的摄入还会带来同情感、内疚感和羞耻感。高校德育应充分利用社会不公信息引导大学生对受害者产生同情感，对未能及时提供帮助产生内疚感，对道德失当产生羞耻感。例如，轰动一时的小悦悦事件，18 名路人在 7 分钟内眼睁睁地从被车碾过的 2 岁的小悦悦身旁走过，对其惨状视若无睹，小悦悦最终遗憾逝去。就此事件而言，无论司机还是路人都表现出极强的道德冷漠，他们并没有意识到自己在做一件不道德的事情，毫无道德敏感可言。高校德育应引导大学生对小悦悦的处境产生同情感，同理心会让大学生对伤害他人产生警惕，而将角色代入到路人中；未能伸出援助之手的内疚感，对此类事件发生在自己身边的羞耻感，都会让大学生更加敏锐地去思考和更正。值得一提的是，大学生的道德敏感性越高，道德教育的干预力度就越强，高校德育的实际效果就越好。

（五）利用社会不公信息培养大学生道德判断能力

研究表明，道德推理能力越强的大学生，其发生道德行为的可能性越高，因而，高校应提高大学生的道德推理能力，促进其道德行为的养成。高校德育要利用社会不公信息向学生们展示真实的现实生活，引导他们对社会不公信息进行理性分析和价值判断，这是帮助大学生提高道德判断能力的有效途径和重要契机。具体而言，具有较强道德判断能力的大学生，会对各种社会不公信息做出自己的推理分析和价值判断，并对自身的道德观念进行反思，纠正自己的道德行为。高校德育在引导大学生对社会不公现象进行理性分析和价值探讨时，能够有效地揭示和解决学生对于社会不公的道德疑虑，有效地提高学生的道德判断能力，比单纯的道德说教和理论灌输更有用。

在日常生活中，大学生对社会信息的认知和判定会受到现有经验的和主观偏好的影响。在判断社会信息时，人们的立场总是基于自己的利益而做出判断。例如，在 2020 年 1 月底，新冠肺炎疫情爆发的初期，许多非武汉大学生认为，应该果断及时地对武汉采取封城的措施，他们中有一些人虽然能够感同身受地体会武汉人民的处境，但还是基于自身立场偏好做出了“应该封城”的判断。武汉封城后，约有 30 万人离开武汉。有的网友表示，在民族大义前自私逃离，将传染的风险带到其他城市是自私的；也有的网友表示，换位思考下可以理解每个人在面对未知疾病时的恐惧与回避。因此，高校德育工作者在培养大学生面对社会不公平信息时，要教会他们对自身言论、立场及偏好进行道德察觉和反思，使他们学会换位思考和体会他人的处境，从而更客观、辩证地看待问题。

（六）加强师资队伍建设

围绕我国高校思想政治教育专业师资问题，深入学习贯彻习近平总书记在全国高校思想政治工作会议上的重要讲话精神，聚焦高校思想政治工作前沿问题，从习近平关于思想政治工作新思想、新论述、新要求的理论内涵，研究思想政治工作贯穿教学全过程的实施路径，提升思想政治工作的亲和力、针对性、科学性、实效性等相关问题，立足理论和实践，探讨推动高校思想政治教育创新发展中的基础理论、现实需求、工作前沿等问题。

1. 高校思政课教师发展的内生动力

高校思政课教师要推动大学生思想政治教育健康、可持续发展。探求高校思想政治教育发展内生动力是理论和实践都应关注的重要问题，它不仅关乎思想政治教育制度运行的持续性、稳定性、有效性，更关乎思想政治教育在中国教育改革发展和人才培养中作用的发挥。把握高校思想政治教育可持续发展的内生动力，高校思政课教师要始终不渝地坚持以马克思主义为理论指导，深刻把握中国发展大势，明确思想政治教育目标与大学生成长发展需求的一致性，教育引导大学生理解“四个正确认识”，直面世界变化，科学看待思想政治教育的供给结构变化，对高校育人系统构建提出新的要求，创新思想政治教育体制和机制，优化思想政治教育供给结构，增强思想政治教育工作的文化蕴含，广泛借助多学科理论和实践方法。

高校思政课教师要不断提高自身业务素质。思想政治教育微互动是一个双向的互动反馈过程。一方面，主体将正能量输送给客体，及时接受客体的互动反馈；另一方面，客体接受主体的正能量，积极参与互动反馈，从而生成主客体深度交流的微互动世界。以问题为导向，现有的理想与现实的鸿沟主要体现在成见的雾障、自主性的让渡、深层供给的缺位、主导地位的消解、行为无涉的泥淖等五个方面，分别指向了主、客体在微互动中存在的问题与症结。在理想状态下，思想政治教育微互动生成包括感性认同世界、理性认同世界、话语认同世界、行为认同世界在内的四个“精神世界”，缔造了“思维方式—话语—行为转化”的互动格局，成为思想政治教育微拓展的互动格局，成为思想政治教育微互动的应有之义与价值追求。因此，强化思政课教师理想信念教育和职业道德教育，树立“大思政”育人理念，强化问题导向，有效构建协同育人新格局。

高校思政课教师要科学引领多样化的社会思潮，要坚持马克思主义在意识形态方面的指导地位，以开放和包容的自信心态正视多元文化并存的现实。研究社会思潮的关键在于理清社会思潮产生和发展的规律，把握社会思潮传播和演变的规律。高校思政课教师要有阵地意识，牢固掌握网络舆论战场主动权，善于引导话题、掌控方向；建立社会思潮和舆论分析研判机制，不断增强思想政治工作的预见性、前瞻性、主动性。

高校思政课教师要在人类命运共同体的思维中把握马克思主义理论的生命力和感召力，把握高校思想政治教育的基本规律，促进人的自由全面发展。高校思政课教师要研究本专业的前沿问题，关注人类命运共同体发展背景下的大学生成长，发挥思想政治教育工作的实际作用，把握马克思主义理论研究的时代创新，要站在贯彻党的教育方针的高度上充分认识全过程、全方位育人的战略地位，构建高校思想政治教育一体化管理系统，形成育人合力，打造系统工程，整体构建高校思想政治教育的内容体系。

2. 高校思政课教师发展的外部驱动

高校思想政治工作是一项战略工程、固本工程、铸魂工程。深入学习贯彻全国高校思想政治工作会议精神，加强和改进党对高校思想政治工作的领导，需要牢固树立立德树人的根本使命，紧紧围绕谁来抓、抓什么、怎么抓的问题，找准突破口和着力点，全面提升党对高校思想政治工作的领导水平，深入贯彻落实《关于加强和改进新形势下高校思想政治工作的意见》，在政策落实和队伍建设上下功夫。切实抓好高校思想政治教育的着力点在于思政课专业教师，要明确办什么样的大学、培养什么样的大学生的根本定位问题：一要抓好马克思主义理论教育，提升马克思主义理论的感染力和说服力；二要抓好思想政治理论课教育主渠道，提高教学亲和力以及教学科目的针对性，增强大学生对思想政治理论课的获得感，将其打造成大学生真心喜爱、终身受益的课程。

高校在青年教师思想政治建设问题上，应当继续加强引领，通过思想建设使环境约束与自我慎独同向同行，通过制度建设使道德示范与行为规范相辅相成，通过文化建设使风气引领与自我激励彼此互动。高校要重视青年教师的价值认同，遵循思想政治工作规律，切实加强青年教师的思想政治工作，把价值认同的培养贯穿到理论培训、实践锻炼、业务提升、工作激励等高校教育全过程，发挥青年教师骨干的示范作用。

推动思想政治理论课教学发展，需要在针对性和有效性上下功夫，全面提升思想政治教育亲和力、感染力，帮助学生实现内化于心、外化于行。高校思想政治理论课有其自身的客观规律，只有掌握和遵循这些规律，才能搞好课程建设，不断提高教育教学的实效性。要遵循政治运作规律、学术研究规律、教育教学规律，提升思想政治理论课教学的针对性，在教学过程中着力帮助学生释疑解惑。把国家意志和青年人的需求结合起来是当前思想政治教育的重中之重，怎样引导学生正确处理好集体和个人的关系是思想政治教育应该解决的首要问题。思想政治教育必须处理好主、客体的关系，既要尊重教育者的主体地位，又要尊重学生、客体、对象的需要，激发其积极性、创造性，受教育者主体性的发挥能够提高教育者的教学实效性和思想政治教育时效性，因此要善于把握双主体视线。

综上所述，高校德育发展离不开思想政治教育学科建设。思想政治教育创新发展需要关注思政学科的基础理论问题，也需要加强师资队伍的数量和质量。高校各级、各类专兼职思想政治教育工作者要全面研究习近平总书记关于高校思想政治教育工作的新论述，使之丰富和深化学科理论体系，增强实践效果。当前，要把握高校思想政治教育的历史性机遇，坚定思想政治教育的学科自信、理论自信、实践自信，着力探讨高校思想政治教育大格局的构建路径问题，研究全员育人、全程育人、全方位育人的长效机制。

三、自我教育对策

自我教育是应对社会不公信息负面影响不可缺少的有效策略。大学生应学会对自我情绪进行调节，消解因社会不公信息而产生的强烈的道德情绪；加强自身社会参与，通过实践重建对社会的认同感和信任感。

（一）自我情绪调节

自我情绪调节，即增加心理弹性情绪调节，是指大学生自行改变或管理自己情绪的过程。社会不公信息的摄入会引发大学生产生消极情绪，研究表明，当大学生遭受到不公正或不公平的对待时，会产生愤怒、恐惧等情绪体验，产生信任和安全感被剥夺的心理体验。社会不公信息的摄入，不仅会给大学生带来负面情绪的心理冲击，还会导致大学生产生对社会的负面认知偏差，潜移默化地促使大学生越来越倾向于对他人或社会做出不公正或不公平的评价，具体表现为更狭隘、更冲动、更极端的社会评价；因此，会无法控制自己后续的行为，甚至做出极端的不道德行为。这也就是俗话所说的，因为愤怒而失去理智。当大学生的认知在心情平静后回归常态，其应对社会不公信息摄入负面影响的能力也会提高。

大学生对情绪的调节及控制包括内部调节和外部调节。内部调节是自身采取必要措施以达到自我情绪的有效调节。比如，用言语来进行自我暗示，调整自己的情绪，或者通过运动来进行体力上的发泄以平稳情绪；又或者进行逆向思维，加深自己对不公现象的理解，通过认知手段来克服内心的消极情绪。外部调节是指通过外部的帮助来平衡情绪的手段。比如，与身边亲近的人进行沟通，向他们求助，在他们的建议和开导下，缓解内心的负面情绪并释放压力；或者接受心理咨询师等专业人员的治疗，来缓解自己的心理压力和疏解心理情绪。我国大部分的高校都设有专门针对学生心理问题的心理咨询中心。因此，大学生应积极利用这一资源，依据自身的需求进行求助，消解因社会不公信息而产生的强烈的道德情绪，避免社会负面认知偏差的产生。

（二）加强社会参与

已有研究采用访谈法对大学生进行调研，结果发现，许多社会组织或团体的成员会利用寒暑假或周末进行志愿者活动，通过向农民工提供法律知识宣传、进行慈善募捐、支持农村教育等手段来帮助困难群体。在帮助困难群体的实践过程中，他们更加了解社会不公现象，并在摄入社会不公信息后，及时地进行情绪调解和心理上的咨询。积极的社会参与是提高大学生应对社会不公信息负面影响能力的实践途径。当大学生进行积极的社会参与后，能够有效重建对这个世界的认同感和信任感。

加强积极的社会参与，从实践的角度提高大学生的道德认同感和信任感。个体一切的认知最终都应该在实践中得到证明。从这个层面上来讲，加强积极的社会参与，在实践中提高自身对这个世界的认同感和信任感，可以增强大学生的亲社会倾向和公正世界信念，进而提高大学生对道德价值的敏感性，增强其道德判断能力，从而更好地应对社会不公信息摄入的负面影响。研究表明，志愿服务可以有效地通过道德训练使道德敏感性和道德判断能力得到显著提高。志愿服务本质上是由人与人之间的交往构成的小型活动网络，在人与人的交往中，奉献出自己的光和热，为他人付出，可以从实践中感受到中华传统美德（奉献、友爱）的力量，提高道德发展水平。

社会深刻转型时期社会矛盾的普遍存在和互联网行业的高速发展，让社会不公信息通过方便、快捷、即时的信息环境传播出去，影响大学生的道德敏感性，并进一步影响大学生对道德事件的判断能力，最终影响大学生道德行为的发生，而道德行为是衡量大学生道德发展水平的标志。基于此，本书采用实证研究（问卷调查法、实验研究法）与理论论证相结合的方式，对社会不公信息对大学生道德敏感性的影响展开研究，并在此基础上，进一步探究了社会不公信息摄入下大学生道德敏感性对道德判断的影响，旨在为应对社会不公信息对大学生道德发展的影响提供有效策略。

第三章 微文化视阈下大学生政治认同与高校思政课教学的同向互动

本章要点：

◆ 大学生政治认同的社会调查。

◆ 推动大学生政治认同与高校思政课教学相结合的新趋势。

试着来解答这些问题：

新媒体时代，微文化如何渗透到新时代大学生的学习生活中？

新时代大学生的政治认同表现在哪些方面？

高校如何通过思政课教学，加强大学生政治认同？对此，你有何认识？

在清末的民族主义思潮中，章太炎的“历史民族”论颇具清末时代特色。这一观点强调历史的动态过程，强调制度、疆域、人的活动与融合对于形成民族意识与民族记忆的重要性，而历史则是维系这种政治认同，并赋予其时代特色文化内涵的最主要载体。政治认同就是社会成员在与政治体系的互动中所自发产生的与其一致的态度、情感、价值倾向，并外化为自己的政治行为[①]。政治认同体现了人们对国家存在合法化的认可，同时也是人们参与社会政治生活的纽带。马克思主义认为，社会性是人类的本质属性，“作为现实生活中的个人就如镶嵌于社会场域中的一粒原子，必然会打上时代的烙印”[②]。在当代社会，网络媒体和微

① 方旭光．政治认同的逻辑［M］．北京：中国社会科学出版社，2018.

② 马克思，恩格斯．马克思恩格斯选集（1—4 卷）［M］．北京：人民出版社，1995.

文化存在于整个人类社会空间，大学生政治认同与微文化建设的双向互动，需要高校思政课教师引导为同向互动总趋势，有机整合为大学生政治认同的微文化资源。现代社会发展的快节奏逐步打破了人们接触性的传统交流方式，时空的超越性渐次从人们具体的社会交往中剥离出来，变成所谓的抽象文化交流，快速、高效、便捷的微文化交流受到当代大学生喜爱，微文化的快餐性、娱乐性不断彰显。大学生政治认同是微文化发展的政治基础，微文化是大学生政治认同的物质基础。微文化的传播和发展不仅打破了人们传统交往的壁垒，也改变了大学生接受政治认同正能量的传统方式，对于承载着中华民族伟大复兴希望的大学生群体而言，对他们的中国特色社会主义政治认同教育显得尤为重要。然而，政治认同并不会先验地存在于大学生个体的精神世界，更不会自动成为他们参加社会实践的天然价值标尺。因此，在高校大学生政治认同的构建与塑造过程中，必须努力引导政治认同主客体之间形成强大的历史合力，在推进高校微文化建设过程中辩证提升大学生的政治认同，使大学生的政治认同落地生根、开花、结果，真正内化为自己的自觉行动。

在新媒体时代，文化的快餐性和娱乐化趋势不断彰显，并与互联网通信技术耦合而催生出微文化形态，人们凭借微媒体作为载体传播信息、获取消息，通过利用其工具和手段来进行学习、工作、沟通、娱乐，形成个体和群体共同的行为方式和社会意识形态总和。有学者指出，微文化由小见大、滴水石穿、聚沙成塔、集腋成裘，聚集了宏大的社会潮流，必须充分重视其巨大的物质力量。如何正确引导微文化成为传播中国特色社会主义核心价值观的政治认同，是摆在每一个高校思政课教师面前的重大课题。这就意味着我们应当正视微文化同时带来的挑战与机遇，积极利用其信息传播速度快、辐射范围广的特点，宣传推送正能量、高质量的大学思想政治教育理论课的信息内容，实现大学生正确的世界观、人生观、价值观和高度的政治认同，大力弘扬爱国主义、国际主义、集体主义、社会主义思想，挤压不良思想存在的空间。在微文化时代背景下，大学生的信息需求与日俱增，政治认同信息就是其中最重要的信息来源。当前，作为高等学校思想政治教育主流课程的《马克思主义基本原理概论》《毛泽东思想和中国特色社会主义理论体系概论》《中国近现代史纲要》《形势与政策以及当代世界经济与政治》《思想道德修养与法律基础》等课程，同样可以在微文化领域里拓展学习空间，为推进中国特色社会主义政治认同同向互动做出新的贡献。政治认同实质上是个体在群体中的归属感，是指公众依据现存政治制度的价值、效用、执行者等形成一定的政治认知，并在此基础上产生的情感和心理归属，进而基于自身价值积极参与政治实践并期望对政治过程产生一定的影响。本书以问题为导向，构建高校大学生政治认同与微文化建设的同向互动有益路径，以期推动大学生思想政治教育工作的高质量提升。

第一节　大学生政治认同的社会调查

中共中央、国务院印发的《中长期青年发展规划（2016—2025）》对包括大学生在内的青年人的政治发展做出了专门的部署安排，提出要引领青年有序参与政治生活和社会公共事务，可见，大学生发展包括教育发展、就业发展、政治发展、社会发展等多个维度的内容，而其中一个重要方面是政治发展。

当代大学生既受到现实政治环境的影响和塑造，同时又是政治生活的积极参与者，因此与国家政治之间存在相互影响和作用的关系。大学生的政治认同，是大学生政治生活社会化的重要内容，是国家政治文明发展的重要方面，直接关系到社会的稳定发展。

政治认同，是指个体在一定的政治共同体内对政治生活和政治发展所产生的情感及认知上的心理归属感，主要表现在对政治共同体的肯定、对国家制度的认可、对执政党的支持和信任等方面。大学生是国家政治建设中的新生力量，当他们成长并参与到社会政治生活时，具有影响未来国家政治稳定与发展的能力。正是因为大学生对国家政治具有特殊的影响力，大学生的政治认同成为一个国家政治制度得以稳定发展的重要基础，日益成为各国政党高度重视的问题。

根据2019年“中国社会状况综合调查”（Chinese Social Survey，简称CSS）[①]数据显示，我国高校大学生普遍表现出强烈的爱国热情和国家认同感。CSS是国内较早公开的大型学术调查。该调查是双年度的纵贯调查，采用概率抽样的入户

---

① 该调查是中国社会科学院社会学研究所于2005年发起的一项全国范围的大型连续性抽样调查项目，目的是通过对全国公众的劳动就业、家庭、社会生活、社会态度等方面的长期纵贯调查，来获取转型时期中国社会变迁的数据资料，从而为社会科学研究和政府决策提供翔实而科学的基础信息。自2006年第1期调查起，CSS项目组承诺每期调查结束后的2年内，向全社会免费公开调查数据。应各界同仁对数据的需求，项目组决定于2020年12月21日起，提前向全社会免费开放CSS 2019数据。申请者可登录“中国社会质量基础数据库网站（csqr. cass. cn）”注册并申请获取CSS 2019最新数据以及CSS 2006－2017历年数据。

访问方式，其研究结果可推论全国18～69周岁的住户人口。CSS 2019的研究主题是“社会质量与社会阶层变迁”，调查内容涵盖家庭、就业、经济状况、生活状况、社会保障、社会价值观和社会评价、社会参与和政治参与、志愿服务等模块。在全国149个市（县、区）的596个村（居）共访问11000余个城乡家庭，回收有效问卷10283份，形成1160万个数据项。本书从这些数据中提取了我国大学生政治认同的核心特征，从五个方面结合相关理论加以阐释。

一、对国家政治制度的认同

大学生对国家政治制度的认同，是执政党提升执政能力的重要制度性资源，对于巩固执政党执政的群众基础具有深远的历史意义。新时代大学生朝气蓬勃、意气风发，是中国历史性发展成就的见证者和参与者，在亲身感受东方之治和西方之乱后，深刻认识到只有中国特色社会主义才是真正符合中国国情的社会制度，才是明显具有社会主义优势的国家政治制度。CSS数据显示，2017年大学生对中国社会满意度的平均得分为6.08分，2019年则上升为6.53分，仅间隔一年的时间就提升了0.45分。这组数据在一定程度上客观地反映了大学生对中国特色社会主义制度带来社会繁荣昌盛稳定环境的满意程度。

突如其来的新冠肺炎疫情考验着世界各国政党和政府的治国理政能力和效率。中国大学生通过对各国疫情防控的现实对比，对中国道路和中国制度的优势有了更具体的理解和自信。大学生亲眼看到，中国最大的优势是社会主义国家制度能够集中力量办大事，这是我们成就伟大事业的制胜法宝。

在新冠肺炎疫情面前，大学生、医生、护士没有畏缩不前，更没有临阵逃脱，而是主动请缨，不怕牺牲，成为各地医院、医学院抗疫一线的主力军。疫情发生以来，110万名共青团员参加了青年突击队，140万名大学生参与了群防群控、应急服务、物资生产等，数以百万计的大学生积极捐款捐物。习近平总书记在给北京大学援鄂医疗队全体“90后”党员的回信中说：新时代的中国青年是好样的，是堪当大任的。

二、对国家的认同

国家认同是大学生最基本的政治认同。我国大学生普遍表现出强烈的爱国热情和高度的国家认同感，并且越来越多的大学生能够把爱国热情转化为努力学习、积极工作的实际行动。据CSS数据显示，92.6%的大学生认为，在经济全球化的今天，爱国主义越来越重要；认为党的十九大提出的建设富强、民主、文明、和谐、美丽的社会主义现代化国家这一奋斗目标与自己有着较大的关系，其中认为关系密切的人数比例为 24.9%。

当代大学生对国家的认同，一方面集中在宏大主题，如社会分配公平、党风廉政建设等；另一方面则关注与自身发展和生活密切相关的领域，如大学生毕业就业、医疗健康保险、物价上涨、养老保险等问题。

CSS 数据显示，2013 年期间，大学生密切关注毕业就业、教育收费、住房价格、党风廉政建设、征地拆迁补偿等问题；而 2015 年和 2017 年，大学生政治关注主体重点转移到看病和医疗费、物价、住房价格等问题。2019 年的调查数据发现，大学生开始关注乡村振兴、脱贫攻坚、疫情防控、网络保护、粉丝文化、在线教育等问题，这表明大学站在当代经济社会发展和国家有效治理的视角思考问题、参与政治生活，从而体现出强烈的社会责任担当意识。

三、对中国共产党的认同

政党认同是大学生非常重要的政治认同。党的十八大以来，新时代大学生对党的执政地位和执政理念抱有极强的认同感，充分认识到中国特色社会主义制度的最大优势是中国共产党的领导。调查数据表明，90%的大学生入党动机是由大学生自己主动做出的选择，98.5%的大学生赞同战疫斗争的胜利再次证明了中国共产党的正确领导和社会主义制度的优越性，98.3%的大学生认为战疫斗争使自己更加认识到中国共产党是我们各项事业的领导核心。看到党领导人民抗击新冠肺炎疫情取得的伟大成就，大学生普遍感受到获得感、幸福感、安全感，对中国共产党的政治认同表现得更加强烈。

四、对中华民族的认同

政治认同也叫政治身份共同体认同，通常用于描述多民族国家的社会发展和区域整合，寻求、维持、强化社会成员对多民族国家的政治认同，对某种客观存在接纳、包容的心理状态及相应的行为表现。中国共有 56 个民族，组成中华民族大家庭，汉族及各少数民族是构建中华民族大家庭的基本要素。民族本身就是一个混沌模糊的学术概念，民族学、政治学、社会学、人类学、人文地理学等各个学科对其都有自己的解释。中国学术界对民族的基本解释有两种。从政治体制和现代国家主权上强制划分的群体叫“民族”（nation），从历史传统和文化特征上彼此区分的群体叫“族群”（ethnic）。前者叫“中华民族”，后者叫“汉族和其他少数民族”。每个民族都有自己的语言、文字、宗教等，但经过五千年中华民族大家庭同质化过程的洗礼，汉族与各少数民族显著差异已经不多，更多的是整个中华民族伟大复兴的认同感。

五、对高校思想政治教育理论课的认同

科学构建各级各类学校思政课程体系，合理确定思政课程的设置及思政课程标准，是整体规划大学、中学、小学德育体系工作的重点。教育部不断优化各级各类学校思政课程设置，制定思政课程标准，明确教育目标、内容、要求，使小学、中学、大学各教育阶段的思政课程，形成由低到高、由浅入深、循环上升、有机统一的体系。高中与大学是学生树立正确的世界观、人生观、价值观的两个关键时期，是思想政治教育系统中的两个重要的阶段。

目前，我国高校开设《马克思主义基本原理概论》《毛泽东思想和中国特色社会主义理论体系概论》《中国近现代史纲要》《形势与政策以及当代世界经济与政治》《思想道德修养与法律基础》等理论课作为大学生德育必修课程。

通过以上的课程教育实践，大学生对高校思想政治教育普遍认同，提升了大学生参与国家政治建设的理论和实践能力。大学生通过高校思想政治教育理论课程等相关渠道，为满足自身需求和自我发展，通过行使国家赋予的政治参与权利，参与国家政治生活、表达政治观点，进而达到影响公共政策制定和实施的政治行为。从少年中国说到反帝反封建的五四运动，中国大学生在不同历史时期以自己的方式参与国家政治，以自己特有的方式表达对祖国的热爱、对人民的深情。新时代大学生是在我国经济社会改革开放取得巨大成就的背景下健康成长起来的，与以往大学生相比，他们的个性意识、竞争意识、权利意识更加突显，他们积极参与国家政治活动，推动大学生影响公共政策的制定。CSS数据显示，2015年询问“大学生对政治不感兴趣”的问题，有48.6%的大学生同意这种说法，而到了2017年同意这种看法的大学生下降到42.3%，这表明大学生积极参与政治意识的增强。

通过高校思想政治教育理论课程的学习和实践，大学生政治参与的形式更加多样化，大学生中发展共青团员和共产党员的人数逐年上升，这与大学生所处的经济社会发展环境以及自身的人格发展、个性体验、政治感悟等密切相关。随着经济全球化、文化多样化、社会信息化、城乡一体化的深入推进，大学生既关注整体国家利益和政党政治，也关注个人利益和价值在政治参与活动中能否实现，在政治参与中不断寻求国家和社会整体利益与个人利益之间的汇合点与平衡点。

第二节 推动大学生政治认同与高校思政课教学相结合的新趋势

微文化传播主体的平民化、多元化，传播信息的碎片化、简洁化，传播模式的分众化、圈群化，使得大学生政治认同呈现出多重困境。微文化的开放性特点决定了大学生政治认同培育是一项社会工作，需要高校和社会共同发力，与时俱进，加强与微文化相适应的培育路径创新，提升大学生的政治认同。具体包括生态调控、全力营造明朗微空间、观念创新、加强政治认同微教育、力量整合、打造新型培育微队伍。微文化是随着新媒体的兴起和流行而逐渐形成的一种注重个体和微观表现的文化现象，作为文化发展的一种最新形态，微文化以微见著，如传播的主体是微个体，传播的内容是微内容，传播的渠道是微媒介，传播的受众是微受众，具有信息传播去中心化和便捷化、话语表达简洁化和个性化、话语主体平等化和互动化等典型特征。微文化摆脱了文化的精英性，为大众提供了一个自由、便捷的话语表达空间，彰显和尊重了个体的情感和思想个性，倡导从细微的日常生活去映射人性和社会。微文化的兴起，对热衷微文化的大学生群体的生活、学习、思想观念乃至政治认同产生了深刻影响。加强微文化对大学生政治认同的培育和提升大学生的政治认同，显得极为紧迫，这对于确保现行政治系统稳定运行、实现国家长治久安，以及促进大学生成长、成才，具有重要的现实意义。

一、微文化视阈下大学生政治认同呈现出的新特点

政治认同作为个体对政治的一种主观意识，属于政治心理范畴，一般意义上指社会成员对现行政治系统的认知、认可和归属感。政治认同虽然是个体的一种主观意识，但受社会环境影响较大，大学生思想活跃，其政治认同更容易受到新文化环境的影响。微文化对大学生政治认同呈现出以下新特点。

（一）政治认同主动性增强

微文化使大学生政治认知和政治参与的主动性明显增强。微文化为大学生提供了一个开放的、便捷的、信息资源丰富的全新政治生活空间，在这个空间，大学生可以利用闲散时间，积极主动地获取自己感兴趣的国内外各类政治信息，开

拓政治视野，加深政治认知。另外，从表达方式来看，微文化借助微电影、微视频等大学生喜闻乐见的形式来传递政治信息，解读思想政治教育理论课程教材上抽象的术语，容易引起大学生的兴趣，消除抵触心理，增强大学生主动了解、学习政治理论和时事政治的主动性。从政治参与来看，微文化为大学生参与政治提供便利，人人都有独立性、主体性，都享有平等对话权。借助微平台，大学生能自由发表政治见解，参与政治活动，表达政治诉求。微文化的这种主体内隐、言论自由的对话机制，可以最大限度地吸引大学生主动参与网上讨论，满足了大学生追求平等交往和渴望对话的需求。

（二）政治认同的互动性突出

互动性是微文化的核心特征之一，也是微媒体与传统媒体的最大不同。传统大众传播属于单向性传播，传播主体与传播客体分割，互动机制较弱，沟通受阻。在微文化时代，每个人都可以是信息中心，既接收信息，也生产、传播信息，微媒体的创新功能也为信息交流提供了多向互动平台。由于无须考虑现实中的各种约束，大学生乐于轻松随意地与各类人群进行政治信息互动，畅所欲言，各抒己见，交流看法，提出社会治理建议。通过与各类人群进行互动交流，大学生得以增长政治见识、开阔政治视野、提高政治鉴别力，对某些政治问题的疑惑和迷茫也迎刃而解。

（三）政治认同呈现多元化态势

在微文化影响下，信息发布的门槛和技术要求很低，任何人都能随意发布、交流信息。由于网络监管的缺失，形成了信息多元传递与信息良莠并存的局面，微文化信息资源既是信息宝库，也混杂着许多虚假、负面信息，尤其是西方的政治信仰、价值观念，也通过微媒体不断渗入，各种价值观空前活跃。在微文化作用下，政治信息多元性也使大学生政治认同复杂化，大学生因为自身经历、身份背景、社会认知、信息鉴别等各方面的差异，在接受多元信息过程中，其政治选择也呈现多元化趋向。

（四）政治认同从众现象

在微文化时代，大众话语平等和一部分人话语缺失现象并存，政治认同的从众性趋向比较普遍，就大学生群体而言，快餐式阅读盛行，浅表性思维已成为多数大学生的习惯，一部分大学生在处理政治信息时懒于思考和辨别，出于一种从众心理，很多时候是对所谓意见领袖、草根明星的观点予以盲目附和。另外，微文化具有圈群化特性，大学生对圈群内的交流群体往往具有认同感，依从群内意见就成为他们对待政治问题的常态。

二、微文化时代大学生政治认同的困境

（一）微文化传播主体的平民化、多元化，导致大学生政治认知和政治价值选择的困惑

政治认知是政治认同的基础，很大程度上决定政治主体的政治选择。微文化解构了文化话语霸权，形成了一个民主化和平民化的话语环境，使普通“微民”革命性地成了政治传播主体。在微文化下的政治环境中，广大微民共同决定和编织政治传播的内容与形式，传播主体多元化使得微文化政治信息传播数量暴增，信息监管难度加大。

（二）微文化传播信息的碎片化、简洁化，影响大学生政治文化素养和政治理性判断

在微文化影响下，从传播主体、时空、内容到受众的注意力都表现出碎片化特征。信息碎片化是指微媒体催生的海量信息呈现出一种孤立、零碎、不完整形态，微媒体的微特质，决定了信息传播的碎片化，如微博以 140 字为限，发布者以只言片语表达意思，提供给大学生快餐式信息，知识的体系化和理性化被降低。

（三）微文化传播模式的分众化、圈群化，造成大学生政治冷漠和政治盲从

微文化传播模式呈现出明显的分众化和圈群化特性，这种模式造成小团体、小圈子，形成了数量巨大的各种群体。

三、微文化视阈下大学生政治认同的培育路径

微文化的开放性特点决定了大学生政治认同培育是一项社会性工作，需要高校和社会共同发力。针对微文化下大学生政治认同的新特点和多重困境，与时俱进，加强与微文化相适应的培育路径创新，提升大学生政治认同。

（一）生态调控，全力营造明朗微空间

微文化作为一种社会大众广泛参与的最新文化形态，一方面具有很强的包容性，各种异质价值观念和社会思潮可在同一时空共生；另一方面，由于缺乏规范、有效的管理制度，微文化空间呈现一种无序状态，这对大学生政治认同培育不利。因此，全力营造明朗微空间成为当务之急。从政府层面来看，首先政府要重视网络立法，增强微文化参与主体的法治意识和法治思维，所有主体严格遵从

法治；政府要加强对微文化信息的监管，要组织力量加紧研究更有效的信息监控系统，形成整体布局的监控网，遏制不良信息传播、扩散；建立与微文化相适应的伦理道德规范，推动微文化参与主体逐渐接受和践行。从微媒体层面看，要加强微媒体责任机制建设，切实担负起微文化环境下的政治传播使命和育人责任，始终秉持正确的舆论导向，扩大其正能量传播功能，自觉抵制媚俗、低俗的内容，以及背离社会主义核心价值观的政治性输出。健康、明朗的微文化生态建设，对于大学生政治认同的培育极具意义。

（二）观念创新，加强政治认同微教育

高校政治认同教育，是培育大学生政治认同的首要路径，通过高校正规的持续教育，培养大学生较高的政治文化素养和理性思维能力，从而使其能够在复杂的微文化环境中明辨是非，理性对待微文化的各种现象，有效规避错误价值观的侵蚀，提升政治认同。微文化高校政治认同教育要取得实效，必须树立与时俱进的教育理念，善用微媒体来实施微教育。一是建立高校政治认同教育微平台，同时以高校思想政治教育各相关部门、马克思主义学院、各大学生社团为节点，构建立体化的微媒体矩阵，对大学生实施政治认同教育。二是以内容建设为根本，贴近大学生生活，贴近新时代，既富有思想性、知识性，又富有针对性、趣味性，传输政治认同教育微内容，通过吸引力强、品质高的政治内容，全方位提升大学生政治认同。三是引导大学生微学习，增强政治文化素养。一方面，教育者要善于通过大学生喜闻乐见的教育形式，引导大学生参与微学习，有效利用微平台获取政治信息，互动交流知识和经验，丰富政治见闻，增强政治认知；另一方面，对于微平台传递的碎片化信息，教育大学生加强筛选整理，提高警惕，避免认识上的片面性和不完整，掌握马克思主义批判精神，培养大学生批判能力，以开放和包容的心态，正确识别中西文化碰撞中产生的精华与糟粕，正确引导大学生在微文化批判中增强对马克思主义和社会主义核心价值观的高度认同。

（三）力量整合，打造新型培育微队伍

微文化下大学生政治认同培育的社会性特点，要求社会协力推进打造多方参与、优势互补的微队伍，形成教育合力，这是实现培育目标的关键之举。第一股力量是从高校方面培育微队伍，既要发挥高校思想政治教育理论课程教师群体的主导作用，他们是培育大学生政治认同的专业力量；也要发挥高校政工干部、辅导员等思政工作者的示范作用，他们是大学生政治认同培育的骨干力量；还要发挥大学生党员和干部的榜样作用，他们是政治认同培育的依靠力量。第二股力量

是从社会方面培育微队伍，要发挥活跃于微媒体中的代表人士的作用。这些人士如意见领袖、网络“大 V”等微领袖，他们社交范围广，拥有较多的信息渠道，并适时在微媒体上发表自己的意见，极大地影响着大学生群体，因此，要借助他们的影响力来弘扬主旋律、发挥正能量，展现主流政治文化，发挥他们在大学生政治认同培育中的积极作用。第三股力量是从家庭方面培育微队伍，家庭微教育对大学生政治认同培育具有不可替代的影响，可组建微媒体亲友团，通过亲友团微队伍言传身教，引导大学生形成正确的世界观、人生观、价值观，增强对现行政治体系的认同。

四、微文化视阈下高校思政课教学对大学生政治认同的引导路径

文化具有推行价值规范和建构价值意识的社会功能。当前，微文化已经成为大学生价值观生成的重要环境、塑造的主要场域和建构的有效载体，微文化对大学生有积极影响的一面，但其去中心化易导致大学生政治价值取向模糊化、其商业化易导致大学生道德价值取向功利化、其泛娱乐化易导致大学生人生价值取向平庸化、其碎片化易导致大学生学习价值取向感性化。面对微文化价值存在悖论的现实，高校教育实践中的引导路径包括引领大学生价值观培育的微空间、构建大学生价值观培育的微平台、促进大学生价值观培育的微互动、优化大学生价值观培育的微环境。

（一）微文化对大学生价值观的影响

近年来，与移动互联网、数字化技术和智能手机的迅速发展相伴随，以微博、微信、微课、微电影、微公益等广泛应用作为标志，大学生进入了微时代。微时代产生微文化，微文化是一种关注个体和微观、凸显个性需求和力量的文化现象，它形成了人类文化发展史上的新景观。微文化凭借其大众性、参与性、娱乐性、开放性等特征，广泛流行，深入渗透到大学生的学习生活领域，日益成为建构大学生价值观的主要文化因子和重要社会力量。如何正确认识微文化对大学生价值观的影响并进行积极应对，是当前大学生价值观培育的重要课题。

价值观作为人类特有的一种精神状态，它是指人们关于基本价值的信念、信仰、理想系统，也就是说，价值观是人们对真善美、假丑恶等事物的基本看法和判断，并通过这种判断去影响、支配和主导自己的思维观念和行为方式等。价值观的形成是外部因素和个体心理因素共同作用的结果。而在政治、经济、文化等

诸多外部因素中，文化因素对个体价值观的形成具有举足轻重的影响。文化具有推行价值规范和建构价值意识的社会功能，它蕴含着价值观，承载着价值观，又影响着价值观的生成。随着微时代的到来，微文化以一种不可规避的文化形态渗透、充斥到大学生学习生活的方方面面，并通过其文化塑造功能，潜移默化地影响着他们的价值观念、情感态度和行为范式。

1. 微文化成为大学生价值观生成的主要环境

马克思指出，人是环境的产物，人的思想的形成和发展离不开一定的环境影响。环境包括自然环境和社会环境，自然环境主要是自然界中天然生成的物质环境，社会环境则是人们在社会发展中创造出来的文明成果的总和，包括政治环境、经济环境、文化环境等，其中，文化环境是社会环境的重要组成部分，是一种客观存在。根据社会存在决定社会意识的基本原理，文化环境所形成的客观文化场影响着人的思想，对人的发展和价值观的形成具有重要作用。

当前，微时代、微文化构成了大学生不可回避的社会文化背景，成为影响大学生价值观生成的主要环境。微博、微信等微媒体已经是大学生最重要的文化创作、传播和消费舞台；微视频、微小说凭借其短小精悍的形式和言简意赅的内容在校园里广泛流行；微公益给大学生提供了一个聚沙成塔、奉献爱心的平台；微支付已经成为大学生最常用的支付方式，“出门不用带钱包，带上手机就够了”，这成为大学生的口头禅；各种校园微课、微讨论、微调研层出不穷，大行其道。可以说，微文化已经完全浸入和深刻影响大学生的生活了。从文化发展的角度来看，微文化彰显的是中国社会由福特主义文化逻辑向后福特主义文化逻辑的深刻转型。曾几何时，我们的文化是以“大”为特征、以“大”相标榜的。在现代大工业时期福特主义思想的指导下，“大”成为备受人们推崇的文化理念和发展诉求。我们追求大规模、大生产、大消费，但同时也必须承受大粗糙、标准化、无个性的后果。标准化、大规模的产品制造已经使人们厌倦，也压抑了人的个性发展。与此同时，后现代主义、网络经济、信息社会的来临，却让人们发现“微”的魅力、“小”的美好。移动互联网技术的发展把人们带进了微交往、微传播的微时代，微文化所表征的亲切、灵活、更具风格化和人性化的生活样态和文化风格，已经成为影响大学生价值观生成的主要环境。

2. 微文化成为大学生价值观塑造的重要场域

场的概念最初来源于物理学，后来被借鉴运用到社会学、传播学等领域。法国哲学家、社会学家布尔迪厄在总结资本、习性等概念的基础上，比较完整地界定了场域的概念。在他看来，场域是一种具有相对独立性、自身逻辑性的社会空间，它潜移默化地影响着人的价值认知、情感认同和行为实践。

具体说来，微文化塑造大学生价值观的场域主要包括两个方面：一是时空场域。时间和空间是个体存在的两个基本维度，也一直是哲学家探讨的重要问题。移动互联网时代，伴随着无线网络、免费 wifi、智能手机、平板电脑、微博、微信等新媒介和科学技术的广泛应用，信息传播达到同步、精确、实时的传输效果，真正实现了“天涯若比邻”。微文化时空场域的突破，使得不同的价值观念、生活方式、文化传统等多种信息、风俗习惯一起交汇、碰撞在微平台上，必然会影响大学生价值观念的形成和整合。二是话语场域。话语场域是布尔迪厄著作中最重要的场域，他认为话语场域就等于权力场域。长期以来，文化是由上层人士、精英贵族专属生产的“阳春白雪”，普通民众也即“下里巴人”是不能生产和创造文化的，只能被动地接受文化，没有或者很少有话语权。但微文化的到来，剥离了文化的精英性，降低了文化的专业门槛，微博、微信等微媒介为草根大众提供了自由言说与文化创作的平台。大学生也可以在微博、微信上展示自我、发表观点、张扬个性，这样他们就扩大了自己的话语场域，获得了话语权。在多元化和开放性的微空间里，每个大学生既是价值观的传播主体，又是价值观的传播对象。正是在这种选择、发表、展示、传播的过程中，大学生的价值观得到形成、调整、塑造。

3. 微文化成为大学生价值观建构的有效载体

有学者认为，青少年对于社会的基本认识，对游戏规则的把握，甚至世界观、人生观、价值观的形成，90%以上的影响是来自传播的媒介。当前，以微博、微信为代表的微媒介，借助于文字、图片、音频、视频等载体，以微文字、微电影、微小说、微视频等大学生喜闻乐见的形式，帮助大学生获取信息、探寻世界、连接情感、寻求认同，影响着大学生价值观的形成，成为大学生价值观建构的有效载体。

微文化作为大学生价值观建构的载体，主要表现在三个方面：一是为大学生提供了一个开放的信息平台。互联网最吸引人的地方是任何人都能够在全球范围内实现信息共享。微媒介海量的信息场满足了大学生追求新异刺激与获取信息的心理需要，搜索引擎系统为大学生提供了快速获取大量知识和信息的新途径。大学生通过微平台获得信息、了解社会、认识世界，从而建构起多元的价值观。二是为大学生提供了一个虚拟的自由空间。社会认同理论认为，任何一个个体都希望通过群体或者社会认同来获得自尊感、自豪感、归属感。在微文化营造的虚拟的、自由的空间里，大学生可以追求个性的生活方式，并在展示自我、重塑自我、美化自我的过程中，使自我意识得到提高，也能感受到自我价值的实现。三是为大学生提供了一个互动的交流方式。微文化交互性的传播方式改变了以往单向度的媒介生态和传播模式，加快了信息传播的迅捷和便利，实现了全员传播和互动传播，更能够满足大学生多元化、自主化的交往需求。可以说，微文化正是通过获取信息、表达观点、交流互动等形式影响着大学生，并建构其价值观念和意义世界。

（二）微文化影响下大学生的价值观问题

微文化正在构建一种新的文化范式，它关注个体情感的表达，主张自我价值的实现，有利于人的主体性和独立性的发展。微文化推崇自由、平等的交流方式，有助于提高公民参与社会建设的积极性，推进民主政治的发展。微文化重视对现实人生的体验，满足了大众的精神文化需求，塑造了精神交往的新模式。微文化对大学生产生的这些积极影响，为大学生积极价值观的形成提供了支持性力量。但与此同时，微文化作为一种世俗文化、逐利文化，其内在的文化需求与市场逻辑之间无法调和的价值悖论，又使大学生陷入了空前的价值迷茫。

1. 微文化的去中心化易导致大学生的政治价值取向模糊化

美国思想家尼葛洛庞帝很早就在其名著《数字化生存》一书中指出，我们处在一个消解中心主义的时代，传统的中央集权的生活观念将成为明日黄花。作为后现代主义文化的一种，微文化具有非常明显的去中心化，表现为对传统集中式权利的解构和对现实社会秩序的淡化，主要包括主体的去中心化、内容的去中心化、话语的去中心化等基本范域。微文化的去中心化易导致大学生的政治价值取向模糊化。

2. 微文化的商业化易导致大学生的道德价值取向功利化

市场经济时代，文化也要遵循利益至上的商业逻辑。文化生产的目的从高雅的精神需求转向世俗的物质赚钱，文化商品化已成为趋势。微文化也必须遵循市场的需求。只有为消费者提供所需的文化产品，微文化才能在激烈的市场竞争中生存下去。一方面，点击率、转发率、评论人数、粉丝人数、关注人数等已成为微媒体必须考量的重要因素；另一方面，通过文化商品获得利益才能保证微媒体的继续运转。因此，在微博、微信等微平台上，琳琅满目的广告已经层出不穷，如雨后春笋般冒出的微信公众号纷纷开通了打赏机制，以亲戚、朋友、同学等熟人作为主要销售对象的微商大行其道，网红经济、直播平台、微博粉丝营销、微信公众号刷流量如火如荼，还有各种拇指经济、眼球经济、注意力经济等新的模式不断涌现。

在商业利润最大化原则的驱动下，微文化越来越明显地表现出马克思所说的商品拜物教的特征，商业逻辑浸入生活世界，大学生的价值理念、处事态度、道德准则也随之发生变化，呈现出消费化、物质化、功利化等倾向。“指尖血拼”成为消费新时尚，大学生追求吃喝玩乐，导致享乐主义的蔓延。微信支付、淘宝购物、滴滴打车、共享单车等创造了全新的消费行为和消费体验，制造出新的消费意义空间。大学生的消费观被消费主义价值观的洪流所裹挟，对各种超前消费、攀比消费、过度消费趋之若鹜。在这样的生活环境里，一方面大学生极易沉溺于物质享受的温泉，而精神需求则不断被弱化，“金钱至上”成为思想常态。还有一些大学生为了满足自己的虚荣心，不惜出卖尊严，进行非法裸贷。另一方面，一切皆可买卖的商业观念影响甚至主宰着大学生的道德观念和人生态度，传统的道德践行手段逐渐被商业化的方式所取代。个别大学生在对待“儿童落水要不要救”“老人倒地要不要扶”“是否应该见义勇为”等道德现象时，甚至也首先使用金钱衡量，从而极大地弱化了道德的神圣性。将道德价值量异化为金钱的价值量，将道德行为异化为商品，容易导致大学生的道德价值取向蜕变为功利化困境。

3. 微文化的泛娱乐化易导致大学生的人生价值取向平庸化

娱乐休闲是物质生产力发展到一定阶段后人们在精神生活方面的必然需求，是现实个体追求自由与享受的表现。微文化通过各种微平台营造出轻松、自由的娱乐空间，丰富了人们的休闲生活。但值得注意的是，当前微文化在满足人们娱乐需求的同时，也出现了泛娱乐化的现象。所谓泛娱乐化，是指微文化为了吸引受众的注意力所呈现出来的内容低俗、格调低下、趣味低级、纯粹追求娱乐目的的一种文化现象。这种文化现象过度追求眼球效应和经济利益，专注于如何用新鲜、刺激的手段来取悦和迎合受众。

人生价值取向的平庸化，具体表现在两个方面：第一，消解人生价值的崇高意义。拒绝高尚的道德追求，只求当下快乐，是微文化道德虚无主义的重要表现。大学校园里流行的丧文化、低欲望、佛系主义等浮躁、颓废的文化元素，折射出大学生普遍存在的泛娱乐化倾向，消解着大学生在现代化社会所必须具备的价值观念和进取精神。在这些形态和环境的影响下，有些大学生更多的是关心时下的自我，游戏人生、及时行乐成为他们的人生信条；道德价值目标短期化，社会责任意识弱化，成为精致的利己主义者。第二，钝化大学生的人生价值创造能力。微文化迎合了人们追求“快乐至上”的思想，推动着娱乐化符号成为人们精神世界的主导，制造了一场场娱乐狂欢，例如，影视演员的一则结婚“官宣”让微博陷入瘫痪、一则离婚声明让当事人双方的粉丝上演了互撕大战，所谓的出轨门、论文门事件更是长时间霸占热搜，还有各种段子手、标题党，为了提高点击率，在微信朋友圈常常用“揭秘”“震惊”“不转不是中国人”等词语吸引眼球，获得关注。在这样全民娱乐的大环境下，娱乐化、碎片化的信息刺激着大学生的感官，影响着他们的思考方式。长此以往，大学生们会有意识地逃避责任，导致大学生的思想流于表面，思考缺乏深度和理性，审美情趣娱乐化、庸俗化、享乐化，价值创造能力丧失，精神世界也会随之变得空洞和无意义。

4. 微文化的碎片化易导致大学生的学习价值取向感性化

微文化的“微”，从字面上来讲就是微小、简洁、碎片之意。吉登斯指出，人的现代化过程，就是一个不断从传统的血缘共同体、地缘共同体，走向流动、轻灵、碎片化的社会过程。微文化生动地体现了詹姆逊的拼贴理论，微媒介、微信息、微创作、微传播、微语言等，使碎片化的时间能够得到高效率的利用，完美契合了人们快节奏生活方式的需求。

同时，微文化的碎片化特征决定了大学生的思想价值、日常生活、社会行为处于不断地碎片化，并使他们的学习价值取向呈现感性化趋向。一是微文化营造的这种快餐化、碎片化的文化环境，使大学生乐于接受这种短、平、快的学习方式。无处不在的移动互联网、方便快捷的信息检索、随时随地地进行手机“百度”，让很多大学生习惯于简单地接受、储存信息，习惯于简单地复制、粘贴信息，以至于理性思考能力变得日益窘迫，思考越来越感性化。二是在微文化环境下，各种微语言、微视频、微表情充斥着网络，大学生沉迷于微文化所构建的平面化、平庸化、享乐化的感性世界，更倾向于用图像代替文字，用声音表达语言，用微言微语代替理论分析，用浅显零散的只言片语代替长篇大论，呈现出思考感性化、图像化的特征。三是从深耕到泛读，从读书到读屏。很多大学生将传统经典束之高阁，而对心灵鸡汤乐此不疲。微文化下流行的移动的、碎片化浅阅读，强调对信息的浅尝辄止，不利于专业知识、深精知识的获取。久而久之，就会导致大学生理性思考能力、辨析力、创造力下降，使大学生变成怠于思考的“平面人”。正如美国学者丹尼尔·伯斯丁所说，网络正在削弱我们的思考力，长此以往，人类可能会被网络变成弱智儿。所有这些不能不引起我们的深思。

（三）高校思政课教学运用微文化载体培育大学生价值观的实践路径

微文化以一种生活化的文化样态和仪式景观全面介入大学生的观念世界，并深刻改变着大学生的生活方式、思维认知与价值体悟。为有效化解微文化给大学生带来的价值困境，在实践中我们应该以社会主义核心价值观为思想引领，牢牢掌握微空间的话语权，培育微平台，促进微互动，优化微环境，形成合力，全面促进大学生价值观的培育。

1. 加强引领，掌控大学生价值观培育的微空间

法国哲学家米歇尔·福柯研究了话语与权力的关系，最先提出了话语权的概念。他认为话语权包括说话的权利和控制舆论的权力。当前，各色各样的微媒介和微产品丰富了人们的生活，改变着人类社会的时空结构，营造出了一种全新的微空间。面对这个新的舆论生态、文化场域、价值观培育阵地，在运用微文化培育大学生价值观的时候，我们应该牢牢掌握微空间的话语权。

第一，要加强社会主义核心价值观对微空间的科学引领。社会主义核心价值观是我国的主流意识形态，对文化发展起着统领、整合、引导的重要作用。当前，微空间价值生态鱼龙混杂，以微博、微信等为代表的微媒体因其自由、平等、开放、去中心，成为各种意识形态、价值观念竞逐的聚集地和交锋的重要场所。媒介平台上各种观点相互激荡，众声喧哗已成舆论常态。民间舆论场的强势崛起，为大学生的利益诉求和情绪释放提供了一个重要的话语空间，但也给意识形态的监管增加了难度，导致以主流媒体为中心的传播格局被打破，主流意识形态话语权被弱化。面对严峻的形势，必须全面加强社会主义核心价值观对微空间的引领，建构主流价值体系话语权。

第二，要注重培养校园意见领袖，抢夺微空间话语权。著名社会学家拉扎斯菲尔德认为，在每个领域和每个公共问题上，都会有某些人最关心这些问题并且对之谈论最多，这些人被称之为“意见领袖”。意见领袖代表着民众的利益诉求，在微传播中起着重要的中介和过滤作用，并能对人们的观念、看法、行为产生引导性影响。在微时代，我们要抢占微空间的话语权，必须高度重视意见领袖的培育。既要重视在大学生中有影响力的高校教师的话语导向，注意引导他们向正能量的方向发展，使他们成为大学生学习上的引路人、生活上的贴心人、烦恼中的开解人，又要重视优秀大学生、优秀大学生干部等朋辈群体在同学中的影响力。要进一步培养、引导、调动这些优秀大学生和优秀大学生干部主动参与舆论的意识，增强他们维护微平台健康发展的主动性和把握大局的能力，牢牢掌握微空间的话语权。

2. 搭载快车，构建大学生价值观培育的微平台

改革开放以来，我国在迈向现代化的进程中逐渐呈现出个体化的特征，尤其

是在进入碎片化、数据化生存的微时代之后，每一个微文化个体都有强烈的表达自我和展示自我的欲望。当前，微博、微信等微媒介为大学生价值观培育搭载了快车，已经成为价值观传播的最重要平台。在实践中，要主动切入微文化阵地，建好微课堂、微支部、微社群等微平台，以平台功能吸引大学生，传播主流声音，引领主流价值。

第一，打造思想政治教育理论课程微课堂。习近平总书记在主持召开的学校思想政治理论课教师座谈会上明确指出，思想政治理论课是落实立德树人根本任务的关键课程。当前，高校思想政治理论课仍然是对大学生进行价值观教育的主渠道、主阵地。在微文化环境下，思想政治理论课必须改变传统的说教模式，践行对话理念，善于利用和组织微讨论、微交流、微视频、微电影等大学生更喜欢、更容易接受的方式来创新微课堂，建立适应信息化要求的新课堂教学机制。

第二，建设坚强堡垒微支部。大学生党员是大学生的优秀代表，大学生党支部是优秀大学生组织团体，理所当然应该成为社会主义核心价值观的引领者和示范者。微文化改变了大学生党支部的内外生态环境，并且提供了新的实践平台和技术支持。在新时代，大学生党支部也要勇立潮头、创先争优，既要在支部生活内容上紧跟国家、社会、高校发展的热点、大事，发扬大学生党员关心政治、践行社会主义核心价值观的模范作用，又要秉承融合创新的理念，积极利用微博、微信等新媒体平台创新支部活动方式，建立“掌上论坛”“智慧党建”等立体化党建工作载体，牢牢把握意识形态的领导权，使微支部成为社会主义核心价值观培育的坚强堡垒。

第三，创建志趣吸引微社群。大学生因为共同的兴趣爱好、理想志向、社会交往、工作学习等多元需求，自主创建或自发聚集而形成一个个微社群，如兴趣型社群、知识型社群、社交型社群等。大学生的微社群具有关联性、周期性、交错性、现实性等特征，在大学生中的影响也很大。当前，也要充分利用好微社群这个平台，创建线上学习、线下实践的新方法，做好大学生价值观的培育工作。同时也要加强对微社群信息的监管和引导，让微社群成为大学生价值观培育的重要平台。

3. 关注诉求，促进大学生价值观培育的微互动

互动性是微文化传播中最具革命性的特征。美国学者罗伯特·拉罗斯和约瑟夫·斯特劳巴哈指出，因为技术的发展使得传播媒体可以拥有特定的受众群并得到快速反馈，我们也开始越来越关注交互。大学生价值观的形成和发展也需要通过与他人互动、与社会交往，才能不断得到修正、塑造、整合。因此要关注大学生的利益诉求，不断完善微文化的沟通机制，注重发挥沟通交流、自主互动、分享互助等方式在大学生价值观培育中的作用。

第一，要增进交互性。交互性是指在网络活动中，信息的发送者、接受者、传播者，都可以依据一定的平台进行直接的、多向的交流，其核心在于一起创造和分享信息。美国学者大卫·斯科特认为，社交媒体的特质就是人们可以彼此分享见解、信息、思想并建立关系的在线平台。传统信息的传播主要是单向的、自上而下的传播，个人往往只是单纯的信息接收者。微文化时代的到来打破了传播者和受众之间的界限，形成了一种以互动性为典型特征的多向、立体、裂变、交错的传播生态。每个人都有麦克风，每个人都是信息源，每个人都可以成为传播者、创造者、分享者、评论者，信息之间的互动、交流空前频繁和便利，大大增强了社会交往的广度、深度、频度、效度。基于这一现实，高校应加快各级微媒介平台建设，实现知识信息的及时分享，用双向互动加强沟通，从而在互动中消除大学生的疑惑，更好地掌握其思想观念和心理发展变化。

第二，要回应微诉求。马克思、恩格斯在《德意志意识形态》里指出，由于他们的需要即他们的本性，以及他们求得满足的方式，把它们联系起来（两性关系、交换、分工），所以他们必然要发生相互关系。也就是说，人的利益需求是推动人们进行物质交往和精神交往的基础和动力，也在很大程度上直接决定了一个人的价值追求和精神信仰。微博、微信的快速发展，给大学生提供了一个可以表达诉求和愿望的渠道和平台；面对大学生的诉求和需要，政府、学校等部门不应停留在过去扮演发号施令或旁观者的角色，而应该是民主沟通的促进者、协调者、参与者、解决者。这就要求我们高度重视建立互助交流机制，积极通过微媒介关注和回应大学生在学习、生活、恋爱、就业等方面的现实需要和利益诉求，畅通利益表达渠道，消除话语隔阂，不断提高舆论引导的针对性和实效性。

4. 形成合力，优化大学生价值观培育的微环境

文化环境对大学生价值观的形成具有重要作用。当前，微文化的发展使得文化生态呈现多元化的态势，大学生价值观培育的环境渐趋复杂。因此，需要政府、高校、个人的共同努力，形成合力，共同优化大学生价值观培育的微环境。

第一，从政府层面优化大学生价值观培育的微环境。政府要善于利用微媒介的微言微语，以润物细无声、和风细雨的话语方式，创新社会主义核心价值观的生活化、个性化、日常化表达，还要综合运用最新的科技成果和多种载体满足大学生的价值需求，对大学生进行个体关怀、点滴供给，实行多维吸引和情感共鸣。例如，中共中央宣传部推出的学习强国微平台，就充分满足了大学生党员的

碎片化学习需求。学习强国微平台运用微文本、微视频、微表情等多种喜闻乐见的方式激发大学生的学习兴趣，是微时代环境下强化理论武装和进行价值观教育的创新探索和重要举措。此外，政府工作的重点是规范信息的采集和传播，着力解决信息污染、秩序混乱等问题，全面净化微文化环境，推动微文化建设向着体系化、制度化、法制化迈进。

第二，从高校层面优化大学生价值观培育的微环境。高校要加强校园媒体的平台建设和内容建设，发布符合校园自身特色要求且兼具思想性、新闻性、知识性为一体的话题，增强微文化的吸引力和感召力。要善于利用微平台，树立优秀典型导向，传递正能量，发挥微媒体对大学生价值观的正面引导作用。同时，高校要有效利用微媒体传播主体的个体性，对大学生进行个性化定制、生活化关注和自助式服务，满足大学生全方位成长成才发展需求。此外，高校还应建立网络安全监管机制，通过对微媒介传播信息的监控和研判，了解和掌握大学生的思想和动态，从而及时纠正大学生的错误思想和消极的价值取向，努力营造风清气正的网络微文化环境。

第三，从个人层面优化大学生价值观培育的微环境。大学生要在社会主义核心价值观的指引下不断提高使用微媒介的能力。这与美国媒体理论家道格拉斯·凯尔纳提出的媒体认知力概念有相似之处，都是指对媒介进行正确的认识、合理的利用、理性的批判能力。微文化环境下，大学生要学会正确对待各种微平台和微信息，避免在纷繁复杂的信息面前迷失方向，增强自己在微空间中抵御不良信息的判断力，要健康合理地使用微媒体，不上瘾、不沉溺，提高自律性和对媒介的驾驭能力。另外，大学生还要建立起独立的批判精神，对微媒体商业化、泛娱乐化的侵蚀保持清醒的认知与判断，培养成熟理性的公民意识和社会责任感，追求更高的人生价值。

第四章 高校思政课“知行合一”教学模式

本章要点：

◆ 高校思政课“知行合一”的教学理念。

◆ 加强《马克思主义基本原理概论》课程的教学模式改革。

◆ 加强《毛泽东思想和中国特色社会主义理论体系概论》课程的教学模式改革。

◆ 加强《中国近现代史纲要》课程的教学模式改革。

◆ 加强《形势与政策以及当代世界经济与政治》课程的教学模式改革。

◆ 加强《思想道德修养与法律基础》课程的教学模式改革。

试着来解答这些问题：

如何将“知行合一”理念融入高校思政课教学改革？

针对高校思政课建设，你能结合自身实际提出一些对策建议吗？

习近平总书记在学校思想政治理论课教师座谈会上强调，思想政治教育理论课程是落实立德树人根本任务的关键课程；我们办中国特色社会主义教育，就是要理直气壮开好思政课，用新时代中国特色社会主义思想铸魂育人。

思想政治教育理论课程教育教学，不仅要让大学生在“知”中增强“四个自信”，更要在“行”中引导大学生积极投身于中华民族伟大复兴的实践。做到知行合一，是由高校思想政治教育理论课程的思想性、政治性、理论性所决定的，它离不开思想政治教育理论课程教师的以己正人、以理服人、以情感人、以道引人，离不开思想政治教育理论课程课堂教学在知行合一的方向、动力、本领、实践等维度铸魂育人作用的发挥，离不开知行合一评价体系、评价方法、评价反馈机制的构建与促成。

第一节　高校思政课“知行合一”的教学理念

做到知行合一，开展课堂和课堂以外的微文化运动教育教学，是由高校思想政治教育理论课程的性质所决定的。微文化运动离不开思想政治教育理论课程教师的言传身教，离不开大学生相向而行，离不开思想政治教育理论课程铸魂育人作用的发挥，也离不开知行合一考核评价机制的检验与促成。

一、微文化与思政课堂相结合的“知行合一”理念

微文化中，意识形态的多元化、传统思想与现代观念的博弈、中西思想的相互交流与碰撞，迫切需要社会主义核心价值观的引领。作为国家治理体系和治理能力现代化的“根”，政治认同是社会主义核心价值观确立的前提，是习近平新时代中国特色社会主义思想行稳致远的基石。

在“青年政治引领”战略背景下，中国特色思想政治理论课研究的学科体系、学术体系、话语体系建设正经历一系列全局性、长期性的新变化和新发展。大学生政治认同的相关研究以践行立德树人根本任务为出发点，正趋向多元化与实证化。可见，微文化与思政课堂相结合本身就是知行合一。

（一）“知行合一”概念缘起及新解

王阳明讲知行合一，说：知之真切笃实处，即是行；行之明觉精察处，即是知；知行工夫本不可离，讲的是知行之体本来如是。他还说，知行本体原是如此，知行体段亦本来如是，主要是从心性本体论角度讲知行合一。然而至晚清，不少学者开始从认识论、伦理学的角度解读王阳明的知行合一。康有为说，王阳明知行合一譬之食苦瓜，觉其苦，知也；必食而后知，即知行合一也；认为王阳明知行合一讲的是行而后能知。章太炎则认为，王阳明讲知行合一本诸程颐（程颐曰：“人必真心了知，始发于行。如人尝噬于虎，闻虎即神色乍变。其未噬者，虽亦知虎之可畏，闻之则神色自若也……”）

1910 年出版的蔡元培的《中国伦理学史》在讨论王阳明的知行合一时，引述其所言：“知是行之始，行是知之成，知之真切笃实处便是行，行之明觉精察

处便是知”，指出：盖阳明之所谓知，专以德性之智言之，与寻常所谓知识不同；而其所谓行，则就动机言之，如《大学》之所谓意。然则即知即行，良非虚言也。这里将王阳明“知行合一”之“知”解读为德性之智，“行”解读为动机；人的德性之智应当体现于人的行为动机，即知即行。但无论如何，在蔡元培看来，知与行是不同的，应当将二者合而为一。

1915年出版的谢无量的专著《阳明学派》，将古代知行关系分为：第一，先知后行；第二，知行合一；第三，先行后知，并且说王阳明所谓知行合一者，即知行并进，不分先后之意。王阳明用知行合一之第二说，实取第一、第三说而折中之者也。谢无量认为，王阳明的知行合一为先知后行、先行后知之折中，讲的是知与行二者虽然有区别，但须并进，不分先后，应当将二者合而为一。他还将王阳明的知行合一之义概括为十个方面：①知则必行；②知与行并进；③不行由于知未真故；④真知则必行；⑤不行终不能得真知；⑥知为理想，行为实现，真理想必实现；⑦知为理论，行为实际，理论之可贵与否，因其适于实际与否而定；⑧知行合一为知行关系之真相；⑨知行合一之说可以鼓励实践之勇气；⑩知行合一其所谓行不限于动作，兼指心之念虑而言。

1919年，孙中山撰写的《孙文学说》提出“行易知难”，并以此批评王阳明的知行合一，指出：若夫阳明知行合一之说，即所以勉人为善者也。推其意，彼亦以为知之非艰，而行之维艰也；惟以人之上进，必当努力实行，虽难有所不畏，既知之则当行之，故勉人以为其难。遂倡为知行合一之说曰：“即知即行，知而不行，是为不知。其勉人为善之心，诚为良苦。无如其说与真理背驰，以难为易，以易为难；勉人以难，实与人性相反。”他认为王阳明讲知行合一，既要知也要行，指一时代一事业而言，则甚为适当；而对于一个现代有专业分工的人来说，是不合适的。

对于王阳明的知行合一，虽然谢无量的《阳明学派》予以肯定，而孙中山的《孙文学说》予以批评，但二者的解读却是一致的，都认为王阳明的知行合一讲的是知与行二者齐头并进，强调的是“行”。

需要指出的是，杨昌济、毛泽东也讲知行合一。1919年，杨昌济的《告学生》一文强调：“知则必行，不行则为徒知；言则必行，不行则为空言……博学、深思、力行，三者不可偏废。博学、深思皆所以指导其力行也，而力行尤要。力行为目的，而博学、深思为方法。博学而不行，何贵于学？深思而不行，何贵于思？能力行，则博学、深思皆为力行之用，不能力行，则博学、深思亦徒劳而已矣。且博学与深思亦力行之一事也。非真能力行者，学必不能博，思必不能深，故学者尤不可不置重于实行也。”显然，杨昌济是从认识论、伦理学角度解读王阳明的知行合一的。1938 年，毛泽东在《辩证法唯物论（讲授提纲）》讲辩证法的知行合一论，并指出，只有这种辩证法的知行合一论，才能彻底地克服唯心论。1939 年，毛泽东作《抗战教育与小学教员》的演讲，其第三部分为抗战教育的知行合一，其中说道，在抗战教育中，知行合一是一件大事，教育家陶行知先生就是搞这一套的，他提倡生活教育，把教的学的做的都统一起来，这在马克思列宁主义来讲，就是理论与实践的统一，理论就是知，实践就是行。杨昌济、毛泽东所论知行合一，都是从认识论、伦理学角度讲的，但是否可以等同于王阳明的知行合一，仍要做深入的思辨。

（二）高校思政课“知行合一”的价值意蕴

高校思政课所说的“知行合一”，实质上是一种民族性深化。思政课的民族性，即指思想政治教育理论课程中所体现的民族特性，社会主义核心价值观与中华民族固有的传统价值观通过民族性而得以统一。一般而言，核心价值观是最具民族特色、最能体现民族特质的民族文化的组成部分。而文化上的民族性，从该民族的演变规律来看，具有自然获得性。然而，清末民初时的中国在经历长久以来未有之大变局的空前浩劫中，救亡图存已然成为第一需要，而封闭了上百年的中华文化，在未能进行创造性转化的情况下，单靠自身根本不能满足这种需要。今天，在经过百年的激荡与碰撞后，习近平总书记论述的关于我们党和国家对传统价值观与社会主义核心价值观的关系已有了实质性的变化，民族性需求体现得更为充分、更为主动、更为清晰。由此，去民族性开始转向民族性获得，马克思主义中国化也开始由民族批判性转向民族主体性、民族传承性的传承，而民族性的深化作为一种高层次的文化传承活动，必然要围绕社会的核心价值观进行。这种深化的必要性则在于中华优秀传统文化的现代主体的缺失，以及当代核心价值观的传统文化底蕴的缺失。不论何种缺失，其民族性都是不完整的，通过民族性的双向深化从而达到一致。民族性维度，经历了依赖、探索、自主、自觉的过程；时代性维度，经历了革命、建设、改革、深化改革的过程。二者的双向互动最终实现了原有理论与实践经验的对接。总之，这是一种与时代的对接，与近代以来中国数百年革命斗争史及和平建设史中形成的价值观的对接。把传统文化作为精神命脉，增强其对社会主义核心价值观的涵养作用，已正式写入教材。当代中国核心价值观中不仅在内容上有传统价值观的一席之地，而且其历史底蕴更得到了新的阐发，民族性取向进一步凸显。

1. 挖掘大学生政治认同的文化动力结构与社会心理特征

以“大学生政治认同”为理论框架，将习近平新时代中国特色社会主义思想进教材、进课堂、进头脑建设目标置于“青年政治引领”战略背景下进行系统研究。面对“培养什么人、怎样培养人、为谁培养人”这个根本问题，学术界将更加重视习近平新时代中国特色社会主义思想铸魂育人体制机制与大学生政治认同的心理动力机制研究。

2. 构建大学生政治认同的“知行合一”教学模式

通过深入诠释微文化时代大学生的政治认同状况，探索思政课教学模式改革的实践路径。面对政治认同的重要性、复杂性和理论发展的相对滞后性，学术界将更加注重大学生政治认同“知行合一”教学模式的整体性、规律性研究，特别是微文化嵌入大学生政治认同的社会动力结构研究。

3. 推进新时代高校思政课教学模式改革

阐释新时代大学生政治认同状况的社会心理动力源，构建思政课“知行合一”教学模式，为推动思政课改革创新提供教学实验素材。面对学校意识形态工作的问题与对策，基于习近平总书记关于思政课的重要论述，运用多学科交叉的研究方法，探究大学生政治认同的结构体系及思政课“知行合一”教学模式的实施路径。

4. 提升思政课在落实立德树人根本任务中的地位和作用

坚持问题和需求双导向，有效搭建微文化视阈下高校思政课“知行合一”教学平台，为培育和践行社会主义核心价值观提供实证支持与教学参考。

二、思政课与身心健康相结合的“知行合一”理念

心体一致，方有真知。知行合一，方能形成有原则高度的实践。青年毛泽东肯定功利之知，强调道德实践，进而在实践中与行合一，形成了关于意志力的内在主张，由此生发的革命浪漫主义情怀在他的诗词作品中得到了饱满的展现。同时，他看重实践心学的道德教育功能，提倡树立良好的道德修养，使人们摆脱低级趣味，具有高尚的道德情操。正如杨昌济所说：“道德教育，在于锻炼意志。人有强固之意志，始能实现高尚之理想，养成善良之习惯，造就纯正之品性。意志之强者，对于己身，则能抑制情欲之恣肆；对于社会，则能抵抗权势之压迫。”因此，在新民主主义革命和社会主义建设时期，毛泽东多次强调拥有坚强革命意志的重要作用。

从青年毛泽东对泡尔生的《伦理学原理》的批注中可见，他一开始就认同合

规律性与合目的性统一的观点，“人为自然规律所支配，与予见合。”秉持坚定的意志力，当然有助于事业的成功。但若夸大意志力的作用，则使心学偏离实践规定，就会忽略规律的支配力量。后来他在总结经验教训时指出，这件事来自实事求是，来自客观情况在人们头脑中的真实的反映。事实表明，保持坚定的意志力，必须遵循实事求是的原则，必须符合自由和必然的辩证规律。

概言之，青年毛泽东受近代心学思潮的影响，强调心之力的重要作用。阅读他致黎锦熙的信以及相关书信，可见他对知行合一的求学方法的认同；同时在受教于杨昌济先生的过程中，他意识到以心之力促进道德实践和道德教育的必要性。在体育之研究中，他将心之力置于强健体魄的基础之上，通过体育锻炼强意志，在身心皆适中发现自己的价值，以坚定的意志投身于救亡图存的伟业中。由此可见，毛泽东逐渐形成了以实践为导向的心体合行观念，以独特的方式诠释了合规律性统一的观点。在总结实践经验和教训的过程中，我们要恰当处理主观意志力和客观规律的关系，这是理解马克思主义哲学实践思维方式的重要方法论原则。

第二节　加强《马克思主义基本原理概论》课程的教学模式改革

《马克思主义基本原理概论》（以下简称《马原》）作为高校大学生必修的五门思想政治教育理论课程之一，在某种程度上是最具理论性、抽象性、思辨性的课程，单纯照本宣科泛泛讲授五花八门的案例、心灵鸡汤式的灌输，均难以真正实现科学理论的入脑、入心。毋宁说，最简单、最直接、最有效的授课方法就是以理服人。马克思在《黑格尔法哲学批判》中说过：“批判的武器当然不能代替武器的批判，物质力量只能用物质力量来摧毁；但是理论一经掌握群众，也会变成物质力量。”恩格斯在《自然辩证法》中说：“一个民族要想站在科学的最高峰，就一刻也不能没有理论思维。……蔑视辩证法是不能不受惩罚的。对一切理论思维尽可以表示那么多的轻视，可是没有理论思维，的确无法使自然界中的两件事联系起来，或者洞察二者之间的既有的联系。……所以，经验主义者蔑视辩证法便受到惩罚：连某些最清醒的经验主义者也陷入最荒唐的迷信中，陷入现代唯灵论中去了。”马克思、恩格斯在此以逆推逻辑法所阐述的理论与群众之间的辩证关系，同样适用于《马原》课程教学的政治认同。毫无疑问，只有把马克思主义的基本立场、基本观点、基本方法切实传授给大学生，让他们真正理解、掌握、吃透课程理论，他们才能真正信仰马克思主义，才能真正成长为新时代中国特色社会主义事业的建设者和接班人。正因为如此，习近平总书记在学校思想政治理论课教师座谈会上特别强调，要坚持政治性和学理性相统一，以透彻的学理分析回应学生，以彻底的思想理论说服学生，用真理的强大力量引导学生。加强《马原》课程政治认同，特别强调以学理性和理论性彰显马克思主义的品质和魅力，倡导以深厚的马克思主义研究深化思想政治理论课程的教学。为了切实做到加强《马原》课程政治认同，综合马克思主义基本原理、国外马克思主义哲学、政治经济学等理论学科研究方向，高校《马原》课程教师队伍应组成研究深厚、特色鲜明、结构合理、比例适中的教学团队，立足专业背景、治学方向各不相同的马克思主义研究者队伍，通过融入厚重的思想理论和独特的治学底蕴，打造出一批既具深度又有广度的研究型特色课堂，通过不同特色的教师个体针对不同问题、不同主题、不同专题开展相对深入的理论讲授，构建各具特色的《马原》课堂，注重从以下六个方面加强政治认同。

一、立足经典著作，夯实理论基础

马克思主义经典著作是马克思、恩格斯亲自创作并完成的理论成果，是马克思主义基本原理的源头活水。把马克思、恩格斯的经典著作融入《马原》课堂，有助于使相对抽象、刻板、单一的条框理论集合起来，形成具体、生动、丰富的理论教材，使《马原》的理论性、思想性更加厚重和深刻。将经典著作《德意志意识形态》《共产党宣言》《资本论》《路德维希·费尔巴哈和德国古典哲学的终结》《自然辩证法》《法兰西内战》《英国工人阶级状况》《反杜林论》等纳入讲授框架，根据不同主题融入不同内容，通过把教材的理论体系回溯到经典作家的文本体系，进行深入浅出的理论分析讲授，不仅有助于原汁原味地呈现马克思主义经典作家的文本、文思、文风、文采，拓展大学生知识视野、历史视野、文学视野，还有助于夯实大学生政治认同、理论基础，强化理论知识，进而提升大学生阅读其他经典著作、研习马克思主义理论的积极性与自主性。在纪念马克思诞辰200周年大会上，习近平总书记指出：要读原著、看原文、悟原理，要用经典涵养正气，提升境界，指导实践。世界是永不停息的运动物质的客观实在。随着物质文明与精神文明的高度发展，人的自由全面发展得以实现，共产主义社会的实现就是一个必然结果。

二、融入生平传记，彰显伟人魅力

作为历史唯物主义与剩余价值规律两大发现的创立者，马克思这位思想家不仅具有理论、思想、文笔方面的不凡魅力，而且具有极为高尚、高贵、高洁的人格魅力。他那波澜壮阔的一生尤其值得大学生认真学习、细细品味。正如习近平总书记在纪念马克思诞辰200周年大会上指出的：马克思的一生是胸怀崇高理想、为人类解放不懈奋斗的一生；是不畏艰难险阻，为追求真理而勇攀思想高峰的一生；是为推翻旧世界、建立新世界而不息战斗的一生。大学生要加强对马克思伟大人格魅力的政治认同，亲其师，信其道；《马原》课程必须让马克思这位伟大导师走进他们的心灵世界，在不同情境、不同主题下对马克思的人格、人生进行探析，对其事业、理想进行考察，由此彰显马克思的伟大人格、伟大人生，使大学生高山仰止，增进其理论学习的自觉性和能动性。习近平总书记指出：大学生要与时代同步伐，与人民共命运，关注和回答时代和实践提出的重大课题，是马克思主义永葆生机活力的奥妙所在。我们要以科学的态度对待科学，以真诚的精神追求真理，不断赋予马克思主义以新的时代内涵，提高教学效果，加强政治认同。

三、关照社会现实，深化理论把握

马克思主义基本原理既是丰富的、深刻的、整体性的理论体系，又是以现实问题、现实社会为指向的世界观、方法论。马克思在《关于费尔巴哈的提纲》中指出，哲学家们只是用不同的方式解释世界，问题在于改变世界。习近平总书记将其进一步概括为，马克思主义具有鲜明的实践品格，不仅致力于科学解释世界，而且致力于积极改变世界。实践性可谓是马克思主义最鲜明的特征。加强大学生政治认同，高度重视理论联系实际，注重用马克思主义的立场、观点、方法来分析解答社会热点、社会焦点问题，从而既促进大学生对基本原理的理论运用，又使之看清纷繁复杂的社会现象的背后实质。特别是针对近年来出现的一些对大学生极具迷惑性的错误思潮，如普世价值、历史虚无主义、民主社会主义等，以马克思主义基本原理为理论武器，通过透彻分析相关思潮的历史缘起、思想实质、现实影响，深刻揭示其错误的根源和本质，从而进一步彰显马克思主义的生命力与科学性，加强大学生政治认同。

四、开拓国际视野，拓展理论视域

《马原》课程教学，不仅要有理论维度、现实维度，还要有世界眼光、世界视野。一方面，以国外马克思主义研究为依托，通过介绍马克思主义在西方世界产生的广泛影响和积极作用，从当代国际社会的新视角凸显马克思主义的强大生命力，激发大学生对马克思主义的学习热情，深化他们对于马克思主义的坚定信仰、对于共产主义伟大事业的坚强信念；另一方面，以当代资本主义发展的新趋向作为关注对象，特别是通过分析 2008 年全球金融危机和 2020 年全球新冠肺炎疫情大流行，资本主义世界的新动向、新变化，揭示其背后资本主义基本矛盾和发展规律的普遍真理，从而彰显马克思主义的剩余价值学说和科学社会主义两个必然的正确性。在广阔的国际视野下，大学生既对资本主义的本质特征和发展趋势有了深刻认识，又对当代世界马克思主义研究的图景有了更加全面的把握，对马克思主义的博大精深有了切身的体会，从而对中国特色社会主义伟大成就有了更加深刻的政治认同。

五、培育和践行社会主义核心价值观

在《马原》课程教学中全面融入中国特色社会主义核心价值观，深入研究和掌握《马原》课程内容、教学大纲、与社会主义核心价值观之间的关系，遵循合理的融入原则，注重灵活的融入方法，讲究协调的融入路径，贯穿《马原》教学全过程，其核心目标是培养大学生学会运用马克思主义价值的基本原理，分析和解决中国社会主义的价值问题，积极培育和践行社会主义核心价值观，加强政治认同。

《马原》课程教学全面融入社会主义核心价值观应当遵循主体性原则、整体性原则、渗透性原则、实践性原则。主体性原则是指在教育教学过程中，应当以《马原》课程教材为主体，尊重其主体地位，这种融合是在《马原》基础上融入社会主义核心价值观教育，只有这样，才能使《马原》课程与社会主义核心价值观教学内容都得以充分融合，最终真正促进大学生熟练运用马克思主义基本原理分析现实社会中的价值问题，解决价值问题，践行核心价值观，加强大学生培育和践行社会主义核心价值观政治认同。整体性原则，是指用整体的、系统的教育理念指导《马原》融入社会主义核心价值观，以实现高等教育整体性目标，使高校大学生整体性全面健康发展。渗透性原则，就是在《马原》教育教学过程中，有意识地通过思政课教师的价值引导、践行、示范、延伸活动共同作用，给大学生以价值认知、价值感染、价值熏陶、价值震撼，潜移默化地获得分析价值问题、解决价值问题、践行社会主义核心价值观的能力。实践性原则，是指在将《马原》融入社会主义核心价值观教育教学过程中，必须摆脱观念论、意志论的逻辑路径依赖，最终落实在引导学生运用马克思主义基本原理来分析价值问题、解决价值问题，培育和践行社会主义核心价值观。没有实践性原则，其他几种原则就可能变形或误用，如主体性原则就可能误判为主观性原则，整体性原则就可能变为不完整原则，渗透性原则则成为一盘散沙原则。因此，主体性原则是整个《马原》融入社会主义核心价值观活动的立足点和逻辑起点，整体性原则勾连全部教育教学活动的所有环节，渗透性原则规定了整个融入活动的教育教学方法要求，实践性原则是整个《马原》融入社会主义核心价值观的最终落点，以此加强大学生的政治认同。

中国特色社会主义核心价值观的主要内容是富强、民主、文明、和谐，自由、平等、公正、法治，爱国、敬业、诚信、友善。

富强，是中国特色社会主义核心价值观的第一价值观。《马原》认为，科学社会主义就是全人类的物质生活和精神生活极大地丰富，社会在它的旗帜上写着“各尽所能，按需分配”八个大字。贫穷不是社会主义，社会主义核心价值观首要定义就是人民富裕、国家强大。人民生活富裕，才有强大的国家，才有科学技术的高度发展，才有充足的教育基金培养优秀的人才。富强是先进生产力的体现，贫弱是落后的代名词，落后就要挨打，人类历史和中国近现代史无数历史事实充分证明了这个论点，这也是几十年前中国实行改革开放政策的逻辑起点。

民主，是中国特色社会主义核心价值观的第二价值观。《马原》认为，社会主义核心价值观的民主与资产阶级民主有本质不同。社会主义核心价值观的民主是指劳动人民当家作主，工人阶级掌握国家政权；而资产阶级民主则是资产阶级及其代言人当家作主，资产阶级在其内部当家作主，而对外则实行资产阶级专政。

文明，是中国特色社会主义核心价值观的第三价值观。《马原》认为，文明也有阶级性。社会主义核心价值观所指的文明，是指社会主义文明，包括物质文明、精神文明、政治文明、社会文明、生态文明。

和谐，是中国特色社会主义核心价值观的第四价值观。和谐就是以和为贵。中国首先在联合国提出“人类命运共同体”的政治主张，号召各国政府参加“一带一路”建设、东亚自贸区一体化建设，带头提出并召开世界贸易进口博览会，签订金砖国家贸易协定，倡导上海合作组织会议，释放和谐信息，提倡以和为贵；主张世界多极化、经济政治文化科技全球化，召开奥运会、冬奥会，敞开和谐大门，笑迎各国来宾。

自由，是中国特色社会主义核心价值观的第五价值观。社会主义自由是指人的健康全面发展。《马原》认为自由是可以做和可以从事任何不损害他人的事情的权利。马克思说，没有一个人反对自由，如果有的话，最多也只是反对别人的自由。《马原》认为，资本主义社会自由的特点是，无产阶级在法律上和事实上都是资产阶级的奴隶，资产阶级掌握着他们的生死大权。它给他们生活资料，但是取回“等价物”，即他们的劳动。它甚至使他们产生一种错觉，似乎他们是按照自己的意志行动的，似乎他们是作为一个自主的人自由地、不受任何强制地和资产阶级签订合同的。好一个自由！无产者除了接受资产阶级向他们提出的条件或者饿死、冻死、赤身裸体地到森林中的野兽那里去找一个藏身之所，就再没有任何选择的余地了。马克思在《资本论》中指出，货币占有者要把货币转化为资本，就必须在商品市场上找到自由的工人。这里所说的自由，具有双重意义：一方面，工人是自由人，能够把自己的劳动力当作自己的商品来支配；另一方面他没有别的商品可卖，自由得一无所有，没有任何实现自己的劳动力所必需的东西。运用价值澄清理论引导大学生认知社会主义核心价值观与资本主义核心价值观的重大区别，主要表现在两种价值观的产生背景、社会制度、社会形态、价值理想、价值信念、价值指向、价值原则，以及两种核心价值观的范畴、具体内涵、践行现状等方面。要引导大学生辩证地理解自由。自由首先是一种权利，但是自由与规则相辅相成。泰戈尔有一句名言：生命之河在它的一条岸边享有自由，在另一条岸边就会受到约束。世界上没有绝对的自由，也没有不被约束的自由。这与马克思的话如出一辙。有约束的自由才是有保障的自由。此外，还要引导大学生注意研究这两种核心价值观的联系，运用《马原》的观点，可以分析出社会主义核心价值观与资本主义核心价值观之间的联系是：在继承中超越、在批判中扬弃、在解构中建构、在竞争中长期并存。通过对《马原》的学习，加强对中国特色社会主义核心价值观的政治认同。

平等，是中国特色社会主义核心价值观的第六价值观。培养和践行平等价值，倡导平等待人。在教育教学过程中，《马原》的思政课教师首先应该以身作则，平等对待每一位大学生，确保每一个学生具有同样的发展机会、享有同样的政治权利、具有同样的人生价值和人格尊严，不受任何差别对待。第一，人格平等。确保大学生不因性别、身份、民族、家庭经济状况等方面的差别而受到任何差别对待。第二，机会平等。确保大学生人人平等地参与学习和各种其他校园学术活动，制止任何人对各种机会的优先权、垄断权、特殊权。第三，权利平等。确保大学生同等地享受各种教育资源和教学权利，任何人不得具有教育方面的独占权。力求做到师生平等、教师平等、同学平等。但凡事总有例外，绝对平等既是无法做到、也是应当防止的意识形态，《马原》中也是提出这个问题的，这需要熟练运用马克思主义哲学、政治经济学、科学社会主义理论深入研究解答，没有标准答案，可以各抒己见，以此加强中国特色社会主义核心价值观的政治认同。

公正，是中国特色社会主义核心价值观的第七价值观。公平正义是全人类的价值追求，当然《马原》中提出的公平正义与资本主义的公平正义同样既有区别、也有联系。大学生可以组织学习《共产党宣言》这部伟大著作，它是全世界第一个共产党组织的纲领性文件，这个共产党组织原本叫“正义者同盟”，是一个国际性的工人阶级政党，它的政治口号是“人人皆兄弟”。马克思、恩格斯应邀参加了这个工人阶级政党的组织工作和文件起草工作，马克思、恩格斯认为“正义”二字是一个混合概念，泛指全人类公平正义，没有突出工人阶级的阶级利益，与资本主义的公平正义没有太大差别。如果把信仰公平正义的普世性改造为信仰共产主义的伟大目标，可以引导和领导全世界无产者联合起来，真正实现工人阶级的大联合，早日推翻资本主义制度，建立共产主义社会，因而这个组织的政治口号改为“全世界无产者，联合起来”。正义者同盟的领导人接受了马克思、恩格斯的主张，把“正义者同盟”改名为“共产主义者同盟”，建立起世界第一个共产党组织，起草并公布了震撼世界的《共产党宣言》，进行了一百七十多年的国际共产主义伟大社会实践。所以，中国特色社会主义核心价值观中的公正，要注意是指工人阶级的公正，而不是资产阶级的公正。公正性是高等学校教育评价的灵魂，包括教师评价和大学生评价。教育评价具有很强的引导性，其终极目标应该是促进每一个大学生全面进步和健康发展。当然还应注意制定科学的评价标准、可行性评价方法、可控制评价过程、相关评价效果和监控机制。要以《马原》的基本观点来加强中国特色社会主义核心价值观的政治认同。

法治，是中国特色社会主义核心价值观的第八价值观。依法治国是党中央提出来的战略部署和治国方略。依法治国首先是依据中华人民共和国宪法，在宪法之下还有宪法相关法，再往下还有各种实体法和行为法之辩。弄清楚法治与法制的联系与区别，着重组织大学生深入学习宪法及宪法相关法，包括《中华人民共和国城市居民委员会组织法》《中华人民共和国村民委员会组织法》《反分裂国家法》等等，组织大学生深入学习婚姻法、民法典、反家庭暴力法等最新立法和修改法，同时讨论中国法律与外国法律之间的联系和发展，着重讨论《联合国宪章》与中国法律的关系，中国法律与美国法律的冲突，等等。法律最大的特点是它的阶级性、国家性、强制性，是一个阶级镇压另一个阶级的工具。《马原》对于法治的阶级性有许多专门著述，其中最重要的法律著作是《黑格尔法哲学批判》。通过对《马原》关于法治论述的教育教学，加强中国特色社会主义核心价值观的政治认同。

爱国，是中国特色社会主义核心价值观的第九价值观。热爱祖国是每一个大学生必须做到的最基本义务。通过《马原》的学习，使大学生更加深刻地热爱中国、热爱中华民族、热爱中国人民，加强中国特色社会主义核心价值观的政治认同。

敬业，是中国特色社会主义核心价值观的第十价值观。敬业就是培养担当中华民族伟大复兴历史重任的时代新人。对于高校思政课教师，敬业就是热爱学生，践行教育教学事业。对于大学生，敬业就是专注自己的未来职业、职业技能、学术成就。古语云：敬业者，专心致志，以事其业也。敬业价值要求高校思政课教师具有高尚的教师职业道德，浓厚的敬业精神。具体是爱业、勤业、精业、创业。爱业包含着热爱、敬重高校思政课教师这种职业，也表现为热爱学生，以爱感化，以情感动，正如陶行知所言："捧出一颗心来，不带半根草去。"爱业还表现为干一行爱一行。勤业就是对待自己的工作勤勤恳恳、兢兢业业、恪尽职守。精业，就是要精通业务，具备扎实的基本功。创业，就是在精通业务的基础上，创造杰出成就，争创区域级、国家级、世界级一流教学成果。对于大学生，同样要求他们培养践行敬业价值观，通过学习掌握《马原》课程教育教学，加强中国特色社会主义核心价值观的政治认同。

诚信，是中国特色社会主义核心价值观的第十一价值观。诚信要求诚恳信任，实事求是，不说谎话，不说假话，不做欺诈，真诚待人。运用《马原》教材，教育大学生学习马克思、恩格斯伟大人格魅力，坚定政治信仰，加强政治认同。要落细、落小、落实社会主义核心价值观，融入大学生社会生活。第一，落细。天下大事，必作于细。细微之处讲诚信，在培育和践行大学生中国特色社会主义核心价值观时要细化具体价值，具体集中在践行公民平等，捍卫公平正义，维护公共利益，践行爱国诚信，相互友爱帮助，维护公序良俗，践行职业道德等。第二，落小。小处着手，小中见大。小是对细的深化，从小事做起。伏尔泰说过：使人疲惫不堪的不是远处的高山，而是鞋子里一颗细小的砂子。刘备说：勿以善小而不为，勿以恶小而为之。引导大学生学习《马原》课程，践行中国特色社会主义核心价值观，应该从点滴抓起，从细微之处下手，着眼于小事细节，从一言一行入手，聚沙成塔，日积寸功；聚小为大，久久为功。落小，要求把社会主义核心价值观渗入高校校园生活的方方面面，渗入大学生守则等行为准则之中。第三，落实。实事求是，一鞭一痕。首先在落实上下功夫，最重要的是要求把社会主义核心价值观落到实处。这种实际要求高校思政课教师立足本地、本校、本课、本人，根据实际情况，坚持因时、因地、因人、因课制宜。其次要求落到实处，不要落到虚处，落实体系不少，落实效果不打折扣。通过诚信价值观的教育教学，深刻掌握《马原》，加强中国特色社会主义核心价值观的政治认同。

友善，是中国特色社会主义核心价值观的第十二价值观。友善是中国传统美德，孔子、孟子一代宗师为人师表，一生教育数千学生从善如流，与人为善，上善若水。马克思与恩格斯的伟大友谊长达四十年之久，马克思、恩格斯创立的“马克思主义学说”以马克思的名字命名，恩格斯谦虚地说：“马克思是天才，而我只能算是能手。”其实恩格斯与马克思一样著作等身，但恩格斯总是处处尊重维护马克思的伟大人格。马克思、恩格斯志趣相投，共同创作了众多科学著作，最有名的著作就是《共产党宣言》。马克思去世以后，恩格斯在马克思墓前作了一篇《在马克思墓前的讲话》，声情并茂，催人泪下，总结了马克思一生对人类解放事业所做出的巨大贡献，指出马克思一生有两大突出贡献：一是历史唯物主义，二是剩余价值学说。一个人一生能有一个突出贡献已经非常幸运了，而马克思能有两大贡献；马克思的不幸去世留给后人的理论空白，不久之后就会显示出来。马克思去世以后，恩格斯放下自己尚未完成的《自然辩证法》等著作，开始整理马克思没有来得及继续创作的《资本论》第二卷、第三卷，直至自己去世时为止，而恩格斯自己所创作的《自然辩证法》，也没有最终完稿。马克思与恩格斯的伟大友谊，永远是大学生学习的榜样。与邻为善，与友为善，与亲为善，与师为善，与自然为善，与环境为善，是加强中国特色社会主义核心价值观的政治认同。

六、坚持《马克思主义基本原理概论》的整体性和主体地位

2019 年 3 月，在学校思想政治理论课教师座谈会上的讲话中，习近平总书记对思政课教学的改革创新提出了明确的要求，概括起来就是要坚持八个统一：要坚持政治性和学理性相统一，以透彻的学理分析回应学生，以彻底的思想理论说服学生，用真理的强大力量引导学生。要坚持价值性和知识性相统一，寓价值观引导于知识传授之中。要坚持建设性和批判性相统一，传导主流意识形态，直面各种错误观点和思潮。要坚持理论性和实践性相统一，用科学理论培养人，重视思政课的实践性，把思政小课堂同社会大课堂结合起来，教育引导学生立鸿鹄志，做奋斗者。要坚持统一性和多样性相统一，落实教学目标、课程设置、教材

使用、教学管理等方面的统一要求，要因地制宜、因时制宜、因材施教。要坚持主导性和主体性相统一，思政课教学离不开教师的主导，同时要加大对学生的认识规律和接受特点的研究，发挥学生主体性作用。要坚持灌输性和启发性相统一，注重启发性教育，引导学生发现问题、分析问题、思考问题，在不断启发中让学生水到渠成得出结论。要坚持显性教育和隐性教育相统一，挖掘其他课程和教学方式中蕴含的思想政治教育资源，实行全员全程全方位育人。

《马原》的整体性，表现为马克思主义哲学是马克思主义政治经济学的世界观和方法论，政治经济学使马克思主义唯物史观得到科学验证，而科学社会主义是马克思主义政治经济学的科学结论。坚持马克思主义整体性，首先要坚持马克思主义政治经济学的主体性，即以资本论为理论逻辑主体，让大学生作整体性思考回答：在几百年资本主义生产方式下，人类社会财富的商品形式是从何处而来，往何处而去？资本主义商品的价值是如何增值的？资本主义商品增值以后的剩余价值是怎样分配的？资本主义生产方式为什么屡遭经济危机破坏，又是如何重新恢复的？资本主义社会制度从发生、发展到今天，它将往何处去，它的逻辑终点在哪里？

在几百年资本主义生产方式下，人类社会财富的商品形式是从何处而来，往何处而去？这是马克思著作《资本论》关于劳动价值论问题：人类劳动创造商品价值。财富是满足人类需求的有用物质，财富的第一来源是大自然的直接赐予，第二来源是人类通过自身劳动改造大自然所得。马克思主义政治经济学着重研究第二来源，人类劳动创造的社会财富用于相互交换，社会财富就是商品，资本主义生产方式占统治地位的社会财富表现为庞大的商品堆积，单个商品则表现为这种社会财富的元素。人类劳动的二重性是抽象劳动与具体劳动，劳动的二重性决定商品的二因素，抽象劳动创造价值，具体劳动创造使用价值。创造不同商品的具体劳动是不同质的劳动，无法相互比较；而创造不同商品的劳动用抽象劳动来划分是同质的，可以相互比较，抽象劳动创造了商品的价值，价值就是凝结在商品中的抽象劳动时间，使用价值是商品的自然属性，而价值是商品的社会属性。不同使用价值的商品依据商品的价值进行交换，交换价值是价值的表现形式。商品是使用价值与价值的矛盾统一体，站在商品本身的角度，二者必须统一；站在商品的生产者或者消费者的角度，二者不可兼得，只能舍此取彼，各取其一。度量商品价值量的内在尺度是社会必要劳动时间，以简单劳动作为计算基础，倍加的简单劳动等于复杂劳动。度量商品价值量的外在尺度是货币，货币是商品价值表现的完成形式，是从商品世界里分离出来充当一般等价物的特殊商品。

资本主义商品的价值是如何增值的？这是《资本论》中关于剩余价值的理论问题：雇佣工人的剩余劳动创造剩余价值。剩余价值的秘密不在流通领域而在生产领域，商品增值的关键在于劳动力商品的使用价值，劳动力商品的劳动不仅创造价值，而且还会创造一个超过劳动力商品自身价值数量的剩余价值。劳动力商品所创造的价值，大于劳动力商品自身的价值，二者之间的差额被资本家无偿占有，表现为剩余价值。资本是能带来剩余价值的价值，资本是价值，是抽象劳动，是已存在的价值或抽象劳动，是过去人类劳动的凝结，资本必须运动，运动才能增值。资本在运动中不断变换使用价值形态，从货币资本，到生产资本，再到商品资本，资本存在和运动的目的是保值增值，资本运动的轨迹是周而复始、不断循环，每一次循环的结果都能实现价值增值，三种资本形态在时间上继起、在空间上并存，这是资本循环的条件。

资本主义商品增值以后的剩余价值是怎样分配的？这是《资本论》中关于平均利润率的理论问题：商品的剩余价值在资本家之间按照投入资本的比例分配。平均利润率的形成，所费不变资本价值和可变资本价值转化为成本价格，剩余价值转化为利润，剩余价值率转化为利润率，资本家为等量资本获得等量利润竞争，全社会的剩余价值总量根据平均利润在资本家之间平均分配。

资本主义生产方式为什么屡遭经济危机破坏，又是如何重新恢复的？这是《资本论》中关于资本主义经济危机的理论问题：资本家以追求剩余价值最大化为生产目的，无限扩大资本主义生产，以致大大超过工人阶级的支付能力，资本主义生产方式导致生产力与生产关系发生严重矛盾，社会再生产过程周期造成破坏和毁灭，随着时间的推移，再逐步恢复和高涨。资本主义生产是社会化大生产，意味着资本主义生产力存在着无限扩大的可能。生产过剩的危机是资本主义生产力与生产关系矛盾，导致生产超过需求。经济危机的可能性是经济危机的表现形式，不是经济危机的原因。经济危机经历危机、萧条、复苏、高涨四个阶段。为什么经济危机至今没有导致资本主义灭亡？因为资本主义改革延缓了资本主义灭亡。凯恩斯革命提出有效需求决定生产、政府干预、管理经济。凯恩斯革命缓解了资本主义的基本矛盾，但没有从根本上解决资本主义的基本矛盾。

资本主义社会制度从发生、发展到今天，它将往何处去，它的逻辑终点在哪里？这是马克思和恩格斯合著的《共产党宣言》中关于科学社会主义的问题：资本主义社会制度从封建社会制度脱颖而出，在不到一百年的时间里创造了比过去几千年人类文明所创造的全部社会财富总和还要多的生产能力，也创造了自己的掘墓人工人阶级，工人阶级最终要消灭全世界所有阶级，包括工人阶级自己，彻底解放全人类。资本主义社会制度的逻辑终点是人人平等的共产主义社会制度，在共产主义社会制度伟大旗帜上写有八个大字：各尽所能，按需分配。

通过对大学生教育教学《马原》，加强中国特色社会主义核心价值观的政治认同。

第三节　加强《毛泽东思想和中国特色社会主义理论体系概论》课程的教学模式改革

高校是党和国家最为重要的人才资源库，大学生的培养教育关系到我国社会主义现代化建设的成绩，更是我国实现人才强国战略的重要环节。因此，不断帮助大学生树立坚定的信念，全面提高大学生思想政治素养及专业能力，是高校教育改革的重要目标及方向。加强大学生思想政治教育工作是党和国家现代化建设的要求，对大学生个人的发展也将产生深远的影响。《毛泽东思想和中国特色社会主义理论体系概论》（以下简称《毛概》）是大学本科学习阶段的核心思想政治理论课之一，课程开设目标和落脚点最终体现在高校大学生是否有充实的获得感，课程是否有助于立德树人根本任务的完成。课程以马克思主义中国化作为主线，以中国特色社会主义建设理论作为重点，让大学生在深刻理解马克思主义中国化理论成果的基础上，树立坚定的中国特色社会主义理想信念，充分发挥大学生学习课程的主观能动性，使其更加深刻地理解马克思主义中国化理论体系的本质及内涵。

一、学习领会新时代我国社会主要矛盾

新时代我国社会主要矛盾变化的论断，是习近平新时代中国特色社会主义思想的重要组成部分，是《毛概》教材的重要内容，要从文本、理论、实践等三个维度全面把握教材内容，厘清中国共产党认识中国社会主要矛盾的历史演进过程，阐明新时代我国社会主要矛盾变化的历史脉络和生成逻辑，准确把握党的十九大提出新时代社会主要矛盾变化的理论依据和现实依据，深刻认识社会主要矛盾的科学内涵，理解新时代我国社会主要矛盾的内在逻辑，分析新时代我国社会

主要矛盾中变与不变等基本问题。

（一）吃透教材

教材是对教学大纲和教学要求的整体把握，而且贯穿着教育教学专家学者对《毛概》问题的思维结晶和最新研究成果。吃透教材内容，不仅有助于全面系统地把握教材教学大纲、教学体系、教学内容，而且有助于大学生全面认识我国社会主要矛盾的历史演进过程，正确理解新时代社会主要矛盾的科学内涵。《毛概》教材对新时代我国社会主要矛盾变化内容，分为历史性成就和历史性变革、社会主要矛盾的变化、新时代的内涵和意义三个部分。必须厘清社会主要矛盾的变化与中国特色社会主义进入新时代的内在逻辑关系，掌握党在不同历史时期认识社会主要矛盾的背景和重大意义，正确把握新时代我国社会主要矛盾提出的主要依据和科学内涵。党的十九大报告明确指出，中国特色社会主义进入新时代，我国社会主要矛盾已经转化为人民日益增长的美好生活需要和不平衡不充分的发展之间的矛盾。

（二）认识和把握社会主要矛盾的历史演进过程

纵观中国共产党夺取政权和巩固政权的伟大历程，正是在不同历史时期、不同历史阶段，抓住了社会主要矛盾，并围绕这一矛盾开展中心工作，才能最终带领全国人民跨过一道又一道艰难险阻，取得一个又一个伟大胜利。社会主要矛盾是我们党把握我国社会发展进程、认识我国基本国情的重要依据。抓住这个主要矛盾，一切问题就迎刃而解了。抓住社会主要矛盾，是我们党在长期革命实践中摸索出来的宝贵经验。新中国成立以后，党对社会主要矛盾的认识随着社会发展不断深化，党的八大和十一届六中全会，分别对我国社会主要矛盾做出了历史判断。随着社会主义改造的胜利完成，我国初步建立起社会主义制度，实现了新民主主义社会向社会主义社会跨越式转变。党的第八次全国代表大会通过的政治报告指出，我们国内的主要矛盾，已经是人民对于建立先进的工业国的要求，同落后的农业国的现实之间的矛盾；已经是人民对于经济文化迅速发展的需求，同当前经济文化不能满足人民需要的状况之间的矛盾。一方面，落后的生产力是当时我国的基本国情决定的；另一方面，发展生产力和建立先进的工业国是实现现代化的有效路径。党的第八次全国代表大会第一次对社会主义建设时期我国社会主要矛盾做出了系统概括，反映了当时中国社会实际情况，为党和国家制定路线方针政策提供了理论依据。面对以阶级斗争为纲的工作局面，以邓小平同志为代表的中国共产党人，以开拓创新的政治勇气带领全党和全国人民果断地将全党工作重心调整到经济建设上来，邓小平同志说，我们的生产力发展水平很低，远远不能满足人民和国家的需要，这就是我们目前时期的主要矛盾，解决这个主要矛盾就是我们的中心任务。在随后召开的党的十一届六中全会，通过了《关于建国以来党的若干历史问题的决议》，提出了我国所要解决的主要矛盾，是人民日益增长的物质文化需要，同落后的社会生产之间的矛盾。这一重大判断为改革开放和社会主义现代化建设提供了重要依据，为党领导全国人民深入推进改革开放明确了方向，党的工作重心回到以经济建设为中心、大力发展生产力的轨道上来。

（三）认识和把握我国社会主要矛盾提出的依据

新时代我国社会主要矛盾转化的论断，是马克思主义关于资本主义社会矛盾理论，在新时代中国特色社会主义伟大实践中的进一步运用，是中国共产党人接力探索人类社会矛盾理论的继承和延续，是习近平新时代中国特色社会主义思想的重要内容。马克思主义研究人类社会发展规律的进程中，从来没有离开过社会基本矛盾。马克思在《1844 年经济学哲学手稿》中，由异化劳动的分析揭示出资本主义社会的矛盾，然后，马克思、恩格斯在《德意志意识形态》中指出，一切历史冲突都根源于生产力和交往形式之间的矛盾；在《政治经济学批判》序言中正式表述为：生产力与生产关系、经济基础与上层建筑之间的矛盾，是贯穿人类社会发展进程中的基本矛盾，是推动社会从低级向高级发展，实现由量变到质变的重要动因。恩格斯在《社会主义从空想到科学的发展》中进一步指出：这就是产生现代社会的一切矛盾的基本矛盾，现代社会就在这一切矛盾中运动，而大工业把它们明显地暴露出来了。列宁也在讨论资本主义社会问题时指出，因为危机是由现代经济制度中另一个更深刻的基本矛盾，即生产的社会性和占有的私人性之间的矛盾引起的。毛泽东同志在《矛盾论》中提出，主要矛盾和矛盾的主要方面在事物发展进程中起到了重要作用；在《关于正确处理人民内部矛盾的问题》中谈道：在社会主义社会中，基本的矛盾仍然是生产关系和生产力之间的矛盾、上层建筑和经济基础之间的矛盾，并阐明了社会主义社会的基本矛盾，与旧社会的基本矛盾是具有本质区别的，同时指明社会主义社会的优越性。以邓小平同志为代表的中国共产党人，对中国社会主义初级阶段的主要矛盾有了更清醒的认识，进一步确立了在以经济建设为中心的基础上，把大力发展生产力作为化解社会主要矛盾的根本途径。邓小平对马克思主义社会矛盾的丰富和发展，不仅开创了社会矛盾理论的新境界，而且对中国共产党人深刻把握社会发展规律奠定了基础。

新时代我国社会主要矛盾提出的现实依据是：我国社会生产力水平总体上显著提高，改革开放 40 年来，特别是党的十八大以来，我国经济发展保持中高速增长，国内生产总值从 54 万亿元增长到 80 万亿元，国内生产总值年增长速度在全世界主要经济体中位居第一，我国已经成为世界第二大经济体，对世界经济增长贡献率超过 30%，我国已经成为稳居世界第一的制造大国，高速铁路、高速公路、特大桥隧、深水筑港、大型机场、量子计算机、天文观测、月球探险等已经走在世界前列，天宫、蛟龙、嫦娥、天眼、悟空、墨子、大飞机等重大科技成果相继问世。农业现代化稳步推进，粮食生产能力达到 12000 亿斤，脱贫攻坚战取得决定性进展，6000 多万贫困人口稳定脱贫，城乡居民收入持续较快增长，中等收入人群持续扩大，我国社会生产力水平显著提高，部分行业产能进入世界前列，过去落后生产力水平的表述，与今天的现实发展客观情况明显不符。人民生活水平显著提高，经过改革开放 40 年，我国稳定解决了 14 亿人口的温饱问题，形成了世界上人数最多的中等收入群体，居民恩格尔系数从 1978 年的 67.7%降至 2017 年的 29.3%，进入了联合国划分的 20%～30%的辅助区间，人均国内生产总值从 1978 年的 156 美元增长到 2016 年的 8000 多美元，进入中高收入国家行列。人民的需要从满足基本生存向追求高质量的品质生活转型，人民向往高质量、高科技、高性能、多样化、个性化的美好生活，逐渐向多层次、复合型、精致化、多元化的生活方式转变。过去满足人民物质文化需求的表述与今天人民更高的美好生活向往明显不符。改革开放发展的不平衡不充分问题日益凸显，尽管我国社会生产力实现了质的飞跃，部分行业位列世界前列，但发展的结构性问题依然存在，行业之间、城乡之间、群体之间的不平衡、不充分问题成为制约发展的拦路虎，社会生产的供给侧与人民生活的需求侧，存在供求不平衡、供给不充分问题，落后的生产力早已不复存在，但距离人民对美好生活的向往要求还存在差距。

（四）理解社会主要矛盾转变的科学内涵

新时代社会主要矛盾的科学内涵及其内在逻辑，把人民对美好生活的向往作为奋斗目标。什么是美好生活，人类历史上伟大的思想家提出各种方案，从柏拉图的理想国到莫尔的乌托邦，从康帕内拉的太阳城到约翰逊的伟大社会，从儒家的大同世界到道家的小国寡民、佛家的涅槃世界、陶渊明的桃花源，无不反映先哲对美好生活的无限向往和探索追寻。习近平总书记指出：我们的人民热爱生活，期盼有更好的教育、更稳定的工作、更满意的收入、更可靠的社会保障、更高水平的医疗卫生服务、更舒适的居住条件、更优美的环境，期盼着孩子们能成长得更好；人民对美好生活的向往，就是我们的奋斗目标。发展不平衡，包括区域发展不平衡、领域发展不平衡、群体发展不平衡、供需发展不平衡。中国已经成为制造大国，但还不是制造强国，中国制造还要上升为中国创造。我国社会主要矛盾的变化，并没有改变我国社会主义初级阶段基本国情，我国是世界最大发展中国家的国际地位没有改变，我国还有4000多万人口依然徘徊在贫困线边缘，高校大学生来自全国各地，他们对家乡发展的不平衡、不充分都有切身体会。

二、正确处理教材编写和课堂教学的关系

（一）把握教材体系结构和基本内容

新教材将马克思主义中国化的历史进程和理论成果与马克思主义中国化理论成果的两章精髓内容，合并为“马克思主义中国化两大理论成果”一章，将经济、政治、文化、社会、生态文明，形成建设中国特色社会主义五位一体总布局，增加“社会主义建设道路初步探索的理论成果”一章，教材由原来的15章调整为14章，形成了四个全面战略布局，提出了一系列治国理政重大决策；中国特色社会主义理论体系部分，增加了中国特色社会主义理论体系的最新成果部分；增加了全面深化改革、全面依法治国、把握经济发展新常态等内容，在中国特色社会主义领导核心理论部分增加一节，专门论述全面从严治党。

（二）正确处理好马克思主义中国化两大理论问题

新教材重点内容是中国特色社会主义理论体系。为了让大学生更好地理解党在初步探索中国社会主义建设道路过程中形成的重要思想成果，以及初步探索有何意义和经验教训，特别增加了初步探索中国社会主义建设道路的理论成果一章，对此进行了专门论述。马克思主义中国化的第一理论成果是毛泽东思想，由原来的两章增加为三章，进一步丰富和加强了毛泽东思想的理论内容，同时也使马克思主义中国化的两大理论成果有机衔接起来。教师在授课时，既要把握毛泽东思想的理论体系和基本原理，又要讲清楚两大理论成果既一脉相承又与时俱进的关系。毛泽东思想和中国特色社会主义理论体系是马克思主义基本原理与中国革命、建设、改革开放实际以及时代特征相结合而产生的理论成果，两大理论成果在理论基础、理论精髓、价值取向、世界观、方法论等方面具有内在一致性，中国特色社会主义理论体系是在新的历史条件下对毛泽东思想的继承和发展。

（三）教材编写是基础，教师教学是关键

教师在教学过程中应在教材基础上丰富课堂教学内容。教材只能为课堂教学提供一个基本框架和主要内容，既不可能覆盖党的所有理论成果，也不可能就某一理论进行更加细致入微的分析阐释，这既给《毛概》课程教师提出了更高的要求，也给教师充分发挥自己的教学水平留下了空间。《毛概》课程教师必须具备深厚的理论功底，对党的基本理论有全面深入的把握。要掌握马克思主义中国化的基本原理，系统了解党领导人民进行革命、建设、改革开放的历史，了解马克思主义中国化理论形成的历史背景和时代条件，结合马克思主义经典著作的主要篇章、建党以来重要文献选编、新中国成立以来重要文献选编、三中全会以来重要文献选编、十八大以来重要文献选编等马克思主义中国化文献资料，以及《毛泽东选集》《邓小平文选》《江泽民文选》《科学发展观学习读本》《习近平总书记系列重要讲话读本》《习近平谈治国理政》等著作，通过指导大学生阅读原著深刻领会基本理论。开展研究性学习，注重课堂讲授与引导大学生课外阅读有机结合，通过阅读主流媒体的文章，传播主流声音，用积极向上的主流舆论引导大学生提高理论素养，培养大学生运用马克思主义的立场、观点、方法分析和研究现实问题的能力，坚定中国特色社会主义的道路自信、理论自信、制度自信、文化自信。

三、构建适应新形势的教学话语体系

（一）以准确规范的话语表达主流的马克思主义意识形态

思想政治理论课是巩固马克思主义在高校意识形态领域指导地位，坚持社会主义办学方向的重要阵地，一些思政课教师的课堂教学只强调政治宣传功能，教育教学显得呆板、僵化、形式化，忽略了当代大学生思想独立、个性鲜明的特征，大学生对这种形式化的宣传不感兴趣甚至怀有抵触情绪，从而大大影响了思想政治理论课的教学效果。所以思政课教师应当适应当代大学生对思想理论知识问题的研究抱有浓厚的兴趣，他们不喜欢浅层次的照本宣科，希望从理论层面和学术层面探究事物的本质，还要研究理论、研究现实、持之以恒、言之有理，把最新的研究成果传授给大学生。突出思想政治理论课的理想信念的教育，用准确规范的话语阐释共产主义、中国特色社会主义和中国梦的理想信念，分析其科学性与价值性的统一、彰显马克思主义的科学逻辑和理论力量。

（二）以鲜活形象的语言讲授中国特色社会主义理论

一是话语内容要紧密联系中国社会现实，具体包括国情、党和国家重大方针政策以及改革开放面临的一系列重大理论和现实问题，离开中国实际和时代发展来谈中国特色社会主义没有意义，静止孤立地研究中国特色社会主义理论，同生动发展的实践割裂开来、对立起来，不会得出正确的结论。二是话语形式要做到用中国特色社会主义理论阐释中国社会现实。通过对国内国际现实的马克思主义分析，引导学生正确认识人类社会的发展趋势，坚定中国特色社会主义的理论自信。三是用通俗易懂的话语阐述教材的基本原理和内容体系。《毛概》课程是一门政治性和理论性都很强的课程，教材中较多地运用了文件话语和政策话语，包含许多具有特定内涵的概念、判断、命题，这种理论性、规范性的教材话语体系虽然有利于政策解读和理论诠释的系统性、严谨性，但在一定程度上缺乏对大学生的吸引力和感召力。因此，高校思政课教师需要在课堂教学中，实现教材话语体系向教学话语体系转换：一方面通过教案和课堂教学设置，把教材相关知识、基本原理展示给大学生，增加大学生学习《毛概》课程的积极性；另一方面通过教师具有自身特点的话语风格、生动形象的语言阐述基本理论，但不能消解《毛概》课程的理论性和政治性，切忌不能把通俗理解为庸俗，而要善于依据教材提炼每一堂课的主题。主题的选取要有现实针对性，要有强烈的问题意识，能够引起大学生的深思和共鸣，还要把握住哪些内容既是教材的重点，又是大学生关心的问题，从而实现大学生对知识点的熟练掌握和对现实问题理解的统一。

四、适应大学生特点的教学方法

（一）继续做好专题式教育改革

专题式教学就是依据教学大纲的基本要求，按照课程内容的内在逻辑关联对教学内容进行重新整合、安排，形成既彼此关联又相对独立的系列专题，并围绕着专题确定教学方案、组织教学活动的一种课堂教学模式。专题式教学改变了按教材章节进行授课的传统授课方式，结合教材内容体系和重点，从大学生思想实际和当前的社会热点问题中选择、提炼、确立教学专题，建构新的教学体系。专题教学可以优化教师资源，任何一个教师都很难把每一堂课讲得很精彩，但每一位教师都有自己的专长和独到之处，通过专题式教学，可以发挥教师的积极性改善整体的教学效果。

（二）探索研究性教学等参与式教学方法改革

大学生具有强烈的自主意识、思考意识、表现欲望，不再满足于传统的被动接受教师灌输授课方式，他们敢于发表自己的观点，乐于参与教学过程。明者因时而变，知者随事而制，《毛概》课程教学可以尝试和探索各种参与式教学方法，以提高课程的针对性、实效性、吸引力、感染力。

（三）利用新媒体新技术开展混合式教学改革

随着互联网、手机 App 等新媒体新技术的广泛应用，当代大学生的阅读习惯和学习特点都发生了很大变化，许多高校思想政治理论课教学积极借鉴国外经验，利用新的教学技术推出了慕课平台，获得了教学成效。《毛概》课程教学可以积极利用被大学生普遍接受的新媒体新技术，尝试利用慕课、微课等开展混合式教育改革。主要指线上教学与线下教学的混合，线上教学环节主要通过慕课、微课的途径实现，侧重于教材理论知识的传授；线下教学环节主要通过面对面的沟通、社会实践完成，侧重于理想信念的内化。大学生可以通过线上环节的慕课、微课平台阅读电子教案、观看授课视频、完成教学测验，也可以在线上参与教师设定的话题讨论。由于线上环节的学习，大学生对《毛概》课程基本理论和知识点有了初步的理解，线下环节则可以开展翻转课堂教学，变课堂为师生之间或者学生之间活动的场所，包括答疑解惑、知识的运用等，从而达到更好的教育效果。

总体而言，基于慕课、微课的混合式教学更符合《毛概》课程教学的本质需求，一是教学过程避免了一言堂填鸭式教学和多媒体灌输教学的弊端，有助于提高大学生学习积极性；二是教学资源整合了《毛概》课程教材资源、网络资源、时间资源等，丰富了教学内容，弥补了课程学时不足、知识传播有限的缺点；三是教学氛围比较宽松，通过师生互动和大学生之间的互动，能让大学生更好地理解中国特色社会主义理论的科学内涵，并从情感上认同和接受中国特色社会主义理论等。实质上仍然是《毛概》课程教学手段和教学形式的改革，它要服从教学内容，服从教学理论，切忌喧宾夺主，否则就会影响到这门课程的理论性和科学性。

五、加强社会主义理想信念教育

高校是党和国家最为重要的人才资源库，大学生的培养关系到我国社会主义现代化建设的成败，更是我国实现人才强国战略的重要环节。因此，不断帮助大学生树立坚定的信念、全面提高大学生思想政治素养及专业能力，是高校教育改革的重要目标及方向。加强大学生思想政治教育工作，是党和国家现代化建设的要求，对大学生个人的发展也将产生深远的影响。这其中，各大高校开设的《毛概》课程以马克思主义中国化作为主线，以中国特色社会主义建设理论作为重点，让大学生在深刻理解马克思主义中国化理论成果的基础上，树立坚定的中国特色社会主义理想信念，针对当前高校思想政治教育的现状，通过对思想政治教育实践环节的宏观把握，进行教学方法及模式的探究和改进。必须充分发挥大学生的主观能动性，使其更加深刻地理解马克思主义中国化理论体系的本质及内涵。

《毛概》课程最重要的目标，就是增强大学生建设中国特色社会主义的理想信念。坚定的理想信念是大学生努力奋斗的精神动力，因此，理想信念的建立必须具有现实可行性。培养大学生建设社会主义的理想信念应与我国社会经济建设发展阶段相结合，在满足大学生个人发展需求的前提下进行培养。要积极引导大学生树立对眼前利益与长远利益、个人利益与国家利益的正确认识，在利益关系辨析的过程中升华理想信念。

《毛概》课程应对大学生进行马克思主义基本原理的教育，培养大学生运用马克思主义中国化的理论、观点、方法进行对实际问题的分析与解决。同时，马克思主义基本原理的教育也是帮助大学生树立社会主义理想信念的基础环节之一。掌握马克思主义基本原理，首先应该理解马克思主义的本质精神及内涵。马克思主义基本原理是中国特色社会主义建设的指导思想，它集政治性、思想性、科学性于一体，是人类社会历史发展至今最为重要的思想理论成果之一。当代大学生要自觉避免受到资本主义思想的侵蚀，科学认识马克思主义基本原理，正确把握马克思主义理论的本质内涵，用科学的指导思想武装头脑。大学生要正确运用马克思主义原理中的唯物辩证法来分析解决现实问题，以科学方法和理性思维来全面客观地对待问题。因此，在马克思主义课堂教育中，思政课教师要积极进行对大学生方法论学习的引导。

《毛概》课程还针对大学生学习层次差异，提出了差别化的马克思主义基本原理教育方法。大学生知识基础较好，容易接受新鲜事物，但在认识现实问题方面往往还存在片面性的缺陷，因此对于大学生的马克思主义教育要具有针对性，要将马克思主义基本原理进行转化，与大学生关心的热点问题相结合，让马克思主义教育与大学生自身发展紧密联系。由于大学生知识结构、思维方式、价值观念的差异，其在社会主义理想信念的树立过程中遇到的问题也是不尽相同的，应当采取不同的教育手段进行分类引导。

马克思主义基本原理教学应与理论研究的最新成果相结合，做到与时俱进。我国高校思想政治教育要把社会主义实践的成功经验融入教材，在中国特色社会主义理论部分全面更新创新型国家建设、资源节约型社会建设、社会主义和谐社会建设等知识点，增加最新的中国特色社会主义建设成果。教学内容要与中国特色社会主义建设的实际相联系，体现我国社会主义建设的指导思想、社会经济制度、政党制度、发展道路等，这也是增加大学生政治鉴别力及政治敏锐性的重要途径之一。在《毛概》课程上，绝对不能避开此类理论与现实的联系，要指导大学生正确运用马克思主义基本原理分析问题的成因及矛盾的关键所在，从而树立正确的世界观、价值观、科学的社会主义理想信念。

毛泽东思想和中国特色社会主义理论体系涉及国家政治、经济、文化等各个方面，包含的基础理论与研究方法无不具有较强的理论性及政治性，是大学生思想政治教育的重要内容。在当今世界形势较为复杂的情况下，中国特色社会主义现代化建设面临着巨大的压力与挑战，大学生作为我国社会主义建设的接班人，必须正确运用马克思主义世界观及方法论，为社会主义建设添砖加瓦。《毛概》课程教育指出了课程教学实践环节中的问题，全面分析了课程的重点和难点，对于如何培养大学生树立科学的社会主义理想信念，形成正确的世界观、价值观、人生观，具有十分重要的意义。

六、加强课程纵横衔接

《毛概》课程是大学阶段思想政治教育理论课程的核心和骨干课程，探讨《毛概》课程与高中思想政治教育理论课程衔接问题，进而启发、推动思政课教师研究不同阶段、不同思政课程的衔接问题，从而建立一个环环相扣、层层递进的思政课程体系。

《毛概》课程纵横衔接，是推进高校思想政治教育理论课程改革进程中突显的具有应时、应景、应需、应急特点的现实问题。《毛概》课程，与高中思想政治课程衔接，是课程改革规律下的一种必然，是德育体系建立的不可或缺，是增强教学实效性的关键。《毛概》课程的顺利开展，需要教育主管部门整体规划课程设置，学校之间建立长期有效的协作关系，思想政治教育理论课程教师养成自觉的衔接习惯，大学生主动掌握自主性的学习方法。课程衔接是教育的立交桥，是沟通不同学段、学科的媒介，是为了减少缝隙、弥补断裂、促进教学的顺利开展。《毛概》课程与高中思想政治教育理论课程衔接，遵循课程衔接的一般法则，是课程衔接下的特殊表现，有其存在的本源。

（一）纵向衔接

《毛概》课程的纵向衔接，强调不同学段思政课程之间的整体性和有序性。遵循学科知识的顺序，遵循大学生成长的固有规律，是纵向衔接的一般法则。大学生是思政课程教育的主体，他们的智力水平和心理发展状态是否相当，是思政课程衔接中的纯天然基础。从系统论、控制论、信息论视角，不同学段的思政课程设置体现着整体性和有序性原则。世界上的事物、过程都不是彼此孤立的杂乱无章的偶然堆积，而是相互联系的合乎规律的有机整体。课程衔接的整体性是指认识主体应始终把不同学段课程视作一个整体来研究，而不是分别研究各自孤立学段的活动。统筹协调个学段的局部，才能使课程的整体功能最大限度地发挥。有序性是指系统内部各要素的相互联系，以及系统组织结构的层次性和等级性。系统和要素的区分是相对的，在一定条件下可以相互转化。系统对于其构成要素才是系统，而相对于包括自身在内的更大系统则是要素，就像地球与月亮组成一个系统，月亮绕着地球转；而相对于太阳系统而言，地球和月亮都是要素，共同绕着太阳转。思政课程衔接的有序性注重思政课程的层次性和等级性，逐层深化有秩序地进行要素活动，才能使整体功能大于部分功能之和，就像田忌赛马一样。

《毛概》课程与高中思想政治教育理论课程纵向贯通，需要教育主管部门整体规划思政课程设置，统一合理编订教材，逐层定位课程目标，设立多元评价标准。《毛概》课程与高中思想政治教育理论课程是同一性质的思政课程，具有政治性、综合性、复杂性的特点。一是注重评价的全面性。评价要求兼顾分数与效果、结果与过程、静态与动态、知识与能力，形成知、情、信、意、行相互渗透融合的综合评价体系。二是注重评价的多样性。在传统的考核模式下，多融合一些思政课程讨论、专题辩论、撰写论文、调查报告、社会实践调研等其他方式。突破单一的教师评价，鼓励大学生自我评价、同学之间评价等多种主体参与。三是注重评价的动态性。要重视大学生思想政治教育理论课程的变化、发展过程，注意评价的连续性和整体性，更好地发挥指挥棒的作用。

《毛概》课程与高中思想政治教育课程衔接是思政课程改革规律下的一种必然。2014 年教育部《关于全面深化课程改革落实立德树人根本任务的意见》，明确课程改革对于完成立德树人任务的重要作用，指出高校、中学、小学课程改革，从总体上看存在整体规划协同推进不够的问题，提出思政课程改革的任务即五个统筹，对于不同学段、不同学科、不同环节、不同力量、不同阵地进行总体规划和整体设计。据此，思政课程衔接在思政课程改革进程中凸显出来，也成为影响课程改革能否顺利推进的重要环节。高校《毛概》课程与高中思想政治教育课程衔接是总体规划和整体设计课程，理顺思政课程在大学阶段与高中阶段的关系，使思政课程在这两个阶段上有层次、有序地实施。

《毛概》课程与高中思想政治教育理论课程紧密衔接是增强教学实效的关键。长期以来，我们固守在大学内部或是高中内部解决问题的思维定式，终究无法摆脱思政教育不能衔接的困难局面，诸多问题难以突破。思想政治教育理论课教师只是按照教学大纲和既定的教学内容进行授课，造成两个阶段思政课程出现不该重复的重复、应该深化的没有深化的状况。高中阶段思想政治教育理论课程本来打好的基础知识没有被充分发挥，大学阶段《毛概》课程难以良好发展与升华。大学和高中两个阶段的思想政治教育理论课程呈现出教学目标断层、教学内容倒挂、教学方法陈旧、教育评价单一、教育改革不同步等问题，都是因为《毛概》课程与高中思想政治教育理论课程未能有效衔接的表现，导致思想政治理论课程不受大学生欢迎，感到《毛概》课程内容似曾相识，很难激起大学生的学习兴趣，甚至引起他们的厌学情绪。可见，提升思政课程教学效果及实效性，加强《毛概》课程与高中思想政治教育理论课程衔接显得十分必要。

（二）横向衔接

《毛概》课程的横向衔接，强调同一学段思政课程之间的有机配合形成教育合力。互为前提条件的思政课程内容的难度之间的步调要一致，进度之间的步幅要协调。各门思政课程不应孤军奋战，而应通力合作、相互配合、效应互动。同一思政学科领域、不同思政课程虽然有各自不同的任务、作用、特点，但是所要达到的终极目标是一致的。任何一门思政课程都不是随意的存在，它以直接或者间接、显性或者隐性的方式影响其他思政课程。松散的无序联系，致命的分离状态，是横向衔接的断裂。如果不研究它们之间横向衔接的有机联系，仅仅强调思政课程各自战术，各行其是，思政学科的效率与效能就难以保证，思政教育合力也无从谈起。思政课程衔接是一项复杂而系统的工程，它们合纵连横——纵向贯通、横向连续，进而形成一个在时间上具有全程性、在空间上具有全面性的思政课程体系。从思政课程的纵向衔接与横向衔接来看，《毛概》课程与高中思想政治教育课程的衔接属于纵向衔接的范畴，强调的是课程的整体性和有序性。

（三）纵横衔接

在纵横衔接的学校之间建立长期有效的协作关系。设立学校之间交流的专门机构，打破相互隔离的壁垒，使高中和大学之间能有一个长期稳定交流合作的平台，让两校思政课程的衔接工作能够在一定程度上减少时空的限制顺利地进行。作为初期的探索，一对一的院校交流模式最为理想，成功以后逐步推广形成立体网状的体系。两校交流机构负责维护两校思政课程衔接工作的良性运转，及时提供信息和反馈，制定规章制度，保障两校思政课程教学工作对接成为一种新常态。推进形成对两校思政课程衔接必要性、紧迫性的共识，达成致力于促进两校思政课程衔接的共同愿景，形成畅通的对接路径和对接方法。通过这种良好的沟通机制促进双方主动沟通，能够相互照应调整各自的教学工作。

定期开展科研活动。开展教学科研活动，既能够为《毛概》课程与高中思想政治教育理论课程衔接提供理论指导，这个过程也能提升两校思想政治理论教育工作者的思想水平、科研水平、教学水平。大学发挥自己的科研和人力资源优势，带领高中协同进行科研课题的选定、申报、研究，细致地研究每一个可能制约高中、大学两个阶段思政课程衔接的问题，并能够找到解决问题的措施。创办相应的专题科研刊物，鼓励集体和个人发表文章，集思广益。周期性地举办研讨会、座谈会，进行面对面的研讨交流，碰撞出更多的信息、观点、建议、意见，开阔视野，邀请教育专家进行专题讲座，学习交流借鉴经验，定期开展科研活动，淘汰僵硬固化的模式，找到两校思政课程衔接的契合点，引起社会各界对《毛概》课程与高中思想政治教育理论课程衔接的重视。

思想政治教育理论课程教师要养成自觉衔接的习惯。要培养思政教师的衔接意识，培训继续获取新知识和新技能，保障其知识结构跟上新时代步伐，激发他们主动研究的热情，两个学段的教师经常集聚在一起相互支持、分享经验，增强做好衔接工作的责任感和信心。

关注并研究思政教学新动态。大学的《毛概》课程与高中思想政治教育理论课程教师要充分利用新媒体等便利工具，及时关注并研究对方的思政教学情况，做到有的放矢、深化内容，减少教学的盲目性，实行有效衔接。思政课程的性质决定两个学段课程都有很强的实效性，思政教师要吸收最新的理论成果，关注最现实的社会问题，做到理论联系实际。大学生要主动掌握自主性的学习方法，建构主义理论在两个学段课程衔接的领域中，已经逐渐成为重要的思想源泉。课程是否衔接最终取决于大学生的接受程度。课程从设置到落户学校、落脚到教师，最终到大学生才算真正落地。课程衔接要以大学生的认知发展为主线，高中生对思想政治教育理论课程与大学生对《毛概》课程的学习是逻辑起点和逻辑过程，最终实现思想政治理论教育目标，才能加强他们对中国特色社会主义的政治认同。

七、讲好中国故事

作为高校思想政治教育理论课程的重要组成部分，《毛概》讲好中国故事既有必要性，又有可能性。这是思政课程性质和目的的重要关联，是丰富课程内容和形式的重要手段，也是抢占高校思想政治工作阵地的需要。中华民族悠久历史，尤其是中国新民主主义革命和社会主义革命和改革开放事业的伟大社会实践，为《毛概》课程讲好中国故事提供了可行性。

《毛概》课程的性质和目的，要求讲好中国故事。本课程着重讲授中国共产党把马克思主义基本原理与中国实际相结合的历史进程，充分反映马克思主义中国化的理论成果，其目的在于使大学生系统掌握中国化马克思主义形成和发展的历史进程，掌握毛泽东思想和中国特色社会主义理论体系的基本内容和精神实质，不断增强中国特色社会主义道路自信、理论自信、制度自信、文化自信，坚定走中国特色社会主义道路的理想信念，最终的落脚点是培养和造就有理想、有道德、有文化、守纪律的社会主义“四有”新人。中国故事凝结了中国人民共同的经历、经验、思想情感，尤其是体现了在中国共产党的领导下，中国人民争取民族独立和实现国家繁荣富强的历史进程。中国故事深刻地体现了中华民族悠久历史文化，也体现了中国理论、中国道路、中国制度，具有深厚的中华民族道路自信、理论自信、制度自信、文化自信基础，对塑造大学生四个自信具有强烈的引导作用。

讲好中国故事是丰富教学内容和教学形式的需要。本课程内容理论性强，内容抽象，这就对大学生吸收消化面临一定障碍。如何使课程内容以更通俗、更形象的方式被大学生接受，是教学过程中要解决的问题。本课程还具有鲜明的现实性特征，马克思主义中国化最新理论成果必须以人民群众喜闻乐见的形式传递给大学生，中国故事深刻地体现了中国悠久的历史文化，尤其是体现了在党的领导下，中国人民争取民族独立和实现国家的繁荣富强的历史过程，即实现中华民族伟大复兴中国梦的历史征程。从个人层面，中国故事展现了中国人民对美好生活的追求；从社会、国家层面，展现了中华民族对国家繁荣富强的向往。本课程讲好中国故事对于获得大学生在思想、情感上的共鸣和认同，丰富课程教学的内容和形式，增强课程的吸引力具有重要作用。讲好中国故事是抢占高校思想政治教育工作阵地的必然要求。高校思想政治教育课程承担着立德树人的历史重任，但是从实效性来讲，思想政治教育理论课程局部范围仍面临一定的挑战，出勤率、抬头率在部分课堂是重要问题。在部分出勤率、抬头率较高的课堂，课程内容的入耳、入头脑、入心仍存在一定的问题。急剧变革的社会现实对人们的思想观念产生重大冲击，在对内改革和对外开放的社会背景下，人们的思想价值观念、利益诉求发生了重大变化，中国故事由于自身的真实性、生动性、深刻性，对大学生思想政治价值观念产生巨大的吸引力和引领作用，对克服思想政治理论课教学面临的困境和抢占高校思想政治工作阵地能起到积极的推动作用。本课程讲好中国故事具有较强的可行性。中国是一个拥有五千年历史的文明古国，长期在世界上居于领先的地位，创造了辉煌的文明，悠久的历史文化是中国人民共同的经历、经验、思想感情的结晶，其中有许多美好的故事，为《毛概》课程讲好中国故事提供了肥沃的土壤。近代以来在为实现民族独立和国家繁荣富强的历史征程中，无数的爱国者和先进分子进行了艰辛的探索，特别是在中国共产党领导中国革命、建设、改革的历史过程中书写了许许多多的中国故事。新民主主义革命时期，有以毛泽东为代表的中国共产党人努力寻求新的中国革命道路的故事；在社会主义革命和建设时期，有以焦裕禄为代表的中国共产党人全心全意为人民服务的故事；在改革开放新的历史时期，有以邓小平为代表的中国共产党人开创中国特色社会主义的故事；在新时代，有以习近平同志为核心的党中央为实现人民对美好生活向往而努力奋斗的故事……这些中国故事具有丰富而深刻的思想政治教育内涵，为《毛概》课程讲好中国故事提供了坚实的基础。

（一）《毛概》课程讲好中国故事应遵循的原则

首先，课程讲好中国故事必须遵守真实性原则。中国故事必须是真实存在的，与客观发生的事实一致，只有真实发生的中国故事才能具有充分的说服力，才能增强课程内容的吸引力和感染力。其次，课程讲好中国故事必须遵守关联性原则。关联性原则的实质是中国故事与《毛概》课程相关联，与教学内容有关，能证明思政课教师所要教授的观点，使两者之间形成对应关系。讲好中国故事必须遵守典型性原则。讲好中国故事具有丰富的题材，但不是所有的故事都能成为教学过程中的被选择的对象。典型性指的是个别的、特殊的中国故事具有的能体现出革命、建设、改革过程中具有普遍性意义的程度，能反映社会生活的本质和必然性的程度。最后，讲好中国故事必须遵守时代性原则，具有鲜明的时代性。课程的讲授必须结合马克思主义中国化最新理论成果，中国故事的选择也必须是和社会现实密切相关，做到与时俱进，用鲜活的反映社会现实的中国故事来增强课程内容对学生的吸引力，以生动活泼且具有深刻时代性的中国故事增强课程内容的说服力。

（二）五位一体教学模式

《毛概》课程讲好中国故事，关键在于通过相关途径把中国故事融入思政课教学中去。听、看、读、写、说五位一体教学模式，对讲好中国故事有重要促进作用。首先，教师认真授课，大学生认真听课，是本课程讲好中国故事的主要途径。思政课教师是思想政治教育理论课程教学的主体，是课程教学的承担者和发动者。不论课堂教学形式如何变化，教师的讲解是主要形式。其次，聚精会神看视频是本课程讲好中国故事的重要途径。本课程具有强烈的历史厚重感和现实感，因此，在课程内容讲解的过程中可以插入视频资料讲述中国故事，往往起到事半功倍的作用。比如讲授中国经济体制改革的必要性时，用视频形式播放一个小故事：计划经济时期辽宁省沈阳市一家冶炼厂生产铜材，隔壁一家电缆厂需要铜材。由于计划经济条块分割，北方的电缆厂不得不舍近求远到南方去购买铜材，造成铜材大旅行和资源严重浪费。大学生通过看视频的方式，对我国经济体制由计划经济走向市场经济，就有了更深刻的教育作用，促进了大学生对《毛概》课程的理解。再次，精心阅读是本课程讲好中国故事的重要补充。中国共产党人把马克思主义基本原理与中国实际相结合，产生了中国化的马克思主义，形成了许多经典的理论文献，记录了马克思主义中国化进程中的故事；同时，在中国革命、建设、改革的历史进程中，中国共产党人带领全国各族人民，为实现中华民族伟大复兴的中国梦，进行了诸多的实践探索，也形成了许多美好的中国故事。可以组织大学生精心阅读《新民主主义论》《在武昌、深圳、上海等地的谈话要点》《决胜全面建成小康社会，夺取新时代中国特色社会主义伟大胜利》等经典文献，这些是讲好中国故事的重要补充。最后，认真撰写调查报告是本课程讲好中国故事的重要手段。讲好中国故事可以在教学过程中设置社会调查环节，布置社会调查作业，听长辈们讲中国故事并做记录，重点探讨新中国成立以来，特别是改革开放以来，大学生的家庭和社会发生的重大变化，撰写调查报告，了解中国社会和新时代发生的变化及围绕热点问题展开讨论，对形成政治认同大有裨益。

第四节 加强《中国近现代史纲要》课程的教学模式改革

中华民族历来是高度重视自己历史的民族，这是我们一种历史认同感和光荣传统。我们中国人重视历史，是因为我们通过书写历史、讨论历史、读懂历史，通过总结大量的天下兴亡历史规律和众多的得失经验之后，发现不同的历史时代演绎着一种相同的道德伦理。唐代诗人张若虚曾在诗中写道："人生代代无穷已，江月年年只相似。"观看历史其实就像照镜子，大学生不是去看别人的旧时旧景，而是在看自己的今朝明夕；学习历史并非前事不忘后事之师那样简单，不是乘坐昨日之舟欣赏前人风华轶事，而是准备当明日惊涛骇浪不知所措之时，我们能否站在前辈的肩膀上驾驭好自己那艘孤帆远影、一叶扁舟。董仲舒在《春秋繁露》中曾提及"不知来，视诸往"的道理：假如我们不知道未来该怎样前进，那就看看我们过去是怎样走过来的，一路走来的历史经验，可以指导将来的历史征程。习近平曾经说过，历史是最好的老师。大学生通过学习《中国近现代史纲要》，要达到深刻理解学习中国近现代史的重要意义，准确把握中国近现代史的主流与本质知识目标；达到提高大学生运用科学的历史观和方法论分析和评价历史问题、明辨历史是非的能力目标；达到促进大学生进一步坚定理想信念，更好地成长、成才，成为担当中华民族伟大复兴的中国梦大任的时代新人。

大学生学习《中国近现代史纲要》（以下简称《中近史》）的重点，一是从历史的导向作用及现实的需要两方面入手，深刻阐述学习历史的重要意义；二是在把握中国近现代史的主流与本质的基础上，深刻认识四个选择的历史必然性；三是认识《中近史》对于当代大学生的逻辑导向作用；四是认清《中近史》对于当代大学生的人生价值导向作用。《中近史》的教学方法有调查研究法、案例解析法、类比讨论法、分析对比法、图片视频辅助法、联系个人思想分析讨论法、自主探究法、合作学习法等。

一、为什么要向《中国近现代史纲要》问道

从《中近史》对于当代大学生的作用来看，中国的近现代史具有知识导向、逻辑导向、现实导向、价值导向、情感导向等几个方面的作用。

（一）知识导向

《中近史》讲述从旧民主主义革命到新民主主义革命，到社会主义革命和建设、改革开放，直到中国特色社会主义进入新时代，通过对这一历史脉络的梳理，了解中华民族的深远历史，了解我们从何而来、向何而去和中华民族曾经的苦难以及从苦难走向辉煌的历史进程。对我们自己国家的历史和国情的了解，是每一个中国人必须具备的知识储备，它是大学生政治能力与知识素质的基础。大学生讲爱国，如果连自己的国家都不了解，怎么去爱国？离开了解这个基础谈爱国，不是言不由衷，就是苍白无力。

（二）逻辑导向

历史隐藏着深刻的逻辑和规律，每一个国家在不同时期的发展逻辑是不一样的，大学生学习历史，特别是《中近史》和中国共产党历史，能深刻认识和把握中国社会发展的客观规律，认识中国发展的历史逻辑，在历史的长河中把握历史脉搏。清代龚自珍在《定庵续集》里说，“欲知大道，必先为史”，只有了解中国历史，才能知道世间大道、中国和西方发达资本主义国家在走向现代化的历史进程中的路径差异。西方发达资本主义国家在走向现代化的历史进程中，承担现代化主体力量的是资产阶级，通过资产阶级革命，推翻了封建贵族的统治，建立了资本主义国家，资产阶级实行资产阶级民主，在资产阶级内部组成不同政党，实行政治分赃轮流执政。而中国的国情完全不同。中国的资产阶级由于先天的历史局限性，不能承担现代化的历史使命，这个任务最终落在无产阶级及其先锋队——中国共产党身上，历史选择了中国共产党，选择了马克思主义，选择了社会主义制度，选择了改革开放建设中国特色社会主义。中国共产党经过 28 年武装斗争，成立了中华人民共和国。简言之，西方发达资本主义国家是先建立国家，然后成立资产阶级政党来轮流制执政；而中国不同，中国是先成立中国共产党，然后通过武装斗争创建了中华人民共和国，这就是历史演进逻辑的不同。因此，国史、国情的差异，决定了我们国家必须坚持中国共产党领导，也决定了中国必须走社会主义道路，不能照搬西方发达资本主义国家治国理政经验。

（三）现实导向

历史与现实到底是什么关系？毛泽东认为：今天的中国是历史的中国的一个发展。习近平认为：历史是现实的根源，任何一个国家的今天都来源于昨天，只有了解一个国家从哪里来，才能搞清楚这个国家今天为什么是这样而不是那样，也才能搞清楚这个国家未来会向哪里去和不会往哪里去。大学生要通过研究历史事实来形成过去历史的思想，并以此思想来了解现在和未来，加强政治认同。大学生能说出中国共产党革命先辈给我们留下哪些宝贵精神财产吗？再以中国的唐代、宋代、元代等早已远去的历史为鉴，但是唐诗、宋词、元曲等优秀文化精神却一直传承到现在，影响到将来，这就是我们所说的政治认同，中国传统文化历史中仁爱思想、民本思想、天人合一、和而不同等历史与现实就是继承发展，永远记住中华民族的根。

（四）价值导向

人类持续不断的价值追求，不仅是对纯知识层面的历史知识，从个人层面来看，历史是前人走过的路，反思前人的经验与教训，通过辩证思维建立爱国主义坐标体系，找到历史线索的导航仪，贯通过去、现在、将来，把大学生自己的人生路径与中华民族永续发展路径融合在一起。学习《中近史》，有利于洞察人性，把握世事，能够增强对自身命运的掌控能力。从国家、社会层面看，是历史谱写了一个社会集体政治认同的价值观念，从而引领整个国家和社会不断前进。《中近史》的价值导向，应当熟悉社会主义核心价值观，是我们中华民族 5000 年来特别是近代 170 年来在革命、建设、改革开放中不断孕育形成的价值观念。2019 年是五四运动 100 周年，习近平在主持中央政治局集体学习时强调，纪念五四运动，发扬五四精神，其中爱国主义是核心价值。从林则徐到孙中山，不同历史时期爱国主义的不同内涵，让大学生深入思考我们祖先的爱国主义情怀，我们今天应该如何表达爱国主义情怀。

（五）情感导向

中国人民不仅高度重视历史，而且把历史视作有生命的有机体。中国人民对历史的看法并不像西方所认为的某种与人毫无关系的自然规律，中国文化的人本主义倾向更注重的是人类共同参与生活，以及人类共同创造历史。人类的自然生命虽然短暂，但人类的悲欢离合和英雄壮举，已经深深融入人类历史的生命长河中，一代又一代继承发展、永不停息。近代以来，中华民族一代又一代仁人志士、一批又一批英雄儿女为了国家的独立、繁荣、富强，呕心沥血、抛头颅、洒热血，在历史的长河中映衬出他们对祖国、对人民深沉的感情，历史的天空闪耀着他们璀璨的英名，他们的英雄业绩永垂青史。直到今天，我们依然记得文天祥“人生自古谁无死，留取丹心照汗青”、范仲淹“先天下之忧而忧，后天下之乐而乐”所流露出的浓浓家国情怀；我们也依然忘不了中国共产党人在革命战争年代崇高的共产主义远大理想和奋不顾身的牺牲精神。

二、从国家政治历史角度开展《中国近现代史纲要》教学研究

《中近史》课程主要讲授中国近代以来抵御外来侵略、争取民族独立、推翻反动统治、实现人民解放的历史，教学目标就是开展深刻领会历史和人民是怎样选择了马克思主义、选择了中国共产党、选择了改革开放。课程内容和教学目标决定了《中近史》既是一门历史课程，又是一门思想政治理论课程，承载着的不仅仅是高校历史知识和历史素养，它更需要求真、求善，为中国共产党治国理政服务，增强思想性、理论性、亲和力、针对性。通过加强思政课教师的马克思主义理论学习，创新教学理念，提高授课水平等予以改善。还要从跨学科的认识论和方法论中寻求辅助。从政治学科扩大理论视野，寓论断于序事，揭示历史之真正意义，用政治见解研究历史。

（一）国家政治历史融入课程教学的视角

将国家政治历史融入《中近史》教学过程，实现国家历史与历史国家交融，用现代化国家建设分析工具丰富课程教学，增强了课程教学的思想性、理论性、亲和力、针对性。

国家历史角度孜孜以求人群的善，政治学科也是时空性范畴，存有天然的语境性。国家是人类最基础的制度性存在，统一、稳定、强大的国家是实现一切理想的前提。毛泽东说过，只要帝国主义还存在，国内反动派还存在，国内阶级还存在，我们现在的任务就是要强化国家机器。中国政治首先面临国家性问题。《中近史》分为两段：第一段从 1840 年鸦片战争爆发到 1949 年中华人民共和国成立，为中国近代史；第二段是从 1949 年中华人民共和国成立以来的历史，为中国的现代史。对于第一段历史，有三个关键词：一是半封建半殖民地，二是革命，三是新中国。对于第二段历史，也有三个关键词：一是社会主义，二是建设，三是强大国家。《中近史》阐释：对于旧中国而言，已经无法承担维护国家主权、民族独立、人民解放的历史使命；对于新中国而言，社会主义现代化强大国家刚刚初步确立，人民还不够富裕，国家还不够强大。所以，从政治学科所指的国家，是诠释中国近现代史的理论钥匙。马克思指出，国家是从社会中产生，但又自居于社会之上，并且日益同社会相异化的力量，国家在人类历史上扮演着极为重要的互构性角色，这一点在《中近史》中表现得尤为明显，在外有侵略、内有纷乱的局势下，半封建半殖民地国家与社会主义现代化强大国家在反抗侵

略、消除内患的能力和效果上存在天壤之别。建立什么样的国家制度，是近代以来中国人民面临的一个历史性课题，历史学之内容在根本上是在处理国家问题。历史学家聚焦于阶级斗争、反侵略战争、社会运动，而作为国家自身却少有研究，所以有必要从政治学科深入探讨《中近史》，倾听时代呼唤，回应时代声音，了解时代问题。无论是现在还是未来，世界依然是按照现代化国家理念的内在逻辑运行，世界大国之间的复杂关系是关乎中华民族伟大复兴的中国梦能否实现的变化数量。党的十八大提出了国家治理体系和治理能力现代化重大历史命题，党的十九大又提出了国家治理现代化的具体时间表，将国家治理效能、加强国家制度和国家治理体系的理论研究和宣传教育纳入其间。

《中近史》所指的近代国家在旧中国是半封建半殖民地国家，而现代国家通常是人类进入现代大工业发展运动以后形成的传统型国家，即新式国家，其中包括社会主义国家和资本主义国家两种形式，总体而言，国家能力就是让国家战略目标转化为现实能力，主要指中央政府的治理能力。人民民主专政的国家性质决定了新中国的国家能力与国家自主性具有同向性，社会主义中国的现代国家建设承载着比资本主义国家更为深远的历史使命。马克思主义国家理论是批判性与建设性的辩证统一，是一切国家理论的元理论，是分析《中近史》国家建设问题的根本理论依据。

（二）国家政治历史融入课程教学的路径

将国家政治历史融入课程教学路径，可以从整体性视角讲述中国故事。近代中国的政治腐朽与民族国家建构、民主国家建构的落后性具有强烈的正相关性。从鸦片战争至新中国成立 109 年的历史看出，中国大地上曾经存在过清政府、北洋军阀政府、国民党政府等三个全国性政府，面对内忧外患，国家机器羸弱，治理能力溃退，旧中国沦落为弱小的失败国家，遭到帝国主义列强弱肉强食的分割。何以至此？用国家政治历史观之，自 17 世纪开始，西方国家进入资本主义现代化国家层面，而中国在国家政治历史层面始终徘徊在封建主义落后国家理念。由于新兴的资本、阶级、技术、战争、财税、征兵等动力源泉和压力源泉变化，以大英帝国为主要代表的欧洲列强在提升现代化国家动员能力、现代化国家汲取能力、现代化国家治理能力等方面突飞猛进，两国碰撞，胜负立分。西方帝国主义强大国家与中国封建主义弱小国家差距太大，而西方列强控制中国政府、操纵中国内政外交，把中国统治者转变成自己的代言人和驯服工具，中国近代的国家政权建设是伴随着民族主义的极度焦虑感出现的，旧中国政权的合法性严重不足，基层军阀政权发生大混战，中国国家政权的合法性大量流失，整个中国社会一盘散沙，国家不是国家，政权不是政权。

自从1921年以来，中国共产党以马克思主义为思想指导，逐步摸索出新型的社会主义现代化国家建设之路，1949年中华人民共和国成立和1956年社会主义国家基本制度确立，为当代中国的一切发展进步奠定了根本政治前提和制度基础，使中华民族具有了国家的形式，使人民民主具有了国家的保障，标志着新型现代化国家从形式到实质的成功建立。用马克思主义的国家理论分析，新中国必须由中国共产党领导；所有的文明国家、民主主义的必然结果都是无产阶级的政治统治。1949年新中国成立以后，中国共产党逐步构建起一个以中华民族整体利益为长远目标的强大国家，避免了中国陷入同时期大多数发展中国家沦为弱小国家的困境，其中政治伦理合法性建设极为重要，如果没有中国共产党所建立的强大国家效能作为保障，《中近史》所表述的独立的、比较完整的工业体系和国民经济体系的建立，文化、教育、医疗、科技事业的发展等社会主义建设成就可能难以完全建成。改革开放以后，这些成就又继续作用于中国现代化的国家建设，使得我们可以将有利于发展的所有积极因素予以最大限度地调动和发挥，从而创造出中国经济快速发展的奇迹和社会长期稳定。站在新时代的今天，中国固然在现代化国家建设方面形成了独特优势，但在国家制度体系化建设、应急管理能力、政治伦理合法性强化等方面还有进一步提升的空间，在提高国家治理能力上需要下更大力气。

三、教师主导地位和课堂教学主体地位

进入新时代以来，高校思想政治理论课改革的呼声越来越高，要把《中近史》教师主导地位和课堂教学主体地位旗帜鲜明地予以澄清。

（一）以课堂讲授为主体

习近平总书记指出，办好中国特色社会主义大学，要坚持立德树人，把培育和践行社会主义核心价值观融入教书育人全过程，强化思想引领，牢牢把握高校意识形态工作领导权。而要实现这一目标，必须重视思政课的主体作用，尤其要强化课堂讲解的主体功能，《中近史》课程必须通过第一课堂系统性地讲解，才能把该类课程的基本要求、主要内容、重要特点、客观规律传授给大学生，引导他们认识中国近现代社会发展变化和中国革命、建设、改革开放的历史进程及其内在规律，了解国史国情，深刻领会历史和人民怎样选择了马克思主义、选择了

中国共产党、选择了社会主义道路、选择了改革开放，逐步在大学生思想中形成连贯的《中近史》课程总体框架和具体内涵体系。我们强调高校思想政治教育春风化雨、濡染浸润的作用，但是在向大学生介绍中国社会进步和革命发展的必然性并形成主流政治思想架构的过程中，主观的机制性引领与针对性教化对于大学生世界观、人生观、价值观形成过程尤为重要，因此要用好课堂教学这个主渠道，坚持在改进中创新，在教材、师资、课堂、实践、考核等环节上多措并举，提升教学亲和力、针对性，满足学生成长发展需求和期待。

1. 教学的系统性要求

《中近史》作为一门思想政治教育理论课需要完整地呈现给大学生教学设计与教学目标，让他们比较充分地了解这门课程开设的历史背景、内在的组成体系、总结的规律与观点、教学的氛围效果等，尤其是对四个选择的历史必然性、合理性的理解、阐述、解读，通过教学的系统性安排，不仅让大学生了解中国近现代史进程中确实存在四个选择，而且还要知道历史和人民是如何进行四个选择的；更深层次明晰四个选择与两大历史任务之间的内在关联和历史必然性与合理性，就必须给予足够的时间去集中分析讲解，实现师生全过程互动，让系统性的知识通过一以贯之的教学载体进入每一个大学生的头脑，而这只有在保证课堂教学的主体地位前提下才能实现。

2. 教学的规律性体现

毛泽东在延安整风运动中曾批评过宣传工作中的无的放矢、不看对象，他指出，共产党员如果真想做宣传，就要看对象，就要想一想自己的文章、演说、谈话、写字是给什么人看、给什么人听的。教育就是宣传教化，不讲究方式方法，就无法真正地深入教育对象的内心，实行启迪引导的功能。任何一门学科都必须既要尊重被教育对象的特点和诉求，又要遵循教育的基本规律即循序渐进地施以教化影响。《中近史》课程通过集中传授、逐章讲解、前后呼应、环环相扣的教学方法和手段，才能让教育对象在自觉和不自觉中接受和感悟教育的主体内容和基本规律。因此，课堂的主体作用绝不会因为课程改革而削弱，相反，改革的目的一方面在强调主体课堂效率的基础上，不断改进内容和方法；另一方面探索课堂之外的教学设计如何更好地促进课堂主体教学的组织。

需要指出的是，强调课堂讲授这个主体并不意味着授课教师唱独角戏，在把握《中近史》课堂总体节奏与分寸的前提下，积极鼓励大学生深度参与教学过程，甚至可以通过指导大学生走上讲台讲授课程、开展针对性专题辩论等方式，较好地呈现了课堂讲授的主体性丰富内涵。此外，在思政课程和课程思政相互融通的背景下，立足专业特点融入思政元素的专业课堂教学也是我们着力倡导和探讨的课题。

（二）以专业拓展为补充

习近平总书记指出，做好宣传和思想工作，比以往任何时候都更加需要创新。强调《中近史》课堂教学的主体地位，并不否定课堂之外的探索与创新，在教学内容、教学方式、媒介手段上寻求拓展的实践教学与虚拟教学，为课堂教学目标的实现提供丰富灵感和富有说服力的情境。

1. 实践教学“立足知行”

实践教学作为《中近史》课程改革的重点，旨在通过直观生动的观后感和实践体验来印证教学内容和基本规律，达到知行信协调统一目标。主要包括以下几种形式：一是活动式，通过生动活泼的校园文化和团学组织活动，体验《中近史》课程蕴含的历史文化在现实中呈现。二是观摩式，组织大学生实地深入农村、企业、社区、革命纪念地，开展深层次的考察了解和直观式体验。三是实验式，事前拟定相关主题调研问卷或者座谈提纲开展实验式教学，围绕《中近史》课堂讲授的基本现象、基本判断、基本规律，进行验证或者拓展。四是实习式，通过大学生扮演适当角色如志愿讲解员、社区主任助理等方式，深入实践开展服务体验和专业探索。

2. 虚拟教学“学思贯通”

要运用新媒体新技术使工作活起来，推动思想政治工作规律与信息技术高度融合，增强时代感和吸引力。虚拟教学是借助于网络平台实现教育目的的创新尝试，旨在对教学资源拓展有效运用。《中近史》讲授的内容是不断延续的过程，从1840年开始一直延伸到如今，授课教师必须与时俱进，跟上时代发展节奏，呼应大学生的发展需求，遵循学科的发展规律，只有不断借助于新手段、新载体、新内容，才能吸引、教育、引导大学生做到学、思融会贯通。当今有几种教育平台：其一，网络教学；其二，网络交流；其三，网络借鉴。

（三）以发展脉络与规律梳理为课题

马克思指出，问题就是公开的、无畏的、左右一切个人的时代声音。问题就是时代的口号，是它表现出自己精神状态的最实际的呼声。做好当前高校思想政治工作的前提在于深刻把握学生现实教育中的主要问题，以解决主要问题为抓手，通过中国一代代仁人志士和广大群众为救亡图存直至实现中华民族伟大复兴而英勇奋斗、艰苦探索的历史，着重引导广大大学生透过现象去分析问题并抓住事物本质，厘清政治方向与政治坐标，从而树立正确的世界观、人生观、价值观，坚定认同社会主义主流价值观。

1. 课程教学目的

习近平总书记指出，要抓好马克思主义理论教育，深化学生对马克思主义历史必然性和科学真理性、理论意义和现实意义的认识，教育他们学会运用马克思主义立场、观点、方法观察世界、分析世界，真正搞懂面临的时代课题，深刻把握世界发展走向，认清中国和世界发展大势，让学生深刻感悟马克思主义真理力量，为学生成长、成才打下科学的思想基础。高校思政课教师要以中国近现代史纲要课程为课题，通过对中国近现代史的学习了解和分析，特别是基于历史事实和经验教训，以史为鉴，综合凝练令人信服的科学真理，即中国共产党和马克思主义是历史和人民的必然选择，社会主义和改革开放是历史和人民的必然选择，只有社会主义才能救中国，只有中国特色社会主义才能发展强大的中国。

2. 课程培养目标

具体目标包括人才培养、科学研究、社会服务、文化传承。其中，人才培养功能居于首位。遵循高校思想政治教育工作规律、教书育人规律、大学生健康成长规律，是提高高校教育管理能力和教学质量与水平的有效途径。大学生是祖国未来各个社会主义建设战场的生力军，为了肩负起中华民族伟大复兴的中国梦的历史重任，必须了解中国国情，不仅需要了解今天的中国国情，还应该了解昨天的中国国情，预测明天的中国国情。从教育教学角度来看，中国近现代史纲要课程与其他课程类似，具有传授知识功能、促进增长见识功能、拓宽视野功能，但从人才培养规律分析，它还肩负党和国家教育使命，不仅负有知识传承之责，同时还具有方向引领初心，着眼于培养德智体美劳全面发展的社会主义建设者和可靠的共产主义事业接班人。

3. 课程改革追求

高校思想政治教育工作的根本任务，就是要摒弃错误思想、凝聚价值共识，运用马克思主义中国化最新理论成果，即习近平新时代中国特色社会主义思想武装头脑，用社会主义核心价值观凝聚大学生思想，因此《中近史》课程的教学必须与时俱进，着力改革发展。高校思想政治教育要在传承中不断创新，在理念、手段、基层工作等方面积极探索有利于破解工作难题的新举措、新办法。随着时代的变迁，高校教育对象的特点也发生了很大的变化，主客观环境都对高校思政课教师提出了新的更高要求，但是改革发展的出发点和归宿仍然聚焦于如何更有质量和有效率地体现高校思政课教育教学的效果，即用最有吸引力的教育教学实现大学生对基本课程与原理规律的认识、把握、运用。《中近史》课程教育教学对这一课题的把握和落实必须基于这样一个基本程序：摆事实，讲道理，循规律。摆事实要求讲课要基于《中近史》课本内容；讲道理要求高校思政课教师充分备课详细讲述；循规律要求大学生主动分析研究，实事求是，一切从实际出发，努力遵循党的思想路线。

（四）以基本历史事实与历史人物点评为侧重

《中近史》课程的教育教学应把握教育规律，对历史发展脉络的梳理和历史发展规律的总结不能简单平铺直叙，应该有所遴选、有所侧重，从基本了解到丰富内容再到激发热情、把握本质，需要抓住具有典型意义和重要影响力的历史事实与历史人物，进行重点讲解分析。

1. 关键节点的人和事

历史的长河浩浩荡荡、奔流向前，但礁石和障碍又使滚滚潮流发生逆转和变化，这就是《中近史》中的时间节点。1840 年中英鸦片战争作为我国近现代史的开端绝非偶然，人民英雄纪念碑碑文记述得非常清楚：由此上溯到一千八百四十年，从那时起无数的人民英雄前赴后继、英勇牺牲。高校思政课教师要深入分析并着重讲清中英鸦片战争对中国人民造成的严重伤害——直接后果和间接后果，以及对中国社会的深远影响，使中国由封建制度完整国家转变成半殖民地半封建国家，让大学生了解这一至关重要的节点的历史价值和时代启迪。世界各国对于本国近现代史的起点各不相同，英国也不例外，中国与英国也不同。1935 年胜利召开的遵义会议绝非一次简单的历史会议，毛泽东在经与陈独秀、瞿秋白、李立三、王明、博古等党的早期领导人在理论与实践上对比之后，在极其危急的情况下挽救了红军、挽救了党，带领中国工农红军走出了二万五千里长征，从此成为中国共产党人一致公认的革命领袖，开始为中国革命掌舵领航，带领第一代党中央领导集体肩负着民族独立和人民解放的历史重任，一往无前取得胜利。遵义会议是一个极其重要的历史节点，要求大学生永远铭记。

2. 佐证判断的人和事

辛亥革命这一章是《中近史》重要内容，基本判断是资产阶级革命派虽然取得了辛亥革命的初步胜利，但是辛亥革命的胜利成果却被袁世凯窃取了，辛亥革命的历史任务并没有彻底完成。重点解读袁世凯如何左右辛亥革命的成败和历史关键作用，如何在资产阶级革命派的妥协中一步步攫取最大的政治权力，最终袁世凯侵吞了辛亥革命的胜利成果。特别是孙中山通过分析“中华民国”初年，袁世凯就任“中华民国”大总统甚至想当“中华民国”皇帝，整个中国社会形态和社会性质的历史变化，佐证了“革命尚未成功、同志仍需努力”的社会历史现实。

对《中近史》课程重点历史事实和关键历史人物的点评与解读，不仅是要高校思政课教师参与点评与解读，大学生也要共同参与点评与解读。作为对《中近史》历史规律的印证与注解，不仅要求大学生被教育主体会讲中国历史故事，而且还要会讲大学生自己身边的真人真事，以充满生活气息和鲜活精神的历史事实不断增强高校思想政治教育内容的吸引力和公信力。必须注意把握三个重点：一是抓住焦点，盯住影响历史进程和社会发展的人和事，聚焦起因、过程、影响，以故事叙述的方式传递给学生；二是引起大学生的好奇心，简单讲解和梳理难以激起大学生的注意力，如果选取一些经典片段或者关键人物进行聚焦，往往既强调了重点、难点，又激起了大学生的专注与兴趣；三是聚共识，通过有重点的讲解、分析、比较，达到真理越辩越明、规律越理越清的目的，从而达成普遍共识，实现教学目标。

四、教学价值追求与定位

高校思想政治教育理论课根本追求在于让教学对象有所启发、有所收获，能够熟练运用马克思主义的立场、观点、方法分析复杂现象、解决实际问题。因此增强教学对象的参与感、获得感是《中近史》课程的根本教学旨归。

（一）增强大学生获得感

改变《中近史》教学的枯燥呆板、泛泛而谈，着重梳理教材，加强归纳与引导，才可能让大学生集中精力投入教学过程，整个教学课堂才能呈现既有深度、广度，又有温度、亮度。《中近史》的参与率是教学获得感的前提和保证，大学生参与率并非简单取决于大学生，而是来源于综合教学体系的有效运行。其一，加强中国近现代史概论课堂实时管理。《中近史》课程应该精心策划，尤其是教学设计、课堂节奏把握、纪律维护、评价实施，都是讲授效果与教学参与率的主要保障。其二，强化自身的教学能力。如果说抓好课堂组织是外因，那么提升自身的表现力和吸引力无疑就是内因。《中近史》课程教师教学水平与课堂表现力往往影响着大学生群体的真实口碑，因此，必须与时俱进提升自己的教学竞争力，从内容、形式、教学反馈等方面找不足、寻差距，不断补齐存在的短板。其三，完善质量管理体系，综合管理、集中施教，聚焦于课堂教学的质量范畴，强化课堂的教学主体、受益客体、组织整体的各自职责和功能，才能更好地实现教学对象的参与效果。

（二）提升教师教学水平

教书育人、立德树人、以师为范、教师传道。思政课教师自己要明道、信道，在教学对象获得感得到增强，课堂教学的参与率和抬头率不断提高的过程中，《中近史》课程教师的感受和体验同样值得关注。教师性格可能各具特色，教学方法可能各不相同，但是努力却是共同的，愿望是相似的，寄希望所讲授的《中近史》课程受到大学生普遍欢迎，课堂教学气氛活跃轻松，师生互动积极亲密，自身也从教学中获得喜悦，所以教师不仅要追求大学生高参与率与抬头率，更要在大学生成长、成才过程中有效吸纳和积极呼应课堂带来的最大限度地兴奋和感染。为人师表，教书育人，致力于三尺讲台，教师都渴望自己的教学成就能够得到肯定，欣慰于大学生理论素养和综合能力得到有效提升，因为大学生发自内心的参与和评价比纸面的高评分的课堂满意度调研更能说明问题，也会让教师更加充满自信。实际上，从教学价值定位角度来看，在教学对象得到喜悦和收获的同时，对《中近史》课程教学效果的肯定，又会及时传递给思政课教师，让其在价值实现上得到满足。

教育过程中的正能量体验感是一剂强大的催化剂，令高校思政课教师始终处于积极的教学状态中，也会促使广大《中近史》课程教师更加以德立身、以德立学、以德施教，努力成为中国先进文化的传播者、中国共产党治国理政的坚定支持者，就能更好地承担大学生健康成长的指导者和引路人的历史重任。

1. 进一步加强“四史”教育

习近平总书记指出，要把学习贯彻党的创新理论作为思想武装的重中之重，同学习马克思主义基本原理贯通起来，同学习中共党史、新中国史、改革开放史、社会主义发展史结合起来。《中近史》课程是高校加强“四史”教育的主阵地，推进“四史”教育有效融入《中近史》课程教学，有助于更好地引导大学生深入学习党的光荣历史，传承革命文化和红色基因，持续激发爱党、爱国、爱社会主义的热情，进一步增强理想信念和强化使命的担当。《中近史》课程加强“四史”教育应遵循科学的方法与原则，以历史认知、历史认同、历史思维、历史担当为着力点。

2. 担负“四史”教育时代使命

加强“四史”教育，是新时代高校落实立德树人教育使命的重要工作。新时代不仅是中国特色社会主义发展的新的历史方位，更是中华民族站起来、富起来、强起来的历史新方向。学习“四史”要立足于新时代，深刻把握时代内涵，不仅要学好基础知识，更要从“四史”中汲取政治智慧和力量，提升历史思维，强化历史担当。习近平总书记强调，历史是最好的教科书，要了解我们党和国家事业的来龙去脉，汲取我们党和国家的历史经验，正确了解党和国家历史上的重大事件和重要人物。这对正确认识党情、国情十分必要，对开创未来也十分必要。教育部也发布通知，明确要求在全国高校师生中开展“四史”教育，强调要把“四史”教育与加强爱国主义教育、落实立德树人根本任务贯通起来。

“四史”是党团结带领中国人民，围绕人民解放富裕、民族独立复兴，坚持不懈的奋斗历史。具体而言，中国共产党历史是中国共产党为中国人民谋幸福、为中华民族谋复兴、为世界谋大同的奋斗历史，是记录党团结带领人民进行革命、建设、改革开放，为民族复兴而不断持续努力的经历，也是党持续推进自我革命的自身建设历程。中华人民共和国历史，是中华人民共和国成长的历史，记录中华人民共和国从成立之日起，到逐步实现中国人民站起来、富起来、强起来的伟大历史飞跃。中国改革开放历史，是中华人民共和国逐步走向富强道路的现代化历史，也是记录党的十一届三中全会以来，我们党团结带领人民坚持对内改革、对外开放的基本国策，不断推进全方位、多层次、宽领域的全面改革开放历史。中国特色社会主义建设发展历史，是中国特色社会主义成长历史，是记录中华人民共和国成立以后，党团结带领各族人民选择社会主义道路，经历曲折探索，成功开辟中国特色社会主义道路的历史。“四史”不仅是历史记录，更能为未来中国发展提供宝贵的支持和重要的启示。

《中近史》课程是高校加强“四史”教育的主战场，《中近史》课程所讲授的中国近现代史涵盖了自 1840 年以来的中国历史，历史教育是《中近史》课程的特有属性，也是世界各国的国民道德教育一贯方法。自 2005 年起，我国高校思想政治教育理论课程增设《中近史》，作为高校本科四门必修课程之一。《中近史》课程涵盖了“四史”内容，其教学目标与当前“四史”教育目标指向高度统一，都是通过阐释中国近现代历史的发展脉络和主题主线，引导新时代大学生正确认识中国近现代历史中，历史和人民重要选择和重大变革的历史必然性，自觉做到知史爱党、知史爱国。

3. “四史”教育原则

“四史”教育是以“四史”为基础的我国高校思想政治教育理论课程教育，要求遵循科学方法和原则，立足中国近现代历史的主题主线，突出“四史”的特殊意义。一要坚持唯物主义历史观原则，坚持正确的历史观是准确把握历史的前提，《中近史》课程应坚持运用唯物主义历史观，正确认识和阐释“四史”。唯物主义历史观是我们观察当代一切问题的立场、观点、方法，也是我们研究历史的基本理论和方法论。唯物史观认为，人民群众是历史的创造者，人民自己创造自己的历史，人民主体在既定的、制约着他们的环境中，在现有的现实关系的基础上创造自己的历史，人民立场是“四史”的重要主线，是中国共产党人坚定不移的价值取向。毛泽东提出，人民，只有人民，才是创造世界历史的动力。邓小平指出，群众是我们力量的源泉，群众路线和群众观点是我们的传家宝。江泽民强调，党的理论、路线、纲领、方针、政策和各项工作，必须坚持把人民的根本利益作为出发点和归宿。胡锦涛强调，坚持发展为了人民，发展依靠人民，发展成果由人民共享。习近平总书记多次提出，人民立场是中国共产党的根本政治立场，是马克思主义政党区别于其他政党的显著标志。在“四史”教学过程中，坚持唯物主义历史观主要体现在运用马克思主义理论与方法，认识历史本质，把握历史趋势；要用翔实准确的史料和逻辑严谨的分析，支撑重要历史结论，要以实事求是的态度研究“四史”，讲好“四史”；已经客观地存在着的历史，除了不断地加深对于它的认识、理解之外，是谁也改变不了的。例如，要客观地评价改革开放前30年的曲折探索，正如邓小平所说，我们尽管犯过一些错误，但我们还是在三十年间取得了旧中国几百年几千年所没有取得过的进步。

（1）坚持整体性原则

《中近史》课程教学要注重“四史”之间的相互联系，把“四史”当作一个整体来研究，“四史”之间不是孤立的或者是割裂的，《中近史》课程讲授“四史”，要突破断代的掣肘。在《中近史》课程教学中，“四史”各有侧重，它们分布在不同章节和专题内容中，但同时又有诸多交叉和共性之处。例如，1949年以后的中国共产党历史，包含中华人民共和国历史、中国改革开放历史、中国特色社会主义建设发展历史，而中华人民共和国历史包含中国改革开放历史前、后两个阶段，二者都是中国探索社会主义建设的实践历程，后一个历史时期是对前一个历史时期的继承和发展，决不能割裂或者否定前一个时期的曲折探索。正如习近平总书记所说，中国特色社会主义是在改革开放历史新时期开创的，但也是在新中国已经建立起社会主义基本制度并进行了20多年的基础上开创的。从总体而言，“四史”统一于实现争取民族独立、人民解放和实现国家富强、人民富裕两大历史任务，是中国共产党团结带领各族人民艰苦探索和英勇奋斗的历程，只有把“四史”当作一个整体，才能把握好历史发展主流和本质。

（2）坚持史论结合原则

史论结合是《中近史》课程发挥思政育人功能的客观要求，《中近史》课程应坚持政治性和学理性相统一，应注意结合近现代历史的发展，着力阐明近现代中国历史的发展规律，总结这个时期历史的基本经验，要注意加强本课程的理论性，将“四史”融入《中近史》课程，要坚持以翔实的客观史料，支撑“四史”评价和结论。另外，要以透彻的理论分析，深入阐释“四史”蕴含的历史规律和历史经验。增强理论性是高校思政课改革创新的重要目标，要使大学生在中学已经学习历史知识的基础上，深化对“四史”的理论认识。习近平总书记指出，要以透彻的学理分析回应学生，以彻底的思想理论说服学生，用真理的强大力量引导学生。《中近史》课程进行“四史”教育的立足点，是以理论阐释四个选择的历史必然性，并用其统摄“四史”全部历史进程、人物、事件，例如，结合史实，讲清楚太平天国农民运动、地主阶级的洋务实业、资产阶级改良派的戊戌维新运动、资产阶级革命派的辛亥革命在革命理论上的局限性，从而深化大学生对于选择中国共产党历史必然性的认识，结合“四史”，从理论上阐释清楚为什么只有社会主义才能救中国、只有社会主义才能发展中国。

（3）坚持理论联系实际原则

历史教育的目的是服务现实，“四史”融入《中近史》课程，需要在理论联系实际上多下功夫。《中近史》课程应推广专题化教学，增强问题意识；思政课教师自身需要具备问题意识，并将其融入教学体系中；同时，开展多种形式的课堂研讨，广泛收集大学生普遍关注的热点问题，有效地组织线上线下的问题研讨，注重提升第二课堂育人实效；要结合国情、校情、学情，广泛开展师生同行、同研的社会实践，使中国近现代史纲要课程的“四史”教育更加贴近实际、贴近生活、贴近大学生，例如，组织大学生在自己家乡开展“我看改革开放新成就”等专题调研，切身感受改革开放 40 多年来在我国经济社会发展方面的巨大成就。此外，《中近史》课程教学应紧密结合地方历史、高校历史，深入发掘“四史”相关的革命遗址、博物馆、纪念馆等红色资源。

（4）坚持正面宣传为主原则

坚持正面宣传为主，是思想政治工作的党性要求，《中近史》课程坚持正面导向讲好“四史”，是高校思政课必须遵循的基本原则。《中近史》是意识形态引领的重要阵地，必须立足弘扬主旋律，传播正能量，要用“四史”中的先进事例、英雄人物等，增强大学生精神力量。讲授“四史”应重点讲好革命、建设、改革开放的辉煌成就，引导大学生坚定正确的理想信念，厚植爱国主义情怀。习近平总书记强调，对中国人民和中华民族的优秀文化和光荣历史，要加大正面宣传力度。坚持正面宣传为主，并不是要回避和掩盖杂音与问题。开展“四史”教育，要旗帜鲜明地反对和抵制历史虚无主义等错误观点，要加强针对性，善于主动亮剑，讲清大是大非，例如，针对历史虚无主义者惯用的，用对改革开放的肯定来否定改革开放前30年的错误观点，应用“四史”史实厘清其错误本质，要向大学生阐释清楚，为什么在教材中增写：邓小平说过，如果六十年代以来中国没有原子弹、氢弹，没有发射卫星，中国就不能叫有重大影响的国家，就没有现在这样的国际地位。

五、加强“四史”教育的着力点

（一）历史认知

1. 讲好党的理论成果

《中近史》课程教学中，要结合史实，厘清马克思主义中国化的渐进历程，引导大学生准确掌握马克思主义中国化理论成果的科学内涵和精神实质，阐释马克思主义中国化的背景、进程和深远历史影响。《中近史》课程讲授“四史”，要注重史论结合，注重以史鉴今、资政育人。

2. 重视科学阐释“四史”

立足于以理服人，多用有据可查的史实，科学阐释历史和人民的选择，科学阐释中国特色，从而有效引导大学生自觉认同，避免简单灌输。要善于运用矛盾分析法，坚持重点论和两点论相结合，防止片面地、孤立地看问题，还要确保逻辑的科学严谨，避免因为重要所以重要、客观事实就是客观规律等无效逻辑或者错误论证。例如，在讲授中国特色政党制度的历史必然性时，要充分发掘抗日战争胜利以后，中国共产党极力推进和平建国，而国民党却一意孤行主动发动内战的历史事实，从而阐释中华民族为什么憾失当时前所未有的和平发展机遇，走向三年国内革命战争，由此合理阐释为什么历史和人民选择中国共产党的领导、选择马克思主义作为指导思想、选择走社会主义道路、选择改革开放解放生产力。

3. 注重传承革命传统与优良作风

引导大学生结合历史，深刻理解中国梦与青年梦的内在联系。习近平总书记指出，中国人民正在为实现中华民族伟大复兴的中国梦而奋斗，需要从历史中汲取智慧。大学生是民族和国家的希望，青年兴则国家兴，青年强则国家强，中国梦是包括大学生在内的每一个中国人的梦，需要凝聚中国精神和中国力量。要引导大学生在学习“四史”中，增强责任意识和使命担当，同时，要引导大学生在回顾“四史”中增强忧患意识，忧党、忧国、忧民意识，这是一种责任，更是一种担当。新时代中华民族伟大复兴展现出光明前景，“四史”教育也将载入新的历史篇章，《中近史》课程要及时补充新的知识和新的理论成果，讲好“四史”新的中国故事。

（二）历史认同

1.“四史”是增进历史认知的必修课

学习“四史”，有助于引导大学生更好地了解历史事实，厘清历史脉络，把握历史趋势，形成正确的历史认知。习近平总书记认为，学习党史、国史，是坚持和发展中国特色社会主义、把党和国家各项事业继续推向前进的必修课，这门功课不仅必修，而且必须修好。中国近现代纲要课程要讲好“四史”基本知识，要利用《中近史》上、中、下三篇综述，帮助大学生科学把握中国近现代历史，特别是“四史”的发展脉络。把握好历史规律，要通过专题教学的机会，聚焦“四史”中党的创建、新中国成立、党的十一届三中全会等重点问题，引导大学生深化对“四史”发展规律的认识；高校大学生在中学阶段已经系统学习过中国近现代历史的基础知识、中国近现代历史纲要，应避免知识讲授的简单重复，应将教学重点放在阐述历史规律和历史经验上。《中近史》教师应加强对“四史”基本文献、特别是党的重要文献的学习，提升“四史”研究水平和教学能力。

2.“四史”是培育历史认同的认知基础

历史认同是国家认同、民族认同、政治认同的前提和基础，“四史”凝结着中华民族共同的集体记忆，通过“四史”学习可以增进历史认同、知史爱国、知史爱党。习近平总书记强调，一个民族的历史是一个民族安身立命的基础，一个民族、一个国家的核心价值观必须同这个民族、这个国家的历史文化相契合。不同民族的不同历史，会形成不同的价值观和历史认同。《中近史》课程融入“四史”教育，可以激发民族凝聚力和向心力，帮助大学生从历史认知走向历史认同。加强“四史”教育，既要注重知识讲授，更要注重价值观培育，应注重继承中华优秀传统文化和革命文化，要使红色基因、革命精神深入大学生内心。

3.“四史”学习是提升历史思维能力的重要方法

“四史”教育蕴含着丰富的历史思维实践，历史思维能力，就是以史为鉴、知古鉴今，善于运用历史眼光认识发展规律，把握前进方向，指导现实工作的能力。《中近史》课程教学要注重引导大学生在学习“四史”中，提升历史思维能力，借鉴历史经验与历史教训，以史鉴今，是历史思维的直接运用。思政课教师要善于总结历史经验，毛泽东曾经指出，今天的中国是历史的中国的一个发展，从孔夫子到孙中山，我们应当予以总结，承继这一份珍贵的遗产。历史经验有助于增长才干和更好地推进当前工作。也要学会借鉴历史教训，《中近史》课程在正面总结成功经验的同时，还要重视从反面总结失败教训，在对历史的思考中，反思当前精神懈怠等危险，避免历史重蹈覆辙。习近平总书记强调，历史的经验值得注意，历史的教训更应引以为戒。历史总是向前发展的，我们总结和吸取历史教训，目的是以史为鉴，更好前进。

学习“四史”，要引导大学生学会运用历史思维，客观评价历史。例如，《中近史》课程第九章涉及如何正确评价毛泽东的历史地位，可补充习近平总书记的重要讲话：对历史人物的评价，应该放在其所处时代和社会的历史条件下去分析，不能用今天的时代条件、发展水平、认识水平去衡量和要求前人，要结合当时历史条件，阐释清楚毛泽东同志的功绩是第一位的、错误是第二位的。提升历史思维能力，还要善于把握历史方向。《中近史》课程融入“四史”，要注重结合近代以来中国的历史变迁，论证中国特色社会主义不是从天上掉下来的，阐释中国特色社会主义道路形成的历史必然性，阐释中国梦是历史的、现实的、也是未来的。

4. “四史”是增强大学生历史担当的重要途径

“四史”教育不仅仅在于以史鉴今，更重要的是为了服务未来、开拓未来。学习“四史”，要注重引导大学生通过学习历史，增强其使命感。习近平总书记指出，今天，我们回顾历史，不是为了从成功中寻求慰藉，更不是为了躺在功劳簿上、为回避今天面临的困难和问题寻找借口，而是为了总结历史经验、把握历史规律，增强开拓前进的勇气和力量。习近平总书记强调，希望广大党员特别是青年党员认真学习马克思主义理论，结合学习党史、新中国史、改革开放史、社会主义发展史，在学思践悟中坚定理想信念，在奋发有为中践行初心使命。

第五节　加强《形势与政策以及当代世界经济与政治》课程的教学模式改革

作为高校思想政治教育体系的一门必修课，《形势与政策以及当代世界经济与政治》（以下简称《形势、经济与政治》）课程的规范化建设，是思政课发展与改革的首要任务。《形势、经济与政治》课程教育选择以课程教学的方式开展教育活动，课程的规范化建设理应在课程论的视域下展开，围绕着《形势、经济与政治》课程目标体系建构，从哲学、社会学、心理学的三重学科基础探讨课程观的建立，从社会、大学生、学科建设三个观测维度，研究《形势、经济与政治》课程目标的来源和依据，指出本课程目标建设的关键环节是开展有效的目标管理和目标评估，从课程目标开始逐步推进课程的规范化改革。

一、课程观建构

所谓“课程观”，是对课程的各种看法与认识，包括对课程的概念、课程的编制、课程的实施、课程的评价等各方面的认识。这是一门成熟课程的灵魂和统领。哲学、社会学、心理学等学科，是课程论领域所公认的三大基础学科，其中哲学是最根本的基础，因为它决定着一门课程的知识选择、分类、处理，以及教学实践所遵循的价值取向。柏拉图的唯理论诞生出引导挖掘大学生先天理性观念的教学模式，亚里士多德的经验论衍生出注重知识和技能传导学校课程，实用主义者杜威则把经验作为主客体相互作用的产物，倡导从做中学的课程教学。课程的组织者执着于某种哲学态度，就必然会深刻影响课程的目标设定、规划、编制、实施，都有一条隐约可见的哲学红线紧紧相连。

社会学是课程观建构的另一个重要考量因素。一方面，本课程是社会文化的一个组成部分，在其发展的过程中始终受到社会经济、政治等因素的影响；另一方面，社会是由人组成的，本课程直接的服务对象也是人，它们之间连接的焦点在于通过本课程来实现受教育者的不断社会化，因而，社会方方面面的因素会在本课程中有着不同程度的体现，不同的社会理念也影响着不同的课程表现形态。社会学提供了一种视角，来观察和审视本课程与社会生活、人与人之间的连接。一般来说，《形势、经济与政治》课程，总是体现一定时期的社会生活，并从社会生活中提取丰富的教学资源。《形势、经济与政治》课程的实施，具体地反映了一定社会阶层对大学生实施教化的社会性要求，从这一层面上而言，《形势、经济与政治》课程来源于外部社会的生产力和社会内部的控制力，故而《形势、经济与政治》课程也是社会生产和社会发展的必然产物。

如果说用哲学来阐述《形势、经济与政治》课程的知识价值，以社会学来阐述《形势、经济与政治》课程建设的社会文化经验，那么心理学则指导了一种科学理性。心理学从科学的角度分析大学生的学习特点和学习规律，揭示《形势、经济与政治》课程在编制的过程中，应该关注到的内容遴选、教学组织、教学方法。例如，心理学能够有效指导本课程组织者分析大学生学习的内在动机，了解学习成就感获得的因素，掌握不同类型的知识在接受和转换中具有的差异性心理规律。

《形势、经济与政治》课程要树立认同感较强的课程观，需要从哲学、社会学、心理学的多个学科角度延伸出科学化、合理化的课程建设思路，对本课程进行总体谋划和整体设计。《形势、经济与政治》课程教育作为高等学校大学生思想政治教育的重要内容，教育目的就是引导大学生全面准确地以马克思主义的立场、方法、观点，认识和解读当今国内外形势和国家的大政方针。马克思主义的哲学，是本课程建设最基本的哲学遵循，要牢牢把握为中国特色社会主义国家建设培养合格建设人才和可靠接班人，作为首要宗旨，教育和引导学生全面准确理解党的路线、方针、政策，坚定在中国共产党领导下，走中国特色社会主义道路的信心和决心，积极投身改革开放和现代化建设的伟大事业；同时紧扣形势和政策，使本课程与国家建设、社会发展建立关联度。本课程教学的主要内容，需要从社会生活中采集鲜活的素材，针对热点和焦点，面向大学生，进行深入浅出地剖析和解读，并在这一过程中逐步帮助大学生树立正确的形势观和政策感。本课程的哲学遵循和社会化目标，突出了《形势、经济与政治》课程的政治属性和政治功能，灌输一定的社会意识形态，维护和发展社会的政治关系。同时，《形势、经济与政治》课程也必须把握教育对象的心理期待，了解大学生成长与发展的心理诉求，摸清大学生的认知基础和认知规律，划定《形势、经济与政治》课程教学与大学生需求之间的交集领域，把握宏观的社会性要求与微观的大学生诉求之间的平衡点，科学、客观、合理地规划《形势、经济与政治》课程体系。

二、课程目标编制来源

国家教育委员会1996年制定的《形势、经济与政治》课程建设的意见指出，本课程教学的根本目的，是帮助大学生正确认识国内外形势，深刻理解党的基本路线、方针、政策，确立为建设中国特色社会主义而奋斗的政治方向。这一根本目标是《形势、经济与政治》课程建设的意义所在，本课程的教学目标必然要围绕这一根本目标开展和确立，但是本课程的动态性、时效性较强，具体到某一个教学阶段，又有下一层教学目标；针对不同高校的具体实际，又需要建立分层、分类教学目标，并有效地统整在同一个目标体系中。例如，有研究者筛选了全国12所高校的教学模式，其中6所高校以篇章的形式，确立了从政治、经济、文化、社会等方面开展教学，这些篇章的背后是针对不同知识领域的教学要求和能力素质的目标指向；另有2所高校，以知识模块的形式，从国际、国内各个不同热点主体入手，确立《形势、经济与政治》课程教学的分目标；其余 4 所高校结合大学生的专业和未来行业，把对国际国内形势的把握、政策的理解、大学生成长就业发展紧密联系起来，强化政治素质与专业能力的多重培养。

《形势、经济与政治》课程经过 60 多年的演进与发展，每个发展阶段形势与任务各不相同，建设目标和教学目标也各不相同，早期政治形势与社会发展相对单一，教育对象对宣传教育的接受程度较高，只需将政治宣传照搬到课堂上，就可以取得较好的教学成果，这一时期教学目标的制定和实现相对容易。但随着改革开放逐步深入，社会发展日新月异，《形势、经济与政治》课程的重要性进一步凸显，社会思潮复杂多样，大学生的行为方式、思维方式呈现多样化，这时，我国制定《形势、经济与政治》课程教学目标，就需要明确与时俱进，即与新时代同步前进，教学范畴、内容体系、教学要求、实现形式、教学效果，都要根据形势的变化，细化到每一个阶段教学目标；这些分阶段和分领域教学目标，需要相互之间联系衔接，上一目标的实现就是下一目标的开始，平行目标之间需要找到互补性和互通性，环环相扣，层序分明，有机构成《形势、经济与政治》课程教学目标体系。

《形势、经济与政治》课程教学在一定周期的实施过程中，必须要开展目标检测和过程评定。围绕教学目标开展教学实施的过程中，会受到课程实施的外部环境和条件、实施者个人的教学组织模式、大学生的行为习惯等各方面影响，同样是以教育部的《形势、经济与政治》课程教学大纲，各高校选择的教学模式、教学内容、教学方式各不相同，不同专业背景和学历层次的学生接受程度不同，产生的目标效果也各有差异，这就需要我们阶段性地根据课程实施的具体情况和实际条件，了解大学生对于课程的反馈，深入分析课程目标是否科学合理，对课程目标作出修正和完善。

三、课程协同建设机制

习近平总书记指出，高校思想政治理论课程建设要建立党委统一领导、党政齐抓共管、有关部门各负其责、全社会协同配合的工作格局。近年来，全国各地高校通过认真学习贯彻落实习近平新时代中国特色社会主义思想，尤其是习近平总书记在全国高校思想政治工作会议和学校思想政治理论课教师座谈会上的讲话精神，在协同推进思想政治理论课建设方面做出了不懈探索，并取得显著成效。《形势、经济与政治》课程教育教学由于自身的特殊性，更需要各级党政机关、企事业单位和高校等开展协同建设。

（一）课程建设的特殊性

本课程除了具有思想政治理论课关键课程、主渠道、灵魂课程等共性和功能，相对于思想道德修养与法律基础课程、马克思主义基本原理概论课程、中国近现代史纲要课程、毛泽东思想和中国特色社会主义理论体系概论课程，其建设还具有一些自身的特殊性。

1. 教学安排周期长

除了部分高校毛泽东思想和中国特色社会主义理论体系概论课程开设一学年，全国各高校思想道德修养与法律基础课程、马克思主义基本原理概论课程、中国近现代史纲要课程都只开设一学期，而《形势、经济与政治》课程教学安排则贯穿于大学生整个大学学习生涯的始终，本专科大学生在校学习期间开课不断线，每学期不低于8学时，多数本科院校连续开设四学年，共八学期。

2. 师资队伍不稳定

全国各高校思想道德修养与法律基础课程、马克思主义基本原理概论课程、中国近现代史纲要课程、毛泽东思想和中国特色社会主义理论体系概论课程等，都有独立设置的教研室和相对稳定的专任教师，然而很多高校长时期内没有独立设置《形势、经济与政治》课程教研室，也没有相对稳定的专任教师，部分高校《形势、经济与政治》课程教育教学任务，主要由本校党委宣传部、学生工作处、团委工作人员和辅导员等思想政治工作队伍承担。此外，由于《形势、经济与政治》课程教学内容涉及面广、变化快、高校教师很难围绕某一个专题持续展开教学研究，这也制约着《形势、经济与政治》课程专任教师的自身发展和队伍稳定。

3. 教材建设不统一

思想道德修养与法律基础课程、马克思主义基本原理概论课程、中国近现代史纲要课程、毛泽东思想和中国特色社会主义理论体系概论课程都是由中央马克思主义理论研究和建设工程编写的教材，并且与时俱进，紧随马克思主义中国化理论成果的创新而不断更新，但《形势、经济与政治》课程只有每学期初由教育部思政司下发的教育教学要点，没有统编的教材，个别省、区、市和少数高校根据教育部思政司下发的教育教要点和本校实际编写了地方教材，所以，虽然教育教学要点与时代同步，聚焦时事热点和中央最新精神，但是根据教育教学要点在短时间内扩充、丰富、转化为教学讲义和教学体系，这对于学有专长、学有所限的教师而言，工作难度很大，对于日常忙于党务、行政等事务的教师，困难更是不言而喻。

4. 教学内容变化快

思想政治理论课教育教学具有鲜明的政治性、强烈的时代性和明显的针对性，教学内容不断更新，需要及时推进马克思主义中国化最新理论成果、党和国家最新战略方针等“三进”工作，思想道德修养与法律基础课程、马克思主义基本原理概论课程、中国近现代史纲要课程、毛泽东思想和中国特色社会主义理论体系概论课程等高校思想政治理论课的中央马克思主义理论研究和建设工程编写的教材，十年左右时间先后出版了2007年版、2010年版、2013年版、2015年版、2018年版等版本，这四门课程的教学内容相对来说，有较为成熟的理论体系，且修订具有一定的内在逻辑，绝大多数教学重点、难点问题长期以来都得到广大思想政治理论课教师、专家学者的持续研究，而《形势、经济与政治》课程教学内容每学期都必须依据国内外形势的变化、党和国家方针政策的进步而作出相应调整，教学内容的变化既多又快，国际时事热点问题层出不穷，思政课教师自己把握尚有难度，讲明、讲深、讲透难度则更大。

5. 学科理论支撑较弱

马克思主义理论一级学科下设的马克思主义基本原理、马克思主义中国化研究、思想政治教育、中国近现代史基本问题研究等二级学科，有力地支撑了思想道德修养与法律基础课程、马克思主义基本原理概论课程、中国近现代史纲要课程、毛泽东思想和中国特色社会主义理论体系概论课程等理论研究和对口专业的教师资格培养，而《形势、经济与政治》课程的教学和理论研究、教师队伍培养等，没有直接相关的学科支撑。

从直接参与教育教学方面看，这些特殊性一方面给党政机关、企事业单位和社会组织等参与《形势、经济与政治》课程建设提供了可能和机会，因为该课程教育内容基本上实现了专题化，党政干部、企事业单位主管、相关专业知名专家等便于开展一些专题的讲授，而思想道德修养与法律基础课程、马克思主义基本原理概论课程、中国近现代史纲要课程、毛泽东思想和中国特色社会主义理论体系概论课程等教学内容，即便实现了专题化，其理论性仍然比较强，且专题与专题之间有一定的逻辑关系，党政干部、企事业单位主管、相关专业知名专家等不便于中间交叉作专题讲授。因此，中共中央办公厅、国务院办公厅印发的《关于深化新时代学校思想政治理论课改革创新的若干意见》强调：要建立和完善省（自治区、直辖市）党委领导班子成员联系高校，讲授思想政治教育理论课，特别是《形势、经济与政治》课程的制度。高校自身的领导班子成员每一个学期都要给大学生上课，讲授一定数量的思想政治教育理论课，可以重点讲授《形势、经济与政治》课程。

以上特殊性对高校教育和思政课教师提出了新挑战，迫切要求党政部门、社会、学校、专兼职教师、大学生等，协同推进《形势、经济与政治》课程教育教学深入持久的改革和创新。

（二）课程所面临的现实挑战

党的十八大以来，尤其是2016年12月全国高校思想政治工作会议以来，全国各地高校努力坚持在改进中加强《形势、经济与政治》课程教育教学并取得明显成效，如众多高校遵照教育部颁发的高等学校思想政治理论课建设标准、关于加强新时代高校《形势、经济与政治》课程建设的若干意见等文件，将《形势、经济与政治》课程教学科研管理部门由党委宣传部或者学生工作处划出，划转为马克思主义学院，扩大了专职思想政治教育理论课程教师队伍；在本学科协同建设方面，全国各地各高校也创新发展了一系列形式和路径。但是正如教育部意见所指出的那样，学校、家庭、社会协同推动思政课建设的合力还没有完全形成，全党全社会关心支持思政课建设的氛围不够浓厚。当前，有关《形势、经济与政治》课程协同建设所面临的现实挑战主要有以下几点。

1. 协同建设的理念有待加强

马克思在《资本论》中曾提出，人类社会劳动的分工协作能够产生比单个私人劳动更大的生产力；在社会分工协作的条件下，会产生一种特殊的生产力，即人类社会生产力，而这种生产力正是协作本身所产生的。这就为协同建设我国高校思想政治教育理论课程提供了马克思主义理论支撑。习近平总书记关于协同建设思想政治教育理论课程的重要论述，党和国家关于协同建设我国高校思想政治教育理论课程的政策规定等，为具体实施这一政策提供了思想指导和政策保障。但是仍有个别党政机关、企事业单位、高校思想政治教育理论课程教师对其重要性认识不足。首先是认识的片面性，没有能够深刻认识协同建设可以大大提高高校教育教学的质量和效果，增强大学生获得感、幸福感、安全感。其次是认识的狭隘性，狭隘地认为思想政治教育理论课程只是高校的事，只是高校思想政治教育理论课程教师的事，其他党政机关、企事业单位等没有直接义务。再次就是怕麻烦，认为会增加工作负担。少数党政领导、企事业单位主管、先进人物等，认为参与思想政治教育理论课程教育教学，会增加自己的额外工作负担；高校思想政治教育理论课程教师需要参与协同建设的计划和规划，为党政领导和先进人物教育教学提供服务等，感觉比自己授课投入更大。

2. 协同建设的体制机制有待完善

结构合理、体系完善、科学规范的组织机构及其有效运营的体制机制是实现协同建设的制度保障。虽然全国各地各高校思想政治教育理论课程建设的领导小组、教学指导委员会等机构对包括《形势、经济与政治》课程在内的思想政治教育理论课程协同建设发挥了一定的指导作用，但是主要是宏观指导和管理，实际工作仍然只能由高校管理部门和马克思主义学院开展。各级党政机关、企事业单位、爱国主义教育基地、社会团体等参与思想政治教育理论课程建设的体制机制尚未健全完善。例如，各级党政干部重视、指导、讲授思想政治教育理论课程虽然写入了有关文件，但相关配套制度还不够健全。与此同时，如何调动企事业单位、爱国主义教育基地等主动参与思想政治教育理论课程建设，还需要进一步探索切实有效的路径。

3. 协同建设的资源有待挖掘

由于全国各地各高校自身条件、周边资源等不同，协同推进包括《形势、经济与政治》课程在内的思想政治教育理论课程建设的资源供给差别很大，北京、上海、武汉、广州、西安等大城市，专家学者云集、文化底蕴深厚、现代企业众多、社会组织发达等，协同建设《形势、经济与政治》课程的主体、资源相对多元和丰富，而中小城市的人力、文化、经济等资源比较有限，坐落在中小城市的高校如何有效挖掘资源，协同推动《形势、经济与政治》课程建设需要探索和创新。

4. 协同建设的成效有待拓展

近年来，全国各地各高校在协同推进《形势、经济与政治》课程建设方面已经作出了积极探索并取得了众多成果，但仍处于各自探索、局部试点阶段，如何将协同建设的成果进行总结、提升、推广，进一步提高其教育教学质量水平，扩大受益面积，尚需要进行深入研究。因为党政主要领导干部不可能到很多高校去讲授思想政治教育理论课程，知名专家学者和先进人物也不可能受邀到每所高校作《形势、经济与政治》课程报告，大中城市和革命老区的中华优秀传统文化、革命文化、社会主义先进文化等器物形态的资源难以直接搬进高校思想政治教育理论课程课堂。这些问题是新时代我国主要社会矛盾在《形势、经济与政治》课程建设中的具体表现，作为矛盾主要方面的不平衡、不充分问题，需要党政部门、社会、高校、大学生等协同解决。

（三）课程协同建设路径

近年来，针对协同建设《形势、经济与政治》课程中存在的困境与挑战，各地各高校等积极探索和应对，进行了有益尝试。

1. 提高协同建设的理论自觉

思想是行动的指南，理论上彻底是行动上坚决的前提条件。具体来看，协同建设《形势、经济与政治》课程活跃了教学形式，优化了教师队伍，扩大了教育资源，深化了教学内容，深受广大大学生欢迎和喜爱，教育教学效果和大学生获得感、幸福感、安全感大大提升；但是对于党政干部、高校思想政治教育理论课程教师来说，的确投入了更多的精力和资源，增加了更多的工作量，个别地方和高校甚至流于形式，地方党政干部、高校党委书记、校长的授课教案和 PPT 等，都需要思想政治教育理论课程教师提前准备好。对此，必须从立德树人、培养德智体美劳全面发展的社会主义建设者和接班人的高度，提高各级党政干部和广大思想政治教育理论课程教师关于协同推进《形势、经济与政治》课程建设必要性、可行性的思想认识，增强协同建设的直觉性。

2. 组建协同建设的领导机构

由于协同推进思想政治教育理论课程建设涉及党委、政府、社会、学校、大学生等方方面面，没有一个能够统筹各方力量、调动各种资源的领导机构，就难以实现跨领域、跨界别、跨区域的协同建设和改革创新。教育部于 2016 年成立了新一届全国高校思想政治教育理论课程指导委员会，以及《形势、经济与政治》课程分委员会，但其工作指导和资源调配基本上仅限于教育系统；只有中央教育工作领导小组、中央军委政治工作部、中央宣传部、教育部联合成立一个领导机构，才能统一领导和推动包括《形势、经济与政治》课程在内的思想政治教育理论课程协同建设。近年来，全国各地成立的高校思想政治教育理论课程指导委员会，以及《形势、经济与政治》课程分委员会，对当地思想政治教育理论课程发挥了咨询、研判、督查、评估、培训、示范、指导、引领作用，但思想政治教育理论课程协同建设的具体工作主要在省级宣传思想工作部门、教育主管部门等协商开展工作，协调、调动资源的职责范围仍然主要是教育系统，仍然也需要成立一个统一的领导机构。

3. 探索协同建设的有效机制

领导机构是组织保障，但其作用的发挥还有赖于建立一个高效顺畅的运行机制、切实可靠的工作抓手，需要在平台支撑、资源配置、考核奖惩等方面做出政策规定、制度安排、机制设计。例如，针对《形势、经济与政治》课程专任教师少、内容更新快、学科支撑弱等特点，每学期初接到教育部颁布的教育教学要点以后，立即研究讨论确定本学期重点讲授的多个专题，邀请该专题专家撰写教学大纲、教学讲义，思考问题作业与答案，制作教学课件，委托培训，参加培训的骨干教师回校后开展本校培训。通过这一协同建设，实现了每学期有统一《形势、经济与政治》课程教材、教学大纲、教学讲义、教学课件、思考问题作业与答案，保障了教育教学水平和质量。

4. 扩大协同建设的辐射作用

由于师资、区位、经费等各项条件的差异，包括《形势、经济与政治》课程在内的思想政治理论建设存在着不平衡、不充分的基本矛盾，如何帮扶思想政治教育理论课程教育教学力量和水平较弱的高校？如何扩大发达地区和知名高校协同建设的辐射作用？近年来教育部和全国各地党政部门等做了有益探索，如搭建全国高校思想政治理论课教师网络集体备课平台，实施思想政治理论课手拉手帮扶和同城联盟工程，开设周末大讲堂等，有效地扩大了协同建设的辐射作用；通过联合邀请专家作报告，组织大学生异地收看网络直播名师和名人讲座，举办公开示范课程和教学展示等，努力扩大协同建设的受益面积。此外，在挖掘和利用教育教学资源方面，全国各中小城市都拥有传统文化、名胜古迹、历史人物、革命文化、时代楷模、现代化成就等，都是可供高校思想政治教育理论课程教育教学开发利用的教育资源，关键在于开发和利用。

（四）课程实效性

在我国实现“两个一百年”奋斗目标的历史交汇期，探析我国高校《形势、经济与政治》课程实效性具有重要现实意义，中国抗疫取得的明显成效，为《形势、经济与政治》课程教育教学提供了有利契机，抓住大学生拔节孕穗期进行培养，教育其充分认识中国制度的显著优势、世界百年未有之大变局，为《形势、经济与政治》课程因时而进迎来了新机遇，围绕大学生释疑解惑进行教学引导，教育其四个正确认识，保持坚定的政治信仰，培养大学生新时代责任与担当，成为大学生日常自觉社会实践。当前，我国正处于近代以来最好的发展时期，世界正在经历百年未有的巨大变化，二者同步交织，相互激荡，构成了新时代大学生观察中国与世界关系的宏大图景。《形势、经济与政治》课程作为帮助大学生正确认识新时代国内国际形势，深刻领会党的十八大以来我国人民取得的历史性成就、发生的历史性变革、面临的历史性机遇和挑战的核心课程，要提升高校教育教学的实效性，须遵循《形势、经济与政治》课程教学规律，紧扣国际国内最新形势，用好中国抗疫精神这本深刻、鲜活、生动的思想政治教育理论课程教材，着重强化理论思想武装、因时而进释疑解惑、因势而新进行价值引导，更好地发挥育人作用，教育引导大学生正确面对形势变化，切实做到四个正确认识，增强听党的话、跟党走的自觉性。

1. 教育大学生充分认识中国制度的显著优势

《形势、经济与政治》课程是一门思想政治教育理论课程，要结合当下中国抗疫所取得的明显成效，以疫情为教材，坚持抓住大学生拔节孕穗期，进行有针对性的教育教学，使大学生更加充分地认识中国特色社会主义制度的显著优势。

中国抗疫取得明显成效，为《形势、经济与政治》课程教育教学提供了有利契机。中国特色社会主义制度是中国共产党历届中央领导集体团结带领全国各族人民在长期的革命、建设、改革、开放实践中探索建立的国家制度体系，习近平总书记明确指出，坚持和完善中国特色社会主义制度，推进国家治理体系和治理能力现代化，是全党的一项重大战略任务。这就为我们准确理解中国特色社会主义制度、完善国家制度和治理体系提出了新路标、新方向。当前，在以习近平同志为核心的党中央的坚强领导和各方面大力支持下，全国疫情防控阻击战取得重大战略成果，《形势、经济与政治》课程要因势利导，一方面以加强制度自信教育为主线，讲好抗击新冠肺炎疫情的中国行动事迹。这次新冠肺炎疫情发展之快、波及的世界范围之广、影响的世界人口之多、冲击世界的破坏程度之深，在中国历史上、在世界灾难史上都是罕见的，这对于我国的国家治理体系和国家治理能力都是一次巨大的考验。《形势、经济与政治》课程要通过设置的专题内容，向大学生讲解中国抗疫众志成城的生动社会实践，结合中国抗疫斗争所取得的明显成效，引导大学生深刻认识中国共产党在新冠肺炎疫情防控期间，所展现的出色领导能力、应对能力、贯彻执行能力等，深刻理解中国特色社会主义制度在全民战疫过程中，所显现的强大组织动员能力和统筹推进能力。另一方面，以传承和弘扬爱国主义精神为核心，用好中国抗疫斗争胜利成果教科书。《形势、经济与政治》课程要以疫情为教材，通过开展理想信念教育、科学素养教育、社会责任教育、生命教育，大力加强爱国主义教育，努力把疫情危机转化为教育契机，教育引导大学生深刻体会在自然灾难面前风雨同舟、携手共进的精神实质，激发广大大学生爱党爱国爱社会主义的巨大热情，不断坚定报国力行的使命责任，争做新时代爱国主义最坚定的弘扬者和实践者。

2. 结合全民抗疫共克时艰，讲清楚中国政府疫情防控制胜法宝

《形势、经济与政治》课程具有政治性强、知识面广、内容更新快等特点，在高校立德树人教育实践中具有其他课程所不可代替的作用，当前要提升其实效性，必须结合全民战疫实践，着力做好三个“讲清楚”，使广大大学生深刻体会中国疫情防控成绩来之不易和战胜疫情的制胜法宝。

第一，讲清楚“中国共产党的坚强领导和中国特色社会主义的显著优势，是战胜疫情的重要法宝”。《形势、经济与政治》课程要结合这次疫情，把党中央总揽全局、协调各方的领导核心地位和全国一盘棋、集中力量办大事的国家制度优势讲清楚，把危难时刻党对人民的深情大爱和血肉相连的坚定立场讲清楚，让大学生感同身受，充分认识到中国共产党的坚强领导和中国特色社会主义制度的显著优势。

第二，讲清楚“爱国主义是凝聚人心、激发全民抗疫磅礴伟力的力量源泉”。100 多年前，青年毛泽东在《湘江评论》创刊词中写道：“天下者，我们的天下；国家者，我们的国家；社会者，我们的社会。我们不说，谁说？我们不干，谁干？”这些振聋发聩的话语，告诉我们一个朴素的道理：爱国，是不需要任何理由的。面对新冠肺炎疫情，84 岁的钟南山院士、73 岁的李兰娟院士临危受命奋战在抗疫第一线，全国 4 万名医务人员紧急驰援武汉，成为最美的逆行者，《形势、经济与政治》课程要通过这些鲜活生动的事例，深入开展爱国主义教育和形势政策教育，讲好一方有难、八方支援的民族精神和迎难而上、团结拼搏的爱国情怀，使大学生深切体会到爱国主义在全民抗疫斗争中所彰显的磅礴伟力。

第三，讲清楚“依法防控、联防联控是应对风险挑战、赢得抗疫斗争胜利的有力保证”。针对疫情防控期间暴露出的治理体系方面的短板和不足，党中央召开了全面依法治国、全面深化改革等会议，抓紧补短板、堵漏洞、强弱项，全面提高依法防控、依法治理能力，不断健全完善国家应急体系建设、重大疫情监控网络和联防联控机制等，为有效应对疫情提供了法治保障和科技支持。《形势、经济与政治》课程要结合国家应对疫情的有效做法，教育引导大学生从自身做起，学好本领，主动投身中华民族伟大复兴的中国梦，融入国家发展大局，服务国家治理体系和治理能力现代化建设事业。

3. 抓住大学生拔节孕穗期的精心培养

习近平总书记指出，青少年阶段是人生的拔节孕穗期，最需要精心引导和栽培。这就是说，在这一时期，青少年的身体发育正处于旺盛阶段，世界观、

人生观、价值观正在打底塑形，需要用科学的理论、先进的理念、合理的营养滋润浇灌，只有进行充分滋养和科学浇灌，并有效防止不良思潮的侵袭，人生才能节节壮、步步高。结合这次新冠肺炎疫情，《形势、经济与政治》课程要坚持正确的政治方向，重点从两方面发挥教育引导功能：一方面，遵循客观规律，引导大学生理性看待中国抗疫实践。《形势、经济与政治》课程要坚持一切从实际出发，教育引导大学生理性面对疫情防控期间的各种思潮和网络信息，正确看待疫情对经济社会的冲击，以及对社会治理方面暴露出来的短板与不足，使大学生明白我国经济长期向好的基本趋势没有改变，及时化解大学生模糊的认识和错误认识，不至于被假象和乱象所迷惑。另一方面，抓好拔节孕穗期，引导大学生深刻认识中国制度优势，《形势、经济与政治》课程要把握好大学生成长成才的拔节孕穗期，该培土时就要培土，该浇水时就要浇水，该施肥时就要施肥，该打药时就要打药，该剪枝时就要剪枝，对大学生关心的热点问题和现实问题，采取不回避、不拖延的态度，以准确的事实和真实的力量予以回答，引导学生进行深层次的思考，通过悉心体悟和认真领会国内外舆论对中国抗疫过程的高度评价，使大学生明白为什么马克思主义行、中国共产党能、中国特色社会主义好，进一步认清中国抗疫实践所彰显出的中国特色社会主义制度优势，更加坚定制度自信。

4. 引导大学生正确看待世界百年未有之大变局

《形势、经济与政治》课程要围绕世界百年未有之大变局，做到因时而进，紧扣国际、国内两大时局进行形势政策教育，围绕大学生所需、所获、所喜进行教育设计，引导大学生在百年未有之大变局中保持坚定的信仰、信念、信心。世界百年未有之大变局的战略判断，为《形势、经济与政治》课程因时而进、开展释疑解惑迎来了新机遇。当今世界处于百年未有之大变局，这是以习近平同志为核心的党中央基于对世界局势的深刻洞察和世情、国情的全面分析做出的重大判断。要提升《形势、经济与政治》课程实效性，就要贴近世界百年未有之大变局寻求突破：一方面，在增强教学内容阐释力和说服力上下功夫。《形势、经济与政治》课程要遵循思想政治教育理论课程改革创新的八个相统一要求，重点突出教学内容的思想性、理论性、亲和力、针对性，坚持以学术讲政治，用学理回应大学生、说服大学生、感召大学生，将价值观引导于知识传授之中，通过《形势、经济与政治》课程教学，使大学生准确把握世界格局和国际秩序的深刻演变，正确认识大变局带给中国和世界的机遇，从而使教学内容真正入脑、入心，树立正确的历史观、大局观、角色观。之所以如此，是因为就个人来说，他的行动的一切动力都一定要通过他的头脑，一定要转变为他的意志的动机，才能使他行动起来。另一方面，在提升释疑解惑针对性和实效性上下功夫。《形势、经济与政治》课程要利用世界百年未有之大变局营造出的大好时机，结合大学生思想行为变化的特点和规律，做到因时而进、开展释疑解惑，引导大学生正确认识世界和中国发展大势，正确认识中国特色和国际比较，正确认识时代责任和历史使命，正确认识远大抱负和脚踏实地，及时帮助他们澄清模糊认识、划清是非界限，真正把握好政治方向、价值取向、舆论导向。

《形势、经济与政治》课程作为政治性较强的育人课，要紧扣国际、国内两大时局开展教学，让大学生深刻把握大变局中的变与不变，冷静分析各种国际现象，全面客观看待当今中国的时代特征。一方面，要给大学生讲清楚当今中国所处的世界环境，使大学生正确理解和把握百年未有之大变局，清晰明白当今世界正处于大发展、大变革、大调整时期，黑天鹅、灰犀牛事件层出不穷，不可预见性成为常态；还要树立化危为机的辩证思维，看到大变局所蕴含的历史机遇，明白大变局在带来大变数的同时，也是布局之时、破局之机。另一方面，要给大学生讲清楚当今中国的时代特征，使大学生明白我国已经实现决胜全面建成小康社会，向第二个百年征程前进，这些是当今中国面临的最新历史时期，也是中国在世界百年未有之大变局中寻求突破、把握航向、实现弯道超车的大好时机。换言之，《形势、经济与政治》课程要贴近世界百年未有之大变局，引导大学生更好地了解中国、知晓世界、明白我们目前面对的种种困难和挑战都有其历史必然性，中国是世界上最大的发展中国家，民族复兴的进程是不可能轻轻松松完成的，要正确看待中国全面深化改革、推进国家治理现代化所担负的重任和面临的复杂国际局势，更加坚定对马克思主义的信仰、对中国特色社会主义的信念、对中华民族伟大复兴中国梦的信心。

《形势、经济与政治》课程要实现教学内容入脑、入心、入行的目的，必须坚持以人为本，围绕大学生的所需、所获、所喜因时而进，使党的创新理论浸入大学生头脑和心田，在大学生心灵中埋下真善美的种子，不至于在百年未有之大变局中迷失方向。第一，要围绕大学生所需设定教学目标，通过建立涵盖知识目标、能力目标、情感目标、价值目标，层层递进又相互融合的教学目标体系，实现对大学生知识、情感、态度、价值观的培育，教育引导大学生正确看待百年未有之大变局，坚定走中国特色社会主义道路的决心和信心，使培养出的人才在方向性问题上旗帜鲜明、毫不含糊。第二，要围绕大学生所惑而组织教学内容，对讲不深、讲不透而又必须讲深、讲透的重大国际、国内现实问题进行认真梳理，通过集体备课进行研讨交流，有针对性地答疑解惑。第三，要围绕大学生所喜选择教学方法，把传统的教学手段与现代教学技术相结合，做到灌输性和启发性相统一、显性教育与隐性教育相统一，使思政小课堂与社会大课堂充分结合，把《形势、经济与政治》课程讲好、讲活、讲出味道，达到润物细无声的教学效果。在针对大学生所需、所惑、所喜进行正确引导的同时，还要对现实生活中出现的各种错误思潮和言论，敢于亮剑、敢于斗争。思想文化阵地，马克思主义、无产阶级的思想不去占领，各种非马克思主义、非无产阶级思想就会去占领。由此，《形势、经济与政治》课程教师必须做到政治上要强、情怀上要深、思维上要新、视野上要广、自律上要严、人格上要正，进一步提升政治站位，增强斗争意识，做新时代思想政治教育领域的斗士、勇士，敢于同错误的观点、思潮做斗争，理直气壮地讲好《形势、经济与政治》课程。

5. 因势而新进行价值引领，培养大学生新时代的责任与担当

培养大学生是一项系统性工程，也是需要全社会包括大学、家庭、个人等多方面共同努力、深入实践，方可认真回答的重大课题。《形势、经济与政治》课程要围绕国内外发展大势加强教育，因势而新进行价值引领，通过教学改革创新，增进大学生对新时代责任担当的意识，将其转化为积极的日常自觉实践。培养大学生新时代责任担当，是《形势、经济与政治》课程因势而新进行价值引领的重要任务。习近平总书记在党的十九大报告中指出，青年兴则国家兴，青年强则国家强，青年一代有理想、有本领、有担当，国家就有前途，民族就有希望；在纪念五四运动100周年大会上指出，新时代中国青年要担当时代责任。广大青年用行动证明，新时代的中国青年是好样的，是堪当大任的！这就是说，青年的责任与担当关乎国家的前途命运，关乎中华民族的永续发展。大学生是青年中的重要群体，是中国特色社会主义事业的建设者和接班人，必须树立起强烈的新时代责任担当意识，自觉担当起国家和社会赋予的使命与任务。

近年来，随着世界大变局深刻演变，全球动荡源和风险点增多，意识形态工作显得愈加重要，责任担当意识也逐渐被提到新的高度。然而不可忽视的是，新时代大学生责任担当意识的培养还存在一些薄弱环节亟待改进，比如，社会责任感薄弱、缺乏独立生活意识、个人责任担当淡化、知易行难等现象比较突出等。要克服大学生责任担当意识培养的现实困境，《形势、经济与政治》课程教学就要对症下药，结合时代要求需要和大学生的个性特点，顺应国际、国内及青年发展的变化趋势，做到因势而新，不断提升《形势、经济与政治》课程实效性，增强大学生新时代的责任担当意识，促进个人发展与国家需要和时代进步同向同

行，更加坚定中国特色社会主义四个自信。

围绕发展大势加强教育，增进大学生对新时代责任担当意识的理解。因势而新进行价值引领的出发点在势上，这就要求《形势、经济与政治》课程紧密结合国际发展趋势、中国发展形势、青年发展态势进行教学，如果这些势发生了变化，《形势、经济与政治》课程教学就要紧随其变进行教育引导，才能保持内在的张力，进而形成外在的合力，推动立德树人根本任务的实现。第一，结合国际发展趋势进行教育。一方面，要结合当前的公共卫生安全、开放型世界经济、人类命运共同体、互联网发展等大学生比较感兴趣的重大政治、经济、文化等问题进行讲解，尤其是通过我国与世界各国携手应对新冠肺炎疫情的坚实行动，引导大学生学会分析国际形势，认清中国在国际社会交往中积极主动履行国际责任所展现出来的负责任大国的责任与担当。另一方面，还要给大学生讲清楚世界各国已经形成你中有我、我中有你的利益共同体，但意识形态领域的矛盾与冲突依然存在，西方国家对社会主义国家的颜色革命意识形态渗透、价值观输出一刻也没有放松，须始终引导大学生正确看待世界和中国发展大势，正确辨别国际比较，时刻牢记最终仍然是你就是你，我就是我，正确防范外来意识形态的渗透。第二，结合国内外形势进行教育。首先，要根据我国是世界第二大经济体、制造业第一大国、货物贸易第一大国、商品消费第二大国、外资流入第二大国、外汇储备连续多年位居世界第一的国情，教育引导大学生客观看待我国坚持进行改革开放取得的辉煌成就，深刻理解选择走社会主义道路的历史必然性。其次，要结合疫情防控期间的经济社会发展状况开展教育，使大学生了解尽管新冠肺炎疫情对我国经济社会造成较大冲击，但冲击是短期的，总体是可控的，由于党中央统筹推进疫情防控和经济社会发展，我国经济长期向好的基本面没有改变。最后，要紧扣国家治理现代化的目标任务开展教育，引导大学生正确看待这次疫情防控中暴露出的短板与不足，对实现国家治理体系和治理现代化任重而道远有清醒的认识，要紧紧围绕国家战略，为实现个人理想和报效祖国找准努力方向。第三，结合大学生发展态势进行教育。一方面，自古英雄出少年，无论外国的马克思、恩格斯、牛顿、达尔文，还是中国古代的贾谊、王勃，中国近现代的毛泽东、周恩来、邓小平等，这些伟大人物都是新时代大学生学习的榜样和楷模。另一方面，还要使大学生了解英雄出自平民，英雄就在身边，人人都有机会。习近平指出，航天报国的嫦娥团队、神舟团队平均年龄是 33 岁，北斗团队平均年龄是 35 岁。这样的青年英杰数不胜数！习近平还说，在新冠肺炎疫情防控斗争中，青年人同在一线英勇奋战的广大疫情防控人员一道，不畏艰险、冲锋在前、舍生忘死，彰显了青春的蓬勃力量，交出了合格答卷。《形势、经济与政治》课程要教育引导大学生从英雄人物和身边典型身上感受青春力量和道德风范，增进对责任担当意识的理解，从而振奋精神，接力拼搏，脚踏实地地走上大有作为的广阔舞台。

6. 紧扣立德树人，推进新时代大学生自觉实践

《形势、经济与政治》课程要坚持以立德树人为主线，通过教师队伍、话语体系、课程体系、教学模式等方面的创新，切实保证教学效果，让大学生真心喜爱、终身受益，使新时代的责任担当意识转化为大学生的日常自觉实践。第一，优化教师队伍。要按照习近平总书记对思想政治教育理论课程教师提出的六个要求和教育部印发的《新时代高等学校思想政治理论课教师队伍建设规定》的具体要求，建好、建强《形势、经济与政治》课程教师队伍；同时要抓好教师素质提升，严把进入课堂的政治关、站上课堂的师德关、站好课堂的能力关、站稳课堂的价值关，发挥好《形势、经济与政治》课程教师队伍的引领作用，教育引导大学生把家国情怀落实到具体行动中，在担当中作为，在实干中推动国家和社会前进。第二，充实话语体系。《形势、经济与政治》课程要积极发挥育人功能，注重进行话语体系创新，坚持贴近社会实际构建现实话语体系、贴近教学实际构建科学话语体系、贴近大学生实际构建大众话语体系，并善于将现实话语、科学话语、大众话语融通于《形势、经济与政治》课程教学，使枯燥的教学内容通俗化、抽象的理论观点大众化，激发大学生的家国情怀，使其自觉形成对国家、社会、家庭、自我的责任担当意识，自觉把个人前途与国家命运结合起来、把个体发展与民族振兴联系起来、把自身需要与社会需求统一起来。第三，完善课程体系。《形势、经济与政治》课程是一门融政策性、理论性、针对性、时效性于一体的思想政治教育理论课程，要取得事半功倍的教学效果，必须确立问题导向，科学把握大学生的认知特点，遵循高校《形势、经济与政治》课程教学规律，从课程的体系构建入手，注重在课程建设的系统性、协同性、开放性上下功夫，做到理论教学与实际教学相协同、教师讲授与大学生研讨相融合、专题教学与形势报告相结合、课堂教学与网络课程相补充，构建全方位、多层次、立体式的《形势、经济与政治》课程体系，不断提升《形势、经济与政治》课程实效性。第四，创新教学模式。《形势、经济与政治》课程不仅是一门思想政治教育理论课程，还是一门方法课，使学生掌握马克思主义的方法论和认识论，并运用马克思主义的理论和观点分析纷繁复杂的社会现实，从而提高政策水平，增强政治觉悟，坚定社会主义的信念。要增进《形势、经济与政治》课程教学效果，还要充

分运用现代信息技术，持续进行教学模式创新，实现教学手段从传统式向现代化转变，教学方法从宏大叙事向图像叙事转变，教学风格从刻板教条向优美表达转变，做到内容上言之有物、结构上言之有序、论证上言之有据、逻辑上言之有理，通过多时空、多维度、多层面的教学模式，不断提升大学生对《形势、经济与政治》课程的兴趣，引导大学生独立思考和学用结合，促进大学生责任担当意识的固化，使新时代大学生的责任担当内化于心、外化于行，成为大学生的日常自觉实践。

四、课程教学质量路径

《形势、经济与政治》课程是高校思想政治教育理论课程的重要组成部分。实现全员、全过程、全方位高质量协同立德树人，提升《形势、经济与政治》课程教学质量的关键，就是要立足本课程性质，健全《形势、经济与政治》课程教学管理多维联动机制；结合教学计划，构建《形势、经济与政治》课程教学内容多向整合机制；扭住关键环节，优化《形势、经济与政治》课程教学队伍多人合作机制；着眼时代发展，创新《形势、经济与政治》课程教学方式多样协同机制。《形势、经济与政治》课程作为高校思想政治教育理论课程的重要组成部分，是一门实效性、针对性、综合性都很强的课程。应从协同教育立德树人角度深入思考《形势、经济与政治》课程，更好地教育引导大学生准确理解、积极拥护、坚决支持中国共产党的基本理论、基本路线、基本方略。

（一）健全《形势、经济与政治》课程教学管理多维联动机制

充分认识《形势、经济与政治》课程性质、组织形式和功能作用，是健全《形势、经济与政治》课程教学管理机制的基本前提。许多高校利用思想政治教育理论课程时间对大学生进行形势任务和党的路线方针政策教育，但总体来说仍旧处于相对分散零碎的过程。改革开放以来，《形势、经济与政治》课程逐步走向学科化、系统化。

改革开放以来，《形势、经济与政治》课程科学化、规范化推进。1982 年，教育部要求，形势任务教育和思想品德课可利用每周一次的思想政治教育时间，平均每周 2 学时，具体内容由各校根据情况统筹安排。1986 年，国家教委关于加强高等学校思想政治工作的决定要求经常地、切实地进行形势和政策教育，要把形势和政策教育列入教学计划，针对学生的思想实际进行教育，这也是生动活泼的马克思主义教育。1987 年，中共中央《关于改进和加强高等学校思想政治

工作的决定》指出，有的放矢地进行马克思主义理论教育和形势政策教育，要经常地、有针对性地进行形势、政策教育，帮助学生正确理解党的路线、方针和政策，从而使他们坚定社会主义信念，拥护改革、开放，更好地团结在党的周围。形势、政策教育应列入教学计划。要组织一些模范人物和熟悉我国建设、改革实际的同志到学校做报告，解答问题。1987年国家教委《关于高等学校思想教育课程建设的意见》提出将形势与政策课作为思想政治教育理论课程之一，规定每学期都开设，时数根据需要由各校自行安排，明确教学目的与要求是帮助学生了解国内外重大时事，学习党的路线、方针、政策，全面掌握一个中心、两个基本点，认清形势与任务，激发爱国主义热情，增强民族自信心，珍惜安定团结的局面，为建设有中国特色的社会主义而奋发学习、健康成长。意见强调，思想政治教育课程应列入教学计划，教务部门要将思想政治教育课程合理地安排课表，教师讲授思想教育课应计算教学工作量；明确思想政治教育理论课程由学校主管学生思想政治教育的部门和教务部门共同领导，由思想政治教育研究室负责组织实施；《形势、经济与政治》课程可采用大报告方式进行。1995年，国家教育委员会强调，《形势、经济与政治》课程依然是思想道德教育的重要课程，要适时地和经常地进行政策教育。1995年颁布的《中国普通高等学校德育大纲》规定，各层次各科类的学生都要开设《形势、经济与政治》课程，可按专题或讲座，或集中或分散安排教学，平均每周1课时，可不占教学计划内学时，但要按必修课要求学生和安排教学。1999年中共中央《关于加强和改进思想政治教育工作的若干意见》强调，要经常进行国际、国内形势的教育，引导干部群众了解前进中的有利条件和不利因素，在形势好的时候看到问题，不盲目乐观；在遇到困难和挫折的时候看到光明，不悲观失望。

21世纪以来《形势、经济与政治》课程创新发展和体系演进。2004年，中共中央宣传部、教育部《关于进一步加强高等学校学生形势与政策教育的通知》明确指出，形势与政策课是高校思想政治理论课的重要组成部分，是对学生进行形势与政策教育的主渠道、主阵地，是每个学生的必修课程，在大学生思想政治教育中担负着重要使命，具有不可替代的重要作用。在国家相关教育部门的不断探索中，《形势、经济与政治》课程作为重要课程的地位越来越明确，理论武装、释疑解惑、教育引导的功能越来越突出，教学组织、实施、管理越来越规范。相比其他思政课程，《形势、经济与政治》课程的时效性、针对性、综合性更强，由此决定了教学内容的零散化和教学形式的专题化；而专题化教学主题突出，新鲜感和吸引力强，又对《形势、经济与政治》课程管理提出了更高的要求。着眼

《形势、经济与政治》课程教学管理水平提升，明确课程定位，从开课要求、任课教师管理等方面入手，切实把《形势、经济与政治》课程纳入思想政治教育理论课程管理系统，统一组织开课，统一管理任课教师，推动《形势、经济与政治》课程管理系统化；增强教学意识，统一组织《形势、经济与政治》课程教师培训，增强教师对教学目标、教学进度、教学要素、教学过程、教学互动、教学评价的把握；将教学组织、实施、考核纳入学校教学计划，严格落实学分管理，充分保证规范开课，推动《形势、经济与政治》课程教学管理规范化，强化育人功能。对《形势、经济与政治》课程来讲，宣讲、报告是形式，教育大学生是目的，要从功能定位上把《形势、经济与政治》课程教学与时事报告、政策宣讲区别开来，在此基础上尊重思想政治教育规律、教学规律、大学生成长规律，充分利用教育部、各地区、各高校力量进行资源整合，搭建交流共享平台，推动《形势、经济与政治》课程教学资源管理立体化。

党的十八大以来，《形势、经济与政治》课程创造性纵深化发展。党和国家高度重视高校思想政治工作，习近平总书记对思想政治工作作出了一系列重要论述，为思想政治工作的创新发展指明了前进方向和基本遵循。《形势、经济与政治》课程作为高校思想政治工作的重要一环，承担着重要职责。2015年，中共中央宣传部、教育部关于印发《普通高校思想政治理论课建设体系创新计划》，提出组织制定高校《形势、经济与政治》课程教育教学要点；建立教材使用情况即时检测制度，跟踪分析师生对教材使用的意见和建议，把师生评价作为教材修订的重要标准，吸收一线师生参与修订工作。2016 年 12 月以来，全国高校思想政治工作会议、全国教育大会、学校思想政治理论课教师座谈会相继召开，全国各地各高校都在努力坚持在改进中加强思想政治工作，其中《形势、经济与政治》课程教育教学取得了显著成效。2017 年 2 月，中共中央、国务院印发《关于加强和改进新形势下高校思想政治工作的意见》。同年年底，教育部制定了《高校思想政治工作质量提升实施纲要》，为新时代思想政治工作的创新指明了前进方向。众多高校遵照上述文件的规定，将《形势、经济与政治》课程教学科研管理部门，由原来的大学党委宣传部或学工部划转为马克思主义学院，扩大了专任教师队伍。2018 年 4 月，教育部关于印发新时代高校思想政治理论课教学工作基本要求，强调要严格落实的学分中，就包括《形势、经济与政治》课程 2 学分。本专科大学生每学期必修《形势、经济与政治》课程。众多文件的发布实施，为《形势、经济与政治》课程的进一步发展提供了新思路和新机遇。

（二）构建《形势、经济与政治》课程教学内容多向整合机制

自1998年起，国家相关教育部门分学期印发高校《形势、经济与政治》课程教育教学要点，对《形势、经济与政治》课程教学内容作出基本规定。2004年，中共中央宣传部、教育部《关于进一步加强高等学校学生形势与政策教育的通知》，第一次较为全面地、具体地规定了《形势、经济与政治》课程教育的教学内容，并强调《形势、经济与政治》课程教育要坚持以马克思列宁主义、毛泽东思想、邓小平理论和“三个代表”重要思想为指导，牢固树立、认真落实科学发展观，紧密结合全面建设小康社会的实际，针对大学生关注的热点问题和思想特点，帮助大学生认清国内外形势，教育和引导大学生全面准确地理解党的路线、方针、政策，坚定在中国共产党领导下走中国特色社会主义道路的信心和决心，积极投身改革开放和现代化建设伟大事业，要着重进行党的基本理论、基本路线、基本纲领和基本经验教育；进行我国改革开放和社会主义现代化建设的形式、任务、发展成就教育；进行党和国家重大方针政策、重大活动和重大改革措施教育；进行当前国际形势与国际关系的状况、发展趋势和我国的对外政策，世界重大事件及我国政府的原则立场教育；进行马克思主义形势观、政策观教育。为《形势、经济与政治》课程教学内容建构提供了重要遵循。值得我们思考的是，《形势、经济与政治》课程教学内容的整合与构建具有一定的特殊性，既要以国家相关教育部门制定的教学大纲、教学要点为基本依据，反映教育教学的目标要求，又要体现社会热点、大学生思想迷惑点和价值困惑点，突出思想引导的针对性，既要贯穿中国共产党的路线方针政策，确保《形势、经济与政治》课程教育的政治方向，又要体现中国共产党治国理政的新思想、新理论、新政策、新方略，突出理论武装的实效性。

2004年，中共中央、国务院《关于进一步加强和改进大学生思想政治教育的意见》强调，定期编写形势政策教育宣讲提纲，建立形势政策教育资源库；国家机关和地方党政负责人要经常为大学生作形势报告；学校要紧密结合国际、国内形势变化和大学生关注热点、难点问题，制订形势政策教育教学计划，认真组织实施。从不同教学主体视角和需要出发，构建《形势、经济与政治》课程教学内容多向整合机制，是推动《形势、经济与政治》课程建设发展，提升形势与政策以及当代世界经济与政治课程教育质量的重要课题。一方面，从供给侧把握教学内容建构的根本要求。学好、悟透中央精神，准确把握国际、国内发展形势，讲好中国共产党带领全国各族人民奋斗历程，新时代中国特色社会主义事业在政

治、经济、文化、社会、生态、军事、科技、外交等方面取得的重大成就、面临的重大机遇和重大挑战，利用重要节庆日和周年纪念日，开展爱国主义、国际主义和思想道德教育；及时跟进和阐释中国共产党的理论创新成果和实践发展成就，将理论教育和思想引导贯穿形势分析与政策阐释，突出《形势、经济与政治》课程教学的政治性和理论性。另一方面，从需求侧把握教学内容建构的重要方面。关注社会热点问题，及时掌握大学生思想动态，从实践发展的视角，对大学生理论学习难点和思想困惑进行解答和引导，突出《形势、经济与政治》课程教学的实践性和有用性。在供给侧与需求侧的双向整合与互动中，帮助和引导大学生充分认识国际、国内发展大势，充分认识党的路线方针政策的现实力量，充分认识社会主义发展道路的曲折和前途的光明，形成国际视野和长远眼光，在国际格局中理解党的路线方针政策，在政治、经济、文化、军事、外交格局中理解思想政治理论学习的重要意义和价值，是确保思想政治理论课教学不脱离社会、不脱离现实，确保大学生全面、系统、深入地理解、接受、认同马克思主义，坚定四个自信的重要保障。

（三）优化课程教学队伍多元合作机制

《形势、经济与政治》课程的特殊性，决定了教师队伍没有明确的任职资格规定，这并不代表谁都可以讲《形势、经济与政治》课程，国家相关教育部门多次发布文件就《形势、经济与政治》课程教育教学力量做出规定，教师队伍构成应具有多样性。《形势、经济与政治》课程教学内容覆盖国际、国内政治、经济、文化、军事、科技、外交等方面，为确保教学吸引力和感染力，专题授课教师往往从各个领域择优挑选专家担任。习近平总书记指出，让有信仰的人讲信仰，让懂理论的人讲理论。《形势、经济与政治》课程也要让懂形势的人讲形势，懂政策的人讲政策。从这一意义理解，从事《形势、经济与政治》课程教师，他们的身份和职业背景可以具有多样性，从组成人员来看，可以是思想政治理论课程教师、党政干部、辅导员、团干部、地方干部等。2014 年 5 月，中共中央组织部、中共中央宣传部、教育部《关于领导干部上讲台开展思想政治教育的意见》指出，充分发挥领导干部在宣讲党的基本理论、基本路线、基本纲领、基本经验、基本要求、重大政策上的示范带动作用，明确要求领导干部上讲台。领导干部可以通过大讲台讲授《形势、经济与政治》课程。一方面，他们可以发挥在政治、阅历、方面的优势，展现领导干部的良好形象，拉近大学生与党和政府的距离，让大学生不断增强对党和政府的信任。思想政治理论课教师可以通过课堂的理论讲解和课下的实践活动相结合深化形势政策教育，提高大学生的领悟力和体验感，从而增强对国家和社会的认同和认可。辅导员作为与大学生联系最紧密的人、大学生成长路上的知心人和引路人，可以采取主题班会、校园文化活动、网络互动等形式，让大学生畅所欲言，了解大学生的成长需求和思想疑惑，从而对症下药，提高形势政策教育的针对性和实效性。团干部可以通过社团活动和社会实践活动开展，让大学生深入社会，有利于增强大学生的社会责任担当和家国情怀。《形势、经济与政治》课程教师队伍的多样性，有利于各支队伍之间优势互补、取长补短、形成合力，共同作用于大学生，从而把党情、国情、民情等讲活、讲透，提高《形势、经济与政治》课程的吸引力。

《形势、经济与政治》课程教师队伍构成应体现统一性要求。思想政治教育理论课程教学是具有高度统一性的社会实践活动，在社会主义人才培养视域下，《形势、经济与政治》课程教师的多样职业性必须统一于大学生思想政治素养培育之中，《形势、经济与政治》课程教师的多样身份必须统一于大学生思想政治教育理论课程教师之中，《形势、经济与政治》课程教师的多样评价标准必须统一于对大学生进行理论教育和思想引导的效果和质量之中。《形势、经济与政治》课程教师队伍的统一性也体现在不同专题授课教师之间同心同德、相向而行，针对大学生思想特点、学习进度、接受习惯、水平，交流互通、团结协作，以教学准备的统一和教学目的的一致，确保不同专题教学取长补短、育人互补。有学生表示，《形势、经济与政治》课程比其他思想政治教育理论课程有趣，能帮助我们大学生不出门就能了解国际、国内形势与政策，但是系统性和整体性不够。为避免《形势、经济与政治》课程教学出现热闹过后涛声依旧、水过之后地皮湿的教学效果，使大学生形成思想政治教育理论课程整体认知而不是零星知识，应在教学过程中树立人才培养中心意识，确保每一个专题教学都紧紧围绕这个中心去准备、组织、实施、考核，本专题与其他专题之间逻辑关系明确，育人功能叠加互补。聚焦高校《形势、经济与政治》课程教学实际，有的高校和二级学院对《形势、经济与政治》课程的重视程度远远不够，《形势、经济与政治》课程管理归属马克思主义学院或者马列部，但授课教师的遴选、组织、管理却做得远远不够。有的高校甚至让各个学院的辅导员或者班主任未经培训直接承担本学院《形势、经济与政治》课程教学工作，而没有考虑辅导员或者班主任的专业背景和工作性质是否与《形势、经济与政治》课程教学需求相匹配，为了完成教学而去教学，久而久之，非但不能引导和帮助大学生正确认识国际、国内发展形势和党的路线方针政策，反而加剧了大学生对《形势、经济与政治》课程学习的厌倦心理和敷衍态度。

（四）创新课程教学方式多样协同机制

教学方式、方法皆由教学内容决定，对教学内容阐释和教学质量有直接影响。目前，我国大部分高校《形势、经济与政治》课程多采用专题式教学方式进行，以讲授法为基本教学方法。近年来，信息技术的高度发展给《形势、经济与政治》课程教学带来一定的挑战，互联网海量信息充斥着大学生的学习和生活，鱼龙混杂、真假难辨的信息冲击着《形势、经济与政治》课程教学的权威性，对教育和引导大学生正确认识国际、国内形势提出了更高的要求。

遵循教学规律，规范专题式教学。实行集体备课制度，统一组织专题教学准备工作，根据不同专业内容选择最佳教学方式。我国大部分高校《形势、经济与政治》课程采用专题教学方式进行，以讲授法为主要教学方法。值得注意的是，讲授法不等于大水漫灌、单方面灌输和填鸭式教学，《形势、经济与政治》课程在讲授过程中应坚持因材施教、教学相长原则，科学设计教学环节，自觉规范课堂用语，严格遵守教学纪律，增强《形势、经济与政治》课程教学的科学性、规范性、实效性，坚持增强获得感，打造有虚有实、有棱有角、有情有义、有滋有味的高校思想政治理论课堂，充分了解大学生的发展需求，遵循教育规律、思想政治工作规律、大学生成长规律，增强《形势、经济与政治》课程的吸引力和引领力。

利用新媒体新技术，创新教学方式方法。习近平总书记指出，要运用新媒体、新技术使工作活起来，推动思想政治工作传统优势同信息技术高度融合，增强时代感和吸引力。这为高校思想政治教育理论课程教学方式、方法创新提供了重要遵循和方向指引。然而，大部分高校在新媒体、新技术融入思想政治理论教学方面的探索，往往集中于马克思主义基本原理概论、毛泽东思想和中国特色社会主义理论体系概论、中国近现代史纲要、思想道德修养与法律基础四门课程，整体上看，《形势、经济与政治》课程教学方式、方法创新研究和实践探索有待加强。如针对教学要点中重要节庆日、重大历史事件纪念日、伟人诞辰纪念日部分，尽可能组织现场教学，或者利用信息技术模拟现场进行教学，增强师生教学体验。

注重不同教学方式的协同，形成叠加效应。就《形势、经济与政治》课程教学而言，课堂讲授有利于大学生整体认知和全面把握国际国内形势，对党的路线方针政策形成正确认识。现场教学有利于增强师生教学体验，在直观感受和深切体悟中培养教学兴趣，激活情感力量。网络教学有利于增强教学灵活性和便捷性，更加切合新时代大学生学习习惯。实践教学有利于调动大学生参与积极性和主动性，激发创造活力。不同教学方式具有不同的育人优势，关键在于如何做到优势整合以实现功能互补。为此，要根据教学的需要和大学生特点，采用灵活多样的教学方式。坚持系统讲授与形势报告、专题讲座相结合，线上教学与线下教学相结合，言传与身教相结合，课堂教学与课外讨论、交流相结合，请进来与走出去相结合，正面教育与大学生自我教育相结合，全方位构建《形势、经济与政治》课程教学方式方法体系，在大学生思想政治教育素养培育和四个自信上形成叠加效应。

《形势、经济与政治》课程是高校思想政治教育理论课程的重要组成部分，《形势、经济与政治》课程既要遵循思想政治教育理论课程教学一般规律，也要体现《形势、经济与政治》课程教学的特殊性。在大思政格局下，全面整合教学资源，努力形成育人合力，充分发挥协同优势，不断推进《形势、经济与政治》课程建设的创新发展和质量提升。

第六节　加强《思想道德修养与法律基础》课程的教学模式改革

《思想道德修养与法律基础》（以下简称《思修》）课程以培养我国高校大学生世界观、人生观、价值观、道德观、法治观教育为主要内容，旨在关注和培育大学生的马克思主义理论水平、思想道德素质、法律素养和健康人格，承担着扣好人生第一粒扣子的任务。坚持问题导向是马克思主义的鲜明特点。习近平总书记2018年在北京大学师生座谈会上的讲话指出，要教育广大大学生学会运用马克思主义立场、观点、方法观察世界、分析世界，真正搞懂面临的时代课题、深刻把握世界发展走向，认清中国和世界发展大势。这正是总书记对我们的高校思想政治教育理论课坚持问题导向的具体要求。

一、提升课程教学的实效性

《思修》课程问题导向式教学是教师在发现问题、设计问题、分析问题、解决问题的过程中，突出问题导向，创造问题情境，鼓励大学生对马克思主义重大问题、中国特色社会主义现实问题和自身成长、成才问题，进行研究和探索的教学理念和教学方法。问题导向式教学是提升《思修》课程教学质量的有效途径。

作为教学理念的问题导向式教学，是提升《思修》课程教学的价值指向的有益探索。问题导向是马克思主义理论所固有的品质，正如马克思所说，真正要批判、要分析的不是答案，而是问题。问题是时代的格言，是表现时代自己内心状态的最实际的呼声。马克思主义经典作家始终将对社会问题的现实关注作为思维起点，并在分析和解决社会现实问题的过程中不断与时俱进。马克思、恩格斯从资本主义社会的问题入手，科学揭示了人类社会的发展规律，为无产阶级的解放事业打下了深厚的理论基础。中国共产党成立之日起，始终将解决当前的现实问题作为始终不渝的奋斗目标，实现了中国人民从站起来、富起来到强起来的历史性飞跃，为解决人类问题贡献了中国智慧、提供了中国方案。马克思主义理论问题导向的品质同样是马克思主义理论学科的品质，而马克思主义理论学科是《思修》课程教学的支撑和基础，因此，问题导向式教学是《思修》课程教学必须坚持的价值指向。

习近平总书记指出，思想政治理论课要坚持在改进中加强，提升思想政治教育亲和力和针对性，满足学生成长发展需求和期待。提升亲和力和针对性是改善《思修》课程教学质量、提高教学实效性的时代命题。在提升《思修》课程教学亲和力和针对性的过程中坚持问题导向式教学，意味着教师不能唱照本宣科、强行灌输的独角戏，必须改变思政课堂刻板枯燥、千人一面的沉闷；意味着教师要着眼于大学生的思想困惑，着眼于中国特色社会主义建设事业的发展实践和问题矛盾，科学设计教学内容和凝练问题，内容饱满，形式活泼，循循善诱，并运用通俗易懂的语言形式来答疑解惑；意味着教师要根据大学生之间的层次性和差异性，围绕着大学生所需、所思、所惑、所好，有针对性地选择教育内容，创新教育方式，调动大学生的积极性和主动性。以问题导向式教学作为提升《思修》课程教学亲和力和针对性的突破口，真正让大学生因亲其师而信其道、奉其教，因对症下药而自觉悦纳知识，从而打造大学生真心喜爱切实管用的《思修》课。

二、问题导向式教学

《思修》课程教学过程是发现问题、设计问题、分析问题、解决问题的过程，每个环节都要从问题出发，提升大学生的思维自觉和方法自觉。

秉持立德树人为本发现问题。刚刚迈进大学校门的大学生，生活环境、学习方式、人际关系等都发生了显著变化，对全新的生活和学习充满好奇的同时也存在诸多的困惑。教师在发现问题时要充分考虑大一新生的理论水平和自身实际，以树人为核心，以立德为根本，培养大学生的理论学习能力，提高思想道德素质和法律素养，完善健全人格。

（一）构建知识框架，培养理论学习能力

对于大学一年级新生而言，往往会将大学第一门思想政治教育理论课程与高中政治课程进行对比。大多数大学生对高中政治课程教材的理论背诵多于理解，往往知其然而不知其所以然。这就需要教师凝练问题，以点带面，将马克思主义理论以问题链条的形式串联起来贯穿在教学活动中。首先，构建理论知识框架，引导大学生自觉地思考马克思主义理论，形成理论认同、情感认同、价值认同、实践认同。其次，关注现实问题来培养思想道德素质和法律素养。回答和解决时代提出的现实问题是《思修》课程教学的重要任务。改革开放40多年来，中国特色社会主义事业取得了巨大成就，但经济社会快速发展的同时，也面临着一系列重大问题的挑战，这就需要教师结合中国特色社会主义实践中的重大现实问题，用翔实的、典型的、鲜活生动的实例数据感染大学生，引导大学生形成对世情、国情、党情的整体认识和深入思考，鼓励大学生密切联系社会主义市场经济条件下思想道德建设、民主法治建设的实际，并深入实践，不断提高思想道德素质和法律素养。再次，解决成长、成才困惑来完善健全人格。由于环境变化，刚刚进入大学的新生往往会感到迷茫，找不到人生坐标和前进方向。尤其随着信息化的发展，大学生在获得更多资讯的同时，也囿于自身知识素养和信息鉴别能力，无法正确处理网络传播的虚假信息和负面情绪，这就需要教师把握大学生心理发展规律和成长、成才规律，及时察觉大学生的思想和心理变化，耐心回应大学生的困惑，有效应对负面情绪，帮助大学生将所学理论内化于心、外化于行，既切实管用，又受益终生。在《思修》课程教学过程中，汲取做人、做事的智慧，在放飞青春梦想中获得强大的思想力量。

（二）依托专题化教学设计问题

越来越多的高校重视和选择专题化教学作为《思修》教学的主要形式。依托专题化教学，以问题为核心，提炼出课程基本理论、社会热点问题、大学生自身成长、成才的重点、难点，将教材内容拓展为若干个独立的专题，以教学的专题化满足大学生需求的个性化。教师在全面把握教材内容和教学要点的基础上，结合课程的基础理论、社会热点难点、大学生自身成长成才困惑问题，将《思修》课程设计为“适应大学生活”专题、“让人生之路更宽广”专题、“我的梦就是中国梦”专题、“做社会主义核心价值观的积极践行者”专题、“崇德修身 立德树人”专题、“让法律的阳光照进每一个角落”专题。这六大专题，其中前三个专题是从大一新生的实际状况出发，以如何培育大学生高尚的世界观、人生观、价值观为导向，探讨人生价值、理想、信仰、爱国等问题，最后两个专题从当代社会实际出发，以如何培育大学生的道德观和法制观为导向，探讨道德、就业、爱情等问题；专题四“做社会主义核心价值观的积极践行者”是《思修》课程的理论逻辑主线和实践遵循，不仅体现在某一个专题中，也作为核心价值贯穿于《思修》课程教学理念和教学实践的始终。每一个专题再拆分为不同板块，精心设计若干问题，问题的设计针对大学生的思想实际，探究问题的现实意义，逐层推进、环环相扣地阐释专题内涵。

依托专题化教学来设计问题时，应当考虑以下几点：

1. 问题的设计既要有高屋建瓴的整体性，又要有突出重点的针对性

设计问题既要充分考虑每个专题理论知识结构内在的逻辑性、系统性和整体性，也要体现问题的代表性和典型性。例如，在让人生之路更宽广专题下，人生观板块设计人为什么要活着、人要怎样活着、何种人生才有意义等三个问题，既在整体上回答了马克思主义人生观的本质特征和基本观点，又针对性地分别阐述人生目的、人生态度、人生价值的内涵，从而引导大学生树立为人民服务的人生观，在中国特色社会主义实践中实现自身的人生价值。

2. 问题的设计既要有理论深度，又要有实践温度

《思修》课程所讲授的马克思主义基本理论，既要给大学生深刻的理论冲击，又要给大学生鲜活的实践影响。这就要求教师在设计问题时从全新的、前沿的视角对理论和现实问题进行更加深入的探究，用创新的、生动的语言艺术来概括和设计问题，贴近大学生，寓理于情。例如，“我的梦就是中国梦”专题，爱国板块设计“为什么爱国主义是最深层最持久的情感”“如何驳斥爱国主义过时论等错误观点”“什么是爱国主义的正确方式”等问题，一方面在理论上探讨爱国主义的内涵、爱国主义在中华民族精神中的核心地位等理论问题，消除爱国主义过时论和爱国主义超阶级论等认识误区；另一方面强调爱国主义不能停留在口号上，而是要把自己的人生同民族的命运紧密联系在一起，扎根于人民，奉献国家。另外，适当运用大学生熟悉的话语体系来设计问题，贴近生活，贴近实际，让大学生有更多的亲近感、时尚感、新鲜感。

3. 问题的设计既要体现教材的权威性，又要有教学的独特性

2005 年教学方案实施以来，《思修》课程教材几经修订，2018 年刚刚完成最新一轮的修订，完善后的教材理论体系更加严谨，问题意识更加凸显，现实关怀更加强烈，话语体系更加规范，但是，受出版流程所限，教材一经印刷出版，通常要以年为单位进行修订，无法提供及时更新的教学内容，因此，在设计问题时既要以教材为遵循，又不能照搬教材。教师要在把握教材基本观点的基础上，将教材体系转化为教学体系，根据大学生的现实需求和专业背景，根据自身的理论素养和教学风格，对教材内容作出相应调整，精心设计问题，兼顾教材体系的系统性、规范性和教学体系的针对性和灵活性。

（三）依据教学实践，考核多措并举

1. 采用讲授和研讨相结合的引导式教学方法，这是分析和解决问题的主要载体

讲授是主要方式，教师在精心设计问题的基础上，层层递进、逐渐深入地分析，将问题的内在机理和逻辑关系，像剥洋葱一般展现在大学生面前。研讨问题是一个重要的补充，可以采取灵活方式，既可以是团队研讨，将全体大学生分成若干小组，分配论题，课下充分讨论准备，课上推选代表发言交流，着力提高研讨的覆盖面和参与度；也可以自由研讨，在教师授课过程中围绕一个问题随机发问，大学生自由即兴表达，着力提升大学生的抬头率和新鲜感。需要注意的是，在讲授时，教师要善于运用多媒体、动画、视频剪辑等技术手段，善于利用慕课、微课、翻转课堂等网络教学形式，善于使用生动的肢体语言和个人魅力，润物细无声地引导大学生。在研讨时，教师要及时总结评价研讨内容和学生表现，并给出拓展和延伸思考的问题，加深大学生对问题的认知，提高大学生分析和解决问题的能力。

2. 重视实践教学，要知行合一，这是分析和解决问题的重要补充

学到的东西，不能停留在书本上，不能只装在脑袋里，而应该落实到行动上，做到知行合一、以知促行、以行求知。实践教学是课堂的延伸，也是让问题落地的有效方式。通过社会调查、基地实践、参观访问等多种形式，根据大学生的兴趣点和困惑点，带领大学生走进社区、走进农村、走进田间地头，充分了解国情、社情、民情，在中国特色社会主义实践最生动、最真实的地方，运用马克思主义的立场、观点和方法去分析和解决问题，用真正接触到、参与到的社会生活的实践作为问题的答案，增强大学生解决实际问题的能力和参与的积极性，提

升大学生对《思修》课程的关注度和认同度。

3. 改变考核方式，这是检验大学生分析和解决问题的能力和成效的重要途径

《思修》课程考核方式要多样化，考核大学生的知识理解能力、实践参与能力和团队合作能力。知识理解能力考察大学生掌握课程知识点和基本理论的熟练程度，主要体现在期末考试试卷的客观题和授课过程中的随堂提问中。实践参与能力考察大学生参与社会实践并分析解决现实问题的能力，主要体现在期末考试的主观题和计入平时成绩的实践报告中。团队合作能力考察大学生合作精神的养成和人际交往能力，主要体现在课堂研讨的团队配合和社会实践的参与程度中。

（四）注意事项

1. 发现问题要避免政治性淡化

《思修》课程不是人文通识课，而是培养社会主义建设者和接班人的主阵地。问题的发现一定要凸显政治性，以马克思主义为指导，用马克思主义信仰来引导大学生，用马克思主义理论内容来武装大学生，用马克思主义理论魅力来征服大学生，用马克思主义分析方法来说服大学生，培养社会发展、知识积累、文化传承、国家存续、制度运行所要求的人。政治性是《思修》课程区别于专业课程的重要特色和灵魂所在。

这就要求教师在发现问题时要旗帜鲜明地坚持正确的政治立场和舆论导向，秉持教学理念和教学内容的政治性方向，紧扣时代发展的主旋律，紧紧把握中央最新精神，提炼社会客观实际和大学生思想实际的问题，按照国家的政治要求来引导大学生自觉学习马克思主义理论、培育思想道德素质和法律素养、完善健全人格。

2. 问题的设计是留白的艺术，要有所讲有所不讲

详略得当，不能面面俱到，要围绕高校培养什么样的人、如何培养人以及为谁培养人这个根本问题，精心设计有针对性、探究性、张弛有度、续航力强的核心问题，既让大学生产生强烈的代入感，又留给大学生延伸思考的空间。问题的设计不是问题的简单串联，不是流于形式的只见树木、不见森林，而是贯穿于《思修》课程教学始终的问题意识，是《思修》课程教学目标和教学理念的全方位展现，是具有连贯性和系统性、层层深化的问题族群，在整体上涵盖大学生人生观、价值观、道德观、法制观培育的所有重大理论和实践课题。

这就要求教师在设计问题时要研究大学生，了解大学生的思想实际和现实困

惑，做到目中有人；研究教材，掌握基本理论和知识点，做到有的放矢；另外，还要发挥集体备课和教师专题讲授的优势，在设计问题时既体现教师个人的理论专长和风格魅力，又彰显教学团队的学术共享和竞争意识。

3. 分析解决问题要避免强行灌输或过分迎合

强行灌输和照本宣科会增加大学生对教师和课程的倦怠感和厌恶感，因此，教师要改变教学方式，不是告诉大学生如何程式化地分析和解决这个问题，而是培养大学生如何分析解决这类问题的能力。要变教为导，针对大学生关注的问题，采取多种教学手段，与大学生展开互动，引导大学生参与到课堂教学中来。

同时，教师在引导大学生参与分析解决问题的过程中，也要避免过分迎合大学生。一些大学生受网络负面信息的影响，分析和解决现实问题时思想偏激，言辞犀利。一些大学生将《思修》课程定义为“水课”，在分析和解决问题时态度消极，抵触情绪大。在这种情况下，教师不能被大学生牵着鼻子走，而是要控制好课堂气氛，因势利导，调动大学生自主学习的积极性，提高《思修》课程教学质量。

三、道德教育困境讨论模式的运用

《思修》课程教育过程，重在提升大学生道德判断能力，培育其道德行为的认知基础和动力机制。在教学中运用道德困境、故事呈现、困境阐明、小组讨论、大组辩论、最佳观点提名和大学生反馈等环节构成的困境讨论模式，有助于构建积极的道德教育课堂生态，形成以道德认知、道德情感互构的教学过程，切实将教学实效引向大学生道德判断、践行能力的提升上来，完善积极道德人格的生成机制。其中，把握道德困境故事的品质、大学生的主体性和教师的角色定位，是运用该模式的关键。

高校《思修》课程的教学实效，不仅体现于大学生对教学内容在知的层面上全面深入地接受，更应该体现于其深刻践行。这种实践特性在《思修》课程内容中更为突出。它不仅要让大学生把握道德内容和规范，形成正确的道德意识，更重要的是提升大学生的道德判断能力，培育其道德行为，使大学生不断提高其自身道德素质，养成良好的品格。然而，在实际教学过程中，如何培育和提升大学生的道德判断能力并未得到有效的关注，大学生对道德的认识往往停留在理解道德观念和道德规范这一层面上，缺乏对现实生活中道德事件的分析判断和选择、践行能力。为此，在《思修》课程中尝试将林德的康斯坦茨道德困境讨论法运用于教学，形成了困境讨论教学模式，这一模式以道德两难故事为载体，以故事—

问题—情感统一体的形式呈现出教学内容的新表现形态，在很大程度上改善了师生互动方式和课堂生态，促进了教学内容与教学过程的生活化，深化了学习的内化与外化过程。

（一）困境讨论教学模式的理论基础

困境讨论教学模式是基于康斯坦茨道德困境讨论法而形成，它是德国康斯坦茨大学心理学教授格奥尔格·林德博士设计的一种促进儿童和成人道德判断能力的新方法。

2500 年前，古希腊哲学家苏格拉底提出美德是不是一种能力以及美德能否被教育的命题。普罗泰戈拉、苏格拉底、亚里士多德、赫尔巴特、叔本华、杜威、皮亚杰、科尔伯格等前人对该问题都进行了深入的思考。现代道德心理学的研究证明，人类具有追求真善美的渴望，以及对获得真善美所需要的能力的渴望。不论国别、文化、宗教、社会阶层、年龄、性别等因素，大部分人类都共享基本的道德观念，如公平正义和相互尊重等，事实上，社会已经成功地将这些基本的道德观念传递给了下一代，绝大多数儿童在很小的时候就认同和接受了这些基本的道德原则和社会习俗。来自现代生物学的证据同样确认了人类基本的道德取向和价值观是与生俱来的，但道德能力似乎并非与生俱来。

在现实生活中，如果人们对于一些道德事件产生了不一致的态度，通常会被归咎于他们具有不同的道德观念；而当人们出现了恶劣的道德行为，通常会被归咎于个体不具备或者缺乏道德观念的支持。然而，人们忽略了道德观念的获得与道德行为的产生之间是存在鸿沟的。相关研究发现，好的意图只是利他行为的必要条件而非充分条件，利他行为的出现除了拥有好的意图以外，还需要个体具有较高的道德判断能力。也就是说，人与人之间道德水平的差距，并不是出现在道德观念这一层面上，而是由于人们在日常生活中渴望达到自己要求的道德观念的能力造成的，我们称之为道德判断能力。科尔伯格将其定义为个体基于内心的道德原则，对哪些是道德的进行决策和判断的能力，以及能够根据这些判断扶助行为的能力。可见，道德行为的出现不仅要有道德原则，更需要具有一种道德认知的能力，这种能力是一种通过理智解决与自己相对立的道德观念与情感冲突的能力，一种通过与他人进行到的对话和沟通从而做出较好判断的能力。

人们不仅需要拥有道德观念，更需要培养一种能力来将这些观念运用到日常生活中去。有研究表明，绝大多数人的内心深处是相信道德观念并希望以此为社会的生存法则，当人们面临与他们的观念相冲突的事情时，人们更愿意学会通过自由思考和讨论来解决与对手的冲突。正如科尔伯格所言，如果希望找到可以合理解决那些支持我们观点的论点，而且还要有能力来理解那些与我们意见不一致的论点。这种能力正是道德判断能力，而它也越来越被证明是道德的核心，是现代社会中最为需要的道德要素。缺乏道德能力的个体常常显示出极端的性格和缺乏同情心，而学会了在不同的价值观之间解决冲突的个体更乐意接受他人的帮助获得成长，并能将他们所学的运用到生活中去。人人都需要合作、与他人和平共处，因此，人人都需要取得基本的道德能力。这样，人们就能通过协商和讨论的方法来解决一些冲突，就能避免武力和暴力的使用，避免不道德行为和犯罪的出现。今天我们所面临的道德困境是我们的父辈们从未听说过的，同样，我们的下一代将要遇到的道德困境也是我们所无法想象的。随着道德难题的不断增长和性质的不断改变，个人只有通过教育和自我教育才能获得学习和发展道德能力，这不是简单的听几节课、看几本书就能学会的。大学期间是大学生们获得道德判断能力的最佳时期，需要教师通过正确的教学理念、方式来帮助他们培养和提高运用正确的道德原则来处理现实生活中的道德问题的能力。林德正是基于皮亚杰和科尔伯格的道德认知发展理论、哈贝马斯的交往理论，经过多年的实践，从多方面不断对科尔伯格、布莱特两难故事讨论法进行了修改和完善，于 1990 年设计了一种培育、提高儿童和成人道德能力发展的新方法，即康斯坦茨道德困境讨论法。实践证明，它对于提高大学生的道德判断能力非常有效。

（二）困境讨论教学模式的理念与程序

困境讨论模式的教学目标和理念，是要营造一个充满积极挑战而不是恐惧的学习环境，使道德教育的目标与方法一致。大部分传统的教育方法受限于传递价值观和教授道德理论，忽略了对道德能力的培养。只有在个体具备了一定的道德判断能力的基础上，道德动机才会导致道德水平的提高和道德行为的出现，目前道德教育忽略的正是道德判断能力的培养。现实生活中人们正确道德行为的缺失，不是因为缺乏道德情感、观念、意向、动机，而主要是缺乏通过对道德原则的思考和对话来处理道德问题或冲突的能力。道德判断能力正是道德情感与道德行为之间失去的链接。道德链接就是将学习者放置于一个半真实的道德两难问题的特殊情景中，通过道德链接方法，最终达到激发他们正确处理现实生活中可能出现的道德两难问题的能力。

运用故事在《思修》课程教学中使用，故事可使大学生去思考那些指引人们道德行为的价值观，这些可能是与大学生现实生活中相关的课题。通过道德困境故事现实化巩固框架，可以引导大学生置身其中参与《思修》课程教学过程，在每次进行教学之前，教师都要精心准备，以保证整个教学环节的完整和准确。为此教师需要编制一本道德困境专题教学手册，一次完整的教学环节共需 90 分钟，讨论困境故事 1 个，投票表决 2 次，整个教学模式的环节如下所示。

1. 第一环节，呈现道德困境故事

教师阐述一个具有教育意义的关于某大学生的困境故事，在这个故事中，不管他怎么做，都会违背一些行为准则。教师将故事的纸质版本分发给参与本次教学过程的全班大学生，并要求他们每人都要解答两个同样的道德问题：A. 为什么某大学生会犹豫？B. 你认为某大学生做这个决定有多大的难度？这正是将全班大学生放在一个半真实的道德困境之中，使其进退两难或者左右为难，通过培育他们对道德原则的独立思考与相互对话，直至最终选择或是取舍问题的解决方案，可以卓有成效地培养他们运用《思修》课程所学到的最新科学知识，学会正确处理今后可能会遇到的思想道德与法律问题，实际掌握正确的道德判断能力。这个环节激发全班大学生对今后可能会遇到的思想道德法律问题做出选择动机和现实行为。

2. 第二环节，阐明道德困境

教师需要确定大学生是否感受到思想道德法律困境，当全班大学生听完故事后，教师注意收集三种不同的回答：C. 当某大学生犹豫时，他的脑海里出现了什么？D. 这真是一个思想道德法律困境吗？E. 如果这真是一个思想道德法律困境，是什么原因造成的？等等。这个环节帮助全班大学生了解自己听到故事以后所触发的思想道德与法律情感，并学习如何将它们转变成语言文字与他人交流。这样一来，他们也会理解假如自己感受到亲身经历类似思想道德与法律困境时，别人未必觉得这是一个思想道德与法律难题，或者感受不到别人的困境。

3. 第三环节，小组讨论

教师要求全班大学生就某大学生的决定是对还是错进行投票表决，按照表决的结果将全班大学生分成 2 大组，分别坐在课堂两边，形成相互对立的两派意见。每派意见成员再分成 3～4 人的若干小组，以便于接下来的交流讨论。该阶段小组讨论持续 10 分钟左右时间。

4. 第四环节，大组辩论

在正式辩论之前，教师宣布两条规则：第一，可以自由发言，但不许人身攻击。第二，实行乒乓原则。即在辩论之中，当其中一派代表发言以后，由他指定另一派举手的其中一位代表发言。就像打乒乓球一样你来我往，以此支持和挑战相互交替展开辩论，给全班学生更多的辩论时间，用于大学生自我建构和共同建构思想道德与法律情感的重要过程。

5. 第五环节，提名对立派的最佳观点

困境讨论模式要求每一方关注对方大学生的论点，选取对方观点中你认为最棒的观点。这一环节很受大学生欢迎，它使参与者认识到：当我们遇到与自己观点不一致的人和事，并不意味着要完全否定对方，而是要允许不同观点的存在并试着去接受和认可，要用和平而非武力的方式去解决现实社会中出现的矛盾与冲突。最后，就“某大学生的决定是对还是错?”进行第二轮投票表决。

6. 第六环节，大学生的反馈

在讨论结束后，向参与者提出这样的问题：你认为这节课有意思吗？你从中学习到了什么？如果有机会你还会参加这样的活动吗？等等。由此获得大学生对本次教学过程的反馈。

（三）运用困境讨论模式教学的实践探索及其成效

当前的大学生思想开放、知识面广、学习能力强，但知识体系尚不完整，三观尚不稳固，情感心理也尚未成熟，面临着学习生活等各种成长中的问题，对思想政治教育理论课程所讲授的内容，客观上存在迫切需求。如何及时发现、正确引导大学生思想道德深处的真实困惑和需求，让思想政治教育理论课程贴近大学生、贴近生活、贴近实际，做到因事而化、因时而进、因势而新，提高思想政治教育理论课程的吸引力、亲和力、针对性、教学质量，使大学生有获得感，这些是促使我们思考思想政治教育教学改革与创新的当务之急。道德教育作为《思修》课程中的重要内容，其教学效果及实效性更是亟待提高。结合我国的具体国情，在教学内容、教学方法、教学理念、教学情境等方面进行改善，可以成为真正培育和提高我国大学生道德判断能力的一套具有时效性和可操作性的道德教育新模式和新方法，由此实现道德教育的目标，提高大学生的道德素质水平。

近年来，在《思修》课程教学中，尝试运用困境讨论法模式，取得了明显的教学效果，赢得了大学生的充分肯定，对该教学模式的认识也进一步加深。概括起来，该模式呈现出以下特点：

1. 构建积极的道德教育课堂生态

课堂生态，是一个以教师、大学生、教学环境等要素构成的综合体，由自主性、主动性、专注度、关注面、时间量等，构成课堂生态系统的活力基本指标，基于问题的人与人互动，正是激发或增进活力的意义的重要方式。困境讨论模式下的课堂生态，不仅能够保持内部平衡，具有思想政治理论课所必需的课堂活力，还会由于问题探讨过程的展开而使课堂教学激发起大学生的创造性，从而使其学习行为成为基于内生动力的积极的道德接受过程。在《思修》课程内容中，紧密结合社会上的道德事件，选取与社会公德、职业道德、家庭美德、社会主义核心价值观等相关的典型案例，通过困境讨论模式，将大学生放置在一个半真实的道德困境问题特殊情境中进行思考和讨论，让大学生在平等和谐的情境中参与、体验、感悟，获得感动、受到启迪。

2. 形成以道德认知与道德情感相统一的德育课程

道德课程的实施过程通常由知识的呈示、话语表达、课堂提问、纪律维持等构成，困境讨论模式实现了对这一过程的超越。教师的作用由从前的唱独角戏转变为组织、引导教学，其亲和力作用得以充分发挥，能够由此更全面、更客观地了解大学生思想道德修养与法律基础状态，轻松、民主的课堂气氛增进了师生之间、同学之间的交流。“乒乓球原则”一方面从制度上规定了良好的课堂教学秩序，让大学生都能清晰地表达出自己的辩论观点，避免出现嘈杂无序的辩论场面；另一方面也实现每一个大学生发言机会的公平均等，实行宪法所规定的人民当家作主，见到了辩论课堂上的公平正义。大学生学会了积极思考，参与讨论，包括小组讨论和大组辩论，学会了敢于表达、善于倾听等法律法规，提高了大学生进入社会以后，理性对待道德冲突、明辨道德是非的能力，同时也提高了大学生今后走上各级领导岗位以后，主持各种会议的工作能力和控制能力。

3. 将道德课程的教学实效切实引向大学生道德判断、践行能力的提升

道德教育课程必须将道德知识与现实生活紧密结合，学以致用，实现道德情感、道德认知、道德认同、道德行为的转化。困境讨论模式中的讨论不同于一般的讨论，道德认识的完成一般要经过道德体认、道德认同、道德觉悟这三个阶段，通常与讲授相配合的讨论，虽然对道德知识接受具有直接意义，但并不能引导大学生进行完整的道德认识过程。而困境讨论通过对道德故事中的困境充分讨论或者辩论，使一般的讨论所不能实现的道德认同、道德觉悟过程得以完成，实现了真正意义上道德认识。另外，关于道德困境的讨论会使大学生的道德认知过程由抑制状态转入兴奋状态，从而使道德判断、选择能力具备了明确的积极行为指向，转化为道德行为能力。

4. 完善积极道德人格的生成机制

道德教育以构建优良道德人格为己任，人际尊重不仅是积极道德人格生成的条件，也是积极道德人格的示范效应之源。困境讨论模式从大学生的角度去引

导，深入其心理世界，让大学生感受到被尊重、被关怀，从而主动接受教学的内容，实现理性与情感的双重认同。由此，这一模式的运用过程可以实现知识、能力、人格在积极课堂生态中的有效生成。困境讨论模式具有明显的教学实效。有大学生指出，以前很少甚至没有机会与教师近距离接触或交流，如果在现实生活中遇到道德困境选择时，大学生会感到害怕选择或是回避选择。参加了该模式教学实践以后，学生与教师的关系变得密切，在随后的课堂上变得更加积极和踊跃发言，能主动与教师讨论问题，这正是其道德判断能力提升的直接反映。另外，“乒乓球原则”、选取对方观点中最棒的观点等教学环节亮点显著，使大学生的公平意识、规则意识、交流对话、认同异己观点、为对方喝彩等方面的优秀品质和能力得到了有效的培育和提升。

（四）困境讨论模式的运用要则

1. 道德困境故事的品质

假设的道德困境必须来源于现实，值得大学生关注并讨论。正如马克思所强调的，良心是由人的知识和全部生活方式来决定的，有思想的人的良心不同于没有思想的人的良心。道德良心的培养必须基于现实，值得大学生关注并能引人沉思。这是人们的道德情感与其道德行为的关键。困境讨论模式必须有助于激发大学生关注社会，走进生活，培育大学生在现实生活中正确对待类似事件，让大学生产生价值共识和价值认同。

2. 大学生的主角地位与教师的配角地位

困境讨论是以大学生作为主角，而教师充当配角；大学生是运动员，而教师只是教练或裁判；以大学生为中心开展讨论，教师提醒违规的行为。

3. 困境讨论教学模式的适宜性

困境讨论模式的运用并不是一个孤立的教学过程，不存在适用于一切环境的最优秀教学模式，但针对实际需要、达成目标、内容、方式、评价的最佳组合的教学模式最优化，却是教学模式论的宗旨。这一模式在教学运用时还需要与其他教学模式相配合。另外，它与其他思想政治教育理论课程是否具有适用性，尚待进一步科学验证，不能作无限推广。

四、参与式教学探索

参与式教学是教育部倡导的提升高校思想政治教育理论课程实效性的重要教学方法。参与式教学与应用型本科教育建设目标相契合，符合课程目标和当代大学生思想行为的特点。参与式教学在《思修》课程教学中的实现形式有情境演示、话题讨论、实践成果展示、角色互换等。实施参与式教学，教师观念转变是重点，人本主义理念应贯穿整个教学过程。在思想政治教育理论课程的实践教学中，大学生参与程度与教学效果密切相关，只有激发大学生的学习兴趣，创造民主、平等的教学氛围，使大学生参与到教学过程中，促进其自主学习、自主探索，才能收获良好的教学效果。

（一）实施参与式教学的可为性和背景

参与式教学与应用型本科教育目标的契合性。应用型本科院校的人才培养目标是高素质的应用型人才，即具有一定知识和综合素质，面向生产、管理、服务等一线岗位，具有解决实际问题的能力和创新能力，有较深厚的专业基础知识，具有可持续发展潜力，具备良好的科学素养、人文素养、团队协作精神。为此，应用型本科教育应突出以大学生为主体的授课方式，强调实践性、参与性、体验性等非认知目标。而参与式教学以大学生为中心，通过预设情景、自治活动等方式实现师生共同参与，使大学生在参与教学的过程中获得综合能力的提升，与应用型本科院校的教育目标不谋而合。

参与式教学与课程目标、大学生思想行为特点的相符性。《思修》课程是高校思想政治教育课程的重要组成部分，它是一门用马克思主义理论指导大学生成长、成才的课程，具有教学内容理论性强、教学体系庞大等特点。课程的目标是引导大学生正确认识世界和中国发展大势，正确认识中国特色和国际比较，正确认识时代责任和历史使命，正确认识远大抱负和脚踏实地，培养大学生明辨是非、善恶、美丑的能力，提高大学生的思想道德素质和法律素质。《思修》课程实施参与式教学，从大学生已有的认识水平出发，针对大学生面临和关心的实际问题和社会热点问题参与互动，满足大学生成长成才的需要，提升对思想政治教育理论课程的获得感、幸福感、安全感、认同感，鼓励大学生积极参与实践活动，培养大学生逐渐成为有理想、高素质、能担当的社会主义事业的建设者和接班人，从而切实提高思想政治教育理论课程的实效性。

根据对在校大学生的调查发现，新时代大学生具有以下明显特点：视野开阔、思想活跃、信息获取能力强、注重自我个性、敢于表达自己的独立见解、关注社会热点问题，具有国际化的视角，有一定的分析思考问题的能力，参与意识强。当代大学生对思想政治教育理论课程教学提出了更高的要求。参与式教学视大学生为教学活动的主体、提升教学质量的主要力量，开展多元化的教学活动，促进大学生的主体参与和能力提升。

科技进步为参与式教学提供了技术支撑。当今时代，科技发展突飞猛进，必然促进教育的变革。信息技术的广泛使用让大学生获取知识与信息非常便捷，教师的权威性相对削弱，传统的对大学生知识的单向传输的灌输式教育难以为继，教师的角色面临向教学引导师的转变，教育呼唤新型的、平等的师生关系，比较民主的教学环境将有助于促进创新教育。科学技术的发展也为教育变革提供技术支持，数字化信息技术使课堂知识的呈现方式丰富多彩，网络可以实现优秀资源的共享，微课、微互动、微评论增加了师生间的互动，智能化网络、大数据技术为大学生参与教学提供了技术支撑。我们应该积极推动信息技术与教育融合创新发展，主动学习和应用现代教育手段，使信息技术真正发挥作用，促进教育现代化。

（二）参与式教学的几种形式

1. 情境演示

《思修》课程是一门理论性很强的课程，照本宣科课堂气氛必然沉闷，对大学生缺乏吸引力。情景演示从贴近大学生思想生活的实际问题中取材，巧设情景，让大学生亲身体验和实际感受的情景，丰富了课堂教学内容，增加了思想政治教育理论课程的吸引力和感染力。例如，在第一章理想和信念教学中，组织大学生表演小品，展现大学宿舍众生相，宿舍里每个人基于不同理想和信念，生活呈现不同的状态，有的同学勤奋学习，有的同学沉溺于爱情，有的同学与世无争，有的同学迷恋电子游戏。小品内容贴合大学生的实际生活，课堂气氛活跃，同学们分享了自己的心得。教师在最后对知识重点进行教学讲解，引导大学生回归课本，明确理想和信念对大学生成长、成才的作用。情景演示教学促进理论与实践、认知、情感、意志的结合，使大学生在体验中学会思考，在感受中加强理解，增强对核心价值观的认同，最终用所学指导自己的生活实践。大学生参与演示还可以锻炼和提高人际沟通能力和协同精神。

2. 话题讨论

讨论课是《思修》课程最常用的参与互动形式，分组讨论然后小组选代表发言，最后教师点评总结。成功的讨论课话题设计是重点。首先宜选取大学生关注的现实与社会热点问题，话题设定不宜范围过于宽泛。其次是难易适中，与大学生的认知和理解能力相适应，略有挑战性，引导大学生透过现象看本质的话题效果较好。当然话题的核心内容符合教学大纲是基本要求，比如在“适应大学新生活”章节，设定大学宿舍良好人际关系的关键词话题；在“弘扬中国精神”章节，引导大学生得出创新是民族进步的灵魂等结论。法律部分选经典案例，都能激起大学生的共鸣，使其参与到课堂讨论中来。教师的点评总结应该具有建设性、探索性、激励性，这样有助于营造相对民主的教学氛围。大学生的课堂表现计入平时成绩，这些都能激发大学生参与讨论的兴趣。参与话题讨论有助于培养大学生独立思考的能力和创新发散思维。

3. 实践成果演示

《思修》课程的最终目标是让大学生树立正确的观念并将之付诸实践，内化于心、外化于行，学好本领，服务社会。例如设计“我拍、我思、我行”的实践环节，拍摄社会生活中的不文明现象，思考分析成因，引导大学生知行合一，做公益之事，使社会更美好。大学生自编自导拍视频，关注的社会问题从全球难民到校园欺凌、共享单车等方面，视野开阔，涉及领域广泛。在公益实践活动方面，大学生参与普法宣传、环保、社区助老等活动，其中有的班级义务献血率达到40%。实践分组进行，课堂集中成果展示。由于实践项目占到总成绩的20%，且大学生的自主性强，主体地位得到彰显，大学生投入了极大的热情，实践活动成绩斐然。实践成果演示活动成为大学生汇报一学期学习成长的平台，通过实践活动，让大学生更加透彻地理解理论知识，树立四个正确认识，也提高了对《思修》课程的认同度。

4. 角色互换

国际教学实验研究显示，在学习过程中，教授他人的学习成效最高；其次是实践学习，教师讲授的效果远低于这两者。《思修》课程教学中尝试师生角色互换，大学生扮演教师的角色，负责讲授课程的部分内容，此方法有助于培养大学生的研究探索能力和语言表达能力。例如，第八章权利和义务的教学中，把公民的政治权利、人身权利和自由、生存和发展权利等内容，分别提前布置给几个小组，让大学生有充分的时间，收集案例，准备讲稿。课堂上要全员参加，授课大学生要努力让授课内容清晰明了。听讲的同学负责点评和提问，教师评定成绩和协调秩序，最后总结和完善教学内容，发挥主导作用。大学生在角色互换中，体会到主人翁的满足感，参与的积极性高。由于师生在课前做了积极的沟通，达到比较理想的教学效果。

（三）关键问题

1. 课前充分准备是基础

对于教师来讲，不但要对教材有系统的研究，还要了解国际、国内热点问题，把脉大学生的思想动态，提出每章节讨论、研究的主题，还要掌握课题的基本理论知识、经典文献和目前最新研究成果，能够对大学生的参与情况给予建设性的评价，引导大学生全面客观分析问题，避免简单的是非结论影响大学生参与研讨的积极性。对大学生而言，要在教师的指导下围绕某一课题，查阅资料，收集应用文献，了解最新的科研成果，撰写讲稿，这些准备工作能促进大学生自学能力的提升。准备阶段教师要与大学生全程沟通，及时了解大学生遇到的难题，提出针对性的指导建议，这是参与式教学实施成功的基础。

2. 教师观念的转变是重点

传统的灌输式教学，重视教师的权威讲解，大学生被动听讲，课堂教学气氛沉闷，大学生的主体地位被忽略，直接影响教学效果。高校思想政治教育理论课程实施参与式教学，教师观念转变是重点。那些认为教师最懂得大学生需要什么、课堂是教师的舞台，麦克风应当牢牢掌握在教师手里的观点必须改变。参与式教学把大学生的成长、成才作为根本目标，教学的重心由传授知识向指导大学生学会学习转变。教学是师生共同参与的学习活动，大学生在教学活动中处于主体地位，教师的主导作用体现在引导、激励大学生的自主学习，最终促进大学生的个性品质和综合能力素养获得稳定的提升。教育的最终目的不是传授已有的知识，而是要把人的创造力量激发出来，将生命价值感唤醒，直到精神生活之根。教师是大学生学习激情的点燃者、教学资源的整合者、学习方法的传授者。

3. 教学过程应贯彻以人为本的理念

以人为本是当代马克思主义的最新理论成果。高校思想政治教育理论课程改革应当发挥其指导作用，开展参与式教学要将尊重人、理解人、激励人、发展人的理念贯穿整个教学过程。第一，要相信大学生有学习的潜能，具有创造性解决问题的能力，教师要做的是为大学生的自主学习创造条件。第二，要尊重大学生的个体差异，平等、真诚地对待每一个大学生。通过问卷调查、座谈等形式，了解大学生的实际需要，教学内容设计上突出以大学生为中心的意识。第三，对大学生的参与要及时进行表扬和鼓励，创造平等尊重、和谐融洽的师生关系和学习氛围，充分调动大学生的内在动机，让大学生感觉到学习乐趣，主动地参与到教学中。第四，在教学目标上要重视大学生的全面和谐发展，鼓励大学生独立思考和创新思维。评价体系上将过去的单一评价变为多元的、发展性评价。只有这样，才能使大学生回归学习的主体地位，创造性地完成学习任务。师生在共同参与、积极互动中实现共同发展和师生相长，这正是教学的真正价值，也是参与式教学的真谛。高校思想政治教育理论课程教学改革，教育方法的改革创新是突破口，并非教学改革的目标，要经常性地反思是否为追求参与效果的活跃性而偏离教学的核心目标。每一种教学方法都存在其适用性问题，参与式教学方法要与课程类型、教师专业特长、大学生的特点相适应；教无定法，参与式教学方法使用时要考虑与其他教学方法，如研讨法、案例法组合应用，才能取得更好的教学效果。

五、传播中华优秀传统文化

在新时代，以《思修》课程传播中华优秀传统文化主要是基于中华优秀传统文化与马克思主义存在共生关系，中华文化立场的坚守以及基本理论具有相容性等逻辑前提。在此基础上，还需厘清二者衔接的基本理论架构，在与中国道德对接中进行创造性转化，在与中国价值对接中进行民族性深化，在与中国精神对接中进行主体性同化，从而揭示其中运行的具体作用机制、情感机制、转化机制。这对于贯彻习近平新时代中国特色社会主义思想，促进中华优秀传统文化的创造性转化和创新性发展具有重要意义。中华优秀传统文化是当代中国发展的突出优势，是中华民族独特的精神标识，要将其全方位融入高校思想政治教育理论课程教学，贯穿高等教育、继续教育等各领域。中华优秀传统文化的生命力不仅体现在其本身所具有的内在合理性上，在很大程度上更体现在它的传播力上。新时代思想政治理论课程传播中华优秀传统文化，是基于一系列的逻辑前提、理论架构、运行机制等而展开的系统工程。

（一）传播的基本逻辑前提

依据《思修》课程传播中华优秀传统文化的基本逻辑前提在于，中国特色社会主义已经进入新时代。在新时代，包括社会主要矛盾在内的诸多社会现实情况已经发生转变，中华优秀传统文化承担起了不同于以往的重大历史使命，从而也使高校《思修》课程传播中华优秀传统文化在某种程度上具有了跨时代的飞跃。

1. 中华优秀传统文化与马克思主义存在共生关系

高校思想政治教育理论课程以立德树人为根本任务，是进行马克思主义理论教育的重要途径。《思修》课程能够传播中华优秀传统文化的一个重要逻辑前提，就是中华优秀传统文化与马克思主义存在共生关系。马克思主义经典作家曾经指出，全人类的无产阶级文化以各民族文化为前提，并且滋养各民族文化，而各民族文化则充实和丰富全人类的无产阶级文化。这就肯定了民族文化与无产阶级文化之间的共生关系。无数历史经验告诉我们，没有马克思主义即科学社会主义救中国，中华优秀传统文化的传承链条就会遭到破坏甚至中断。在清末仁人志士报国无门之时，在中国东北三省沦陷于日本奴化教育之下，在北京人类头盖骨和敦煌古籍等珍贵文化遗产飘零海外之际，面临空前文化浩劫的中华优秀传统文化因马克思主义即科学社会主义在中国取得全国胜利而得以重新传承。从此，马克思主义犹如浩瀚东风吹拂中华大地，人们的传统生活方式、思维方式等也随之发生沧桑巨变，使我们的传统文化面貌一新，焕发出新的生机与活力。马克思主义挽救了处于危机之中的传统文化，在新时代开启了新的征程。

一百年前，马克思主义在中国的广泛传播同样得益于中华优秀传统文化的包容性及其赋予的中华民族的理解力，这就是马克思主义的中国化。首先，马克思主义之所以能够在中国落地生根是源于中国已有的价值标准。郭沫若曾经写过一篇文章，叫作《马克思进文庙》，在中国最先提出马克思主义中国化问题。无论是中国太平天国农民运动，还是资产阶级改良主义和革命运动等，马克思生前都曾经予以高度关注，不屈不挠的中国人民在中华优秀传统文化的指引下奋力抗争，彰显出先天下之忧而忧、后天下之乐而乐的博大情怀，都是对“天下兴亡，匹夫有责”这一爱国主义思想的社会实践。因此，马克思主义中国化是以救亡图存、保家卫国等中华优秀传统文化爱国主义教育为根本动力的。其次，中国人民突破苏联模式，创造性地运用马克思主义科学理论，突破以城市为中心的革命道路，转向以农村包围城市最后夺取城市的正确方针。改革开放解放思想，突破计划经济体制，建立社会主义市场经济体制，以及随后各个历史时期，我党化解种种新挑战和新危机，化危为机，我们都看到了中华优秀传统文化与马克思主义共生的巨大力量和创新发展。

2. 发展中国特色社会主义文化必须坚守中华文化立场

党的十九大报告指出，发展中国特色社会主义文化，就是要以马克思主义为指导，坚守中华文化立场。这是新时代进行思想文化建设的重要指导思想。任何事物发展都有其源泉，中国特色社会主义文化的发展离不开中华优秀传统文化。列宁曾说过，发展无产阶级文化不是臆造新的文化，而是秉持马克思主义观点发扬现有文化的优秀的典范、传统和成果。可见，存在于社会主义制度下的中华优秀传统文化是中国特色社会主义文化发生、发展的历史前提，而中国特色社会主义文化又是高校思想政治教育理论课程教学内容的重要组成部分。因此，坚守中华文化立场对于思想政治教育理论课程教学，阐扬文化自信和弘扬民族精神，以及发展中国特色社会主义先进文化至关重要。

3. 中华优秀传统文化与思想政治教育理论课程基本理论具有相容性

相容性，即两种事物可以相互融通并最终达到和谐统一。思想政治教育理论课程能够传播中华优秀传统文化之根本原因在于，二者之间具有相容性。这种相容性主要基于以下三个条件：第一个条件，鉴于二者处于同一地域之中，为同一民族所需，向同一目标迈进，这种相容性不仅取决于它们在价值观、社会心理基础等方面具有很多相似性，甚至在共同的时代使命和任务等方面还具有一致性，即提高国家文化软实力，服务于中华民族的伟大复兴。第二个条件，中华优秀传统文化本身具有很强的包容性。众所周知，中华优秀传统文化自古至今吸纳了周边众多文化的优长之处，从而形成了5000多年绵延不绝的强大生命力。此外，还有第三个条件，就是思想政治教育理论课程对中华优秀传统文化所持的开放态度。《关于实施中华优秀传统文化传承发展工程的意见》指出，中国共产党自觉肩负起中华优秀传统文化继承者、弘扬者、建设者的责任；在肯定了中华优秀传统文化的时代价值的同时，也积极倡导多方参与推动形成有利于传承发展中华优秀传统文化的体制机制。思想政治教育理论课程在高校的普及化，恰好为中华优秀传统文化提供了多种运行机制和广阔的传播渠道。由上可知，基于相似性、包容性、开放态度这三个条件，思想政治教育理论课程传播中华优秀传统文化才具有了可能性。

（二）传播的理论对接与升华

根据中共中央宣传部、教育部《关于进一步加强和改造高等学校思想政治教育理论课程的意见》，高等学校思想政治理论课程教学面向本科生共开设5门必修课，其中《思修》课程是进行传统文化教育的核心课程。新修订的2018版《思修》课程教材的第三章、第五章，分别对应中国精神、中国价值、中国道德，既有深厚的历史成绩，又是当今中国社会所大力倡导的思想内容，因此是传播中华优秀传统文化的重点章节。

1. 与中国道德对接中的创造性转化

《思修》课程2018年版教材的第五章中明大德守公德严私德部分，大量的优秀传统道德被写进教材，就这一章的标题中，明、守、严三个词，每个字就是一个词，具有很强的古代汉语风格。位于这一章一级条目的传承中华传统美德、个人品德，等等，更是大篇幅地写入了优良传统道德内容。但这里的传统道德，已经注入了习近平新时代中国特色社会主义思想，这是基于当今社会道德建设的现实需要而作出的理论回应，反映了当今社会对优良传统道德的肯定性评价。还有许多优良传统道德未被写进教材，但也非常重要。这就需要以习近平新时代中国特色社会主义思想体系为指导，采用特定的评价标准来加以取舍。将那些契合时代需要、国家需要、民族需要的优秀传统道德反映到教学实践中来。尤其要注意道德讲解中的尺度和导向，切不可将关于中华传统美德的讲解引向儒家境界，而应以中国化的马克思主义为导向，将大学生引向马克思主义境界。

2. 与中国精神对接中的主体性同化

中华民族文化主体性就是中华民族文化上的自我认同性，具有被建构特点。文化需要由主体承接，目前，传统文化创造者和主要承载者无疑是生活在古代的中国人。正是基于此，我们才提出了要继承和弘扬中华优秀传统文化，不能抛弃传统、隔断精神命脉。传统精神与当代中国精神的主体性进行对接，这一过程的彻底完成必须借助于文化从古人向今人的迁移，完成文化主体由古至今的转变。与其说这是一个迁移的过程，不如说是一个古今同一、同化的过程，是一个与中国追求现代化历史实践过程相伴而生，由文化蒙昧走向文化自觉、由文化自卑走向文化自信，并在文化自觉、自信的前提下，重构中国文化主体性的过程。在中华优秀传统文化的创造性转化和创新性发展中，这一过程显然比单纯的理论对接更为重要。

一般来看，中华优秀传统文化比较偏重道德或伦理，人们常常将道德或伦理与精神连用，甚至以道德代替精神，鲜有人关注二者之间的区别。实质上，道德与精神有着本质的区别：道德更多体现为外在的一种社会规范，而精神则更多体现在人们的内心世界。道德作为一种规范更为具体详细，时代局限性强；而精神则更为抽象，时空跨度更广，适应性更强，影响也更为持久。中华民族优秀的传统精神力量，不仅是指以周公、孔子为代表的精神体系，而且可以追溯到更加久远的原始社会，甚至神话传说。精卫填海、女娲补天、愚公移山、大禹治水，这些神话传说所体现出的精神，不是一种外在的道德约束，亦不同于孝、悌、仁等道德规范。道德一旦上升为精神，便具有了崇高性，精神在人的主观体系中处于较高层次。从实现过程来看，上述道德规范需要人们加以践履，而这些古代的中国精神，已经内化为一种精神力量，抛却了外在的形式，达到了人与典故、人与神话、人与历史的一种精神上的高度统一，即精神的主体性同化。同时，这些中国精神又蕴藏在具体的形式中而得以展现，以此形成一种意向。人们通过这种意向来感知某种精神力量，从而在内心形成共振效应并使其得以激活，以此达到主体与外在典故的精神同化，这种古今主体的同一，超越了时代，超越了阶级，超越了历史，从古代的时空中穿越而来进驻到现代中国人的内心世界，符合中华民族主体性建构的需要。

在第三章弘扬中国精神中的重精神的民族传统，以爱国主义为核心的民族精神，尊重和传承中华历史和文化这些内容里，集中反映了思想政治教育理论课程中传统精神与当代精神的关系，凸显了中华民族文化主体性建构的需要。传播、弘扬中国精神固然重要，但如果这个精神没有一个统摄者就会散而无力，甚至如果处理不当还可能产生反作用力。因此，这就要求我们深入阐明这些对当代中国特色社会主义伟大事业的重要意义，这样，经过主体性同化过程塑造出来的文化主体才是真正有价值的文化主体。

3. 与中国价值对接中的民族性深化

思想政治教育理论课程的民族性，即指思想政治教育理论课程中所体现的民族特性，社会主义核心价值观与中国固有的传统价值观通过民族性而得以统一。一般而言，核心价值观是最具民族特色、最能体现民族特质的民族文化组成部分。而文化上的民族性，从该民族的演变规律来看，具有自然获得性。然而，清末民初时的中国在经历前所未有之大变局的空前浩劫中，救亡图存已然成为第一需要，而封闭了上百年的中华文化，在未能进行创造性转化的情况下，单靠自身根本不能满足这种需要。今天，在经过百年间的激荡与碰撞后，习近平总书记论述的关于我们党和国家对传统价值观与社会主义核心价值观的关系已有了实质性的变化，民族性需求体现得更为充分、更为主动，也更为清晰。由此，去民族性开始转向民族性获得，马克思主义中国化也开始由民族批判性转向民族主体性、民族传承性的传承，而民族性的深化作为一种高层次的文化传承活动，必然要围绕着该社会的核心价值观进行。这种深化的必要性则在于中华优秀传统文化的现代主体的缺失，以及当代核心价值观的传统文化底蕴的缺失。不论何种缺失，其民族性都是不完整的，而两者的古今对接恰好基于构建完整民族性的需要，通过民族性的双向深化从而达到同一。民族性维度，经历了依赖、探索、自主、自觉。时代性维度，经历了革命、建设、改革、深化改革的过程。二者的双向互动最终实现了原有理论与实践经验的对接。总之，这是一种与时代的对接，与近代以来中国数百年革命斗争史与和平建设史中形成的价值观的对接。把传统文化作为精神命脉，增强其对社会主义核心价值观的涵养作用，已正式写入《思修》课程教材。当代中国核心价值观中不仅在内容上有传统价值观的一席之地，而且其历史底蕴更得到了新的阐发，民族性取向进一步凸显。

2018 版的《思修》课程教材具有很强的历史感，将中国的思想道德建设设置于中华民族优秀文明历史、世界社会主义奋斗历史、中国共产党革命建设改革开放历史之中，借以引导大学生群体提高思想道德素质和法律素质，使思想道德建设更富于使命感、接续感、时代感。这时的社会主义核心价值观，已不仅是社会主义条件下多元价值观的凝练和升华，一旦放入历史长河之中与中华优秀传统文化相结合，它便有了历史唯物主义巨大的推动力量，有了更大的凝聚力，成为汇聚古今价值观的凝结核，并最终融合成为一个体系。《思修》课程与中华优秀传统文化的对接点，可归纳为“三三三”机制体制，即三大板块，包括中国精神、中国价值、中国道德；三大观念，包括大学生世界观、大学生人生观、大学生价值观；三大传统，即中华民族爱国主义优良传统、中华民族优秀伦理道德优良传统、中华民族革命理想信仰优良传统。由此可见，无论从教材结构本身，还是从教学过程间接涉及的中华优秀传统文化内容来看，《思修》课程较为适合进行中华优秀传统文化的传播与教育。

通过上述分析可知，《思修》课程与中华优秀传统文化在内容上按传播的相关程度可分为强相关、中相关、弱相关三类。强相关，即《思修》课程教材中存在的与中华优秀传统文化具有理论共同点且较为系统的内容，该部分可直接依据教材中所阐明的中华优秀传统文化理论进行讲解和传播。中相关，即《思修》课程教材中有关中华优秀传统文化的某些内容只涉及几句话甚至仅仅是一些关键词，这种情况就需要扩展教材以外的中华优秀传统文化内容。低相关，即属于隐性的传播方式，亦即教材中没有直接对应的内容，而是属于同一论题下的不同理论，这种情况下可以采用间接传播的方式。譬如，从中华优秀传统文化角度诠释理论、溯源历史、运用教学方法等，均属于间接嵌入式传播。在诠释理论的过程中，要优先选用中国方法和理论进行诠释。在历史溯源中，面对中西方文化两条思考路径时，中华优秀传统文化路径应予优先考虑，以培养中国优先的集体意识，从而逐步扭转探索问题一般倾向于西方的习惯思维。

（三）传播的运行机制

在《思修》课程教学实践中传播中华优秀传统文化需要遵循课程的基本教育规律，需要我们在依托原有课程教育规律的基础上，不断深入探索传播的作用机制、情感机制、转化机制等运行机制，为促进传播活动由理论向实践飞跃架设天桥，从而推动传播活动向系统化、高水平方向深化。

1. 传播的作用机制

中华优秀传统文化与《思修》课程之间通过多个传播的作用机制互融互通、共同发展。我们可以将其归纳为三传播、三对接。所谓三传播，即背景传播、案例传播、情境传播。毋庸置疑，每个理论问题都有其产生的根源，而在涉及某一问题的历史背景时可适度融入与此相关的中华优秀传统文化，即背景传播。譬如在列举案例论证理论时，可选择中华优秀传统文化中的名人事迹、英雄壮举等达到传播目的。此外，还可以从传统文化角度布置教学情境，依托多媒体、微课、网络平台等进行传统的音乐渲染、绘画熏染、书法浸染等，即情境传播。所谓三对接，即理论对接传播、思维方法对接传播、工具对接传播。理论对接传播就是将中华优秀传统文化运用到课程的相关理论阐述中来进行传播；思维方法对接传播是将中华优秀传统文化中的辩证思维方法等在课程中彰显出来进行传播；工具对接传播是将传统语言文字、音韵声律等作为基本工具运用到思想政治教育理论课程中来。此外，语言是《思修》课程传播中华优秀传统文化的主要作用机制。汉语之所以成为中华优秀传统文化的重要内容，不仅仅源于其文字传承，也在于汉字中形成的一些带有文化故事、文化标签性质的文化元素。汉语中的中华优秀传统文化元素包括成语、典故、寓言、歇后语、方言等，运用这些文化元素表述情感，或者论证理论即意味着在传播中华优秀传统文化，而且比那些缺少文化底蕴的语言更具有感染力。

2. 传播的情感机制

中华优秀传统文化的传播过程可借助于《思修》的情感机制，并在此基础上构建自身运行的情感机制。这一过程应遵循一定的原则，除了坚持传播需要理性批判、主次分明等原则外，在情感教育方面还应遵循真善美原则。选取贴近大学生的事例追溯其历史由来，会大大提高大学生对中华优秀传统文化的亲切感和认可度。美国心理学家霍金斯在意念力一书中提出，经过实验多次证明，客观正确的陈述能够激发被试者肌肉正面的反应，相反就会产生负面的反应；实验适用于不同文化背景的人群。既然积极的正能量刺激会让人变得有力量，在教学中就应该选择卓越人物特别是极富感染力的正面人物，同时选择较好的教学素材传播真善美和正能量，均有助于收到良好的教育效果。

3. 传播的转化机制

从教师的教育教学角度讲，传播过程的有效实现需历经一系列转化过程，概括起来就是知、接、融、传、爱、行。首先要求知，不仅要从整体上了解中华优秀传统文化，还要熟悉和掌握所讲授的《思修》课程教学内容，更要明确当代中国社会对中华优秀传统文化的现实需求，寻找衔接点，然后才能无缝对接地有效传播，最终相得益彰。其次将对接了的古今文化融为一体，深刻理解和分析，形成新的教学内容和理论架构，传播给处于中华优秀传统文化理论认知阶段的大学生群体，然后运用东方特有的情感机制，激发大学生对中华优秀传统文化的热爱，譬如中华孝道等。最后，再通过一系列实践教学活动，如书法、国画、围棋等文化体验课来加以强化，提升传播效果。以上几个方面之间的有机衔接共同构成《思修》课程传播中华优秀传统文化的转化机制。当然，实践不止，理论也在不断前行，《思修》课程自身运行机制还有很多需要深入研究之处，中华优秀传统文化在课程中的传播机制还有很多需要探索和完善的地方，需要大学生为之不懈努力。

党的十九大提出了习近平新时代中国特色社会主义思想。我们不仅要关注其理论的阐释，更应注重十九大精神的贯彻和落实。习近平新时代中国特色社会主义思想体系有着丰富的中华优秀传统文化转化和传播的重要论述，这已经在《思修》课程中得到了切实的体现。在中华优秀传统文化传播中，思政教师要勇于担当中华优秀传统文化与中国伦理道德对接中进行创造性转化，与中国价值对接中进行的民族性深化，与中国精神对接中进行的主体性同化等使命，不断深入探究其中的运行机制，阐述其中的基本规律，这样，《思修》课程才能取得更好的教育教学效果，培养更多能够承担中国特色社会主义事业重任的时代新人，进而才能助力于文化强国建设和实现中华民族伟大复兴的中国梦。

第五章　高校思政课学习共同体的建构研究

本章要点：

- 系统优化模型嵌入高校思政课教学改革的理论与实践。
- 微文化视阈下高校思政课堂学习共同体的多样性。
- 线上与线下思政课学习共同体。
- 课内与课外思政课学习共同体。

试着来解答这些问题：

如何将线上与线下思政课学习相结合？

试着讲讲系统优化模型对高校思政课带来了什么有利的影响？

第一节　系统优化模型嵌入高校思政课教学改革的理论与实践

"系统"一词是由古希腊语 system 经过长时间演变而成的，意即由部分构成的整体。美籍奥地利生物学家贝塔朗菲（1968）首次提出一般系统理论。该理论从各种系统的共同特征入手，研究系统普遍的要素、结构和功能，寻求适用于一切系统的模式和规律。

一、系统优化模型的提出及适用性

系统优化模型（System Optimization Model，SOM）是运用系统研究的方法，寻求通用模式，以整体观来研究组织内部结构及其管理问题的理论体系

(Kast，2000)。根据该模型，一个组织是由相互作用的子系统合成的；这些子系统是具有特定功能的有机整体，并与周围环境存在着动态的联系和作用。SOM模型强调组织与环境的整体优化。为实现这一目标，既要注重系统自身的要素、结构和层次的优化，还要注重外部环境的交流与交换，使系统与环境、内因与外因之间相互联系和相互作用。

近年来，复杂系统研究成为教育科学的主要研究方向之一。其基本思想是：复杂性源于个体的适应性，即个体与教育环境以及与其他个体的互动，改变了自己，也改变了教育环境。因此，个体和教育环境之间是一个相互作用的动态进化过程。

综上所述，高校构成了一个微观的生态系统。一方面，它的组织机构、制度规范与群体构成相对稳定，形成了类型化的校园文化；另一方面，它与外部环境构成持续不断的输入与输出关系，外部环境向学校输入各种物质（资金、设备、图书等）、能量（政策、价值、情感）与信息（知识），而高校也向外部环境输出人才以及学术成果。作为一种生态系统，高校具有目的性、开放性、社会性与脆弱性，且这几个特征是紧密相关的。

二、系统优化模型嵌入高校思政课教学的应然性与实然性

有关高校思政课程体系的探讨主要集中在三个方面：一是现有课程体系存在的问题，二是造成诸多问题的原因，三是思政课程体系改革的建议。从现有文献资料来看，对思政专业课程体系建设的专门论述尚不多见。概括起来，主要涉及三个层面：一是思政专业课程体系的现状、问题存在的原因以及有关改革的对策和建议；二是专业培养目标、人才规格、课程体系和教学等。可见，思想政治教育学科的复杂性，决定了其课程体系建设需要在系统论的指导下进行教学模式的探索与改革。

20世纪80年代，王兴成等人相继翻译了国外系统论的相关学术成果。以钱学森（1991）为代表的中国学者提出了系统科学的体系结构设想，并由此带来了中国对系统论研究的高潮。魏宏森等人（2016）开始探讨系统理论与辩证唯物主义的关系，并提出“要运用辩证唯物主义这个锐利武器结合现代科学技术发展的成果，在更高的层次上进行新的综合，建立一门把系统、信息、控制等基本原理有机地结合在一起的新理论——广义系统论”。鉴于高校思政课程在内容构成、课程设置和培养目标上的鲜明特点，通过系统论视角，优化其教育教学的整体效果，对于提升大学生的培养质量有着深刻的意义和作用。

纵观目前思政课教学改革，大部分仅限于课程结构和课程设置的理论探讨。如何真正做到与时俱进、因材施教？不可或缺的是课堂教学改革。考虑到这一领域的实践研究异常匮乏，且缺乏成熟的理论指导。对此，从思政课堂教学的主体出发，基于SOM模型探讨课堂教学的主客体动因及现阶段有效的课堂教学模式。

SOM模型对思想政治教育培养模式具有重要的指导作用。具体表现在三个方面：第一，“政治社会化”的“思想政治教育”体现在公民教育理论体系中，且注重政治共同体研究。第二，重视公民教育各要素的培养路径与方式方法等研究。研究者提取400多所学校样本，采用分层线性分析发现，学校、家庭与社区的合力对公民教育培养模式具有促进作用。第三，重视文化与社会资本在公民教育中的重要性和可行性。社会资本是一个“实际或潜在的资源集合体”，个体通过社会资本建立与他人的社会关系和链接，从而形成社会网络。

SOM模型为高等教育知识管理和利用提供了新的视角和思路。从全球经济社会发展趋势来看，SOM模型嵌入高校思政课程教学实践肩负着重要的使命与责任。

第二节 微文化视阈下高校思政课堂学习共同体的多样性

人作为现代社会的主体，经历着传统历史文化与当代先进文化之间的激烈碰撞与交锋，人们的思想政治与社会实践在不同程度上分别以复杂矛盾体的形式表现出来，思想政治意识形态呈现出多元化、多维度趋势。随着人们的主体意识不断提高，其精神世界不断经历自我价值观念与社会意识形态的转变，完善自我，追求民主、平等、自由的社会意识越来越强烈，这种美好夙愿恰好与高校对大学生的思想政治教育的实践目标不谋而合。纵观现阶段的高校思想政治教育活动，俨然从原本的理论与实践相结合，钝化为纯粹的书本理论与书本实践研究，在高校思想政治教育理论课程的主课堂上形成了就思想政治教育而大谈特谈、甚至空谈的尴尬局面，使得高校思想政治教育理论课程陷入了孤岛困境，高校思想政治教育理论课程与专业学科相互脱节的两层皮现状愈发严重。高校思政课教师无法将思想政治教育课程中的品德教育，有机溶解于其他专业课程的有效教程之中，使得大学生对思想政治教育课程产生了抵触情绪，认为思想政治教育课程并不是树立正确的世界观、人生观、价值观的主要路径，而是与真实世界脱节的大道理教育，抑或是高高在上的教育、填鸭式强行灌输，在这种被边缘化的教学环境中，发现高校思想政治教育陷入失语境界，而且只能从德智体美劳全面教育的定位中，发现高校思想政治教育的地位。这些问题与新时代思想政治教育的角色定位是不匹配的。

思想政治教育具有鲜明的实践观念，在亚里士多德的美德教育专题和尼各马可伦理学课程教育中反复提到。如何发挥高校思想政治教育课程的品德教育功能，如何调动大学生的主体建构积极性、参与性，如何激励大学生充分挖掘高校思想政治教育理论课程与各专业学科之间的内在潜力并转化为学习动力，如何对现有的高校思想政治教育理论课程体系进行卓有成效的课堂改革等这一系列具有理论价值的现实问题，需要从激进建构主义理论出发，深入思想政治教育的教学实际。

习近平总书记指出，2000 多年前，中国古代思想家孔子就说，益者三友，友直、友谅、友多闻。人类命运共同体，顾名思义，就是每个民族、每一国家的前途命运都紧紧联系在一起，应该风雨同舟，荣辱与共，努力把我们生于斯、长于斯的这个星球建成一个和睦的大家庭，把世界各国人民对美好生活的向往变成现实。

我们要努力建设一个远离封闭、开放包容的世界。中国有句古话："万物并育而不相害，道并行而不相悖。"文明的繁盛、人类的进步，离不开求同存异、开放包容，离不开文明交流、互学互鉴。历史呼唤着人类文明同放异彩，不同文明应该和谐共生、相得益彰，共同为人类提供精神力量。我们应该坚持世界是丰富多彩的、文明是多样的理念，让人类创造的各种文明交相辉映，编织出斑斓绚丽的图画，共同消除现实生活中的文化壁垒，共同抵制妨碍人类心灵互动的观念纰缪，共同打破阻碍人类交往的精神隔阂，让各种文明和谐共存，让人人享有文化滋养。实现伟大梦想需要各方面智慧和力量。我们应该全方位、多层次、多角度地去集思广益，从实践中总结经验、寻找思路、升华思想、获取动力，汇聚构建人类命运共同体的强大力量。

在高校构建思政课学习共同体，是在小范围内高校思想政治教育理论课程的教学改革和创新。20 世纪 80 年代，激进建构主义迅速席卷了全球自然科学和社会科学的各个专业领域，尤其对学校的课堂教学影响甚大。该理论的教学观最早源于皮亚杰（J. Piaget，1970）的同化与顺应理论，即知识并不是通过教师传授获得的，而是通过学习者自身在一定的教学情境下，通过人际交流和社会协作，主动采集信息、分析数据、得出结论，并在大脑中建构这些知识的过程。激进建构主义代表人物、美国心理学教授冯·格拉斯菲尔德（V. Glasersfeld，1986）

主张，世界客观存在，但人们对于世界的理解和意义的赋予却以自身经验为基础。因此，人们所经验的世界因理解和信念不同而迥异。正如马克思所说，最蹩脚的建筑师从一开始就比最灵巧的蜜蜂高明的地方，是他在用蜂蜡建筑蜂房以前，已经在自己的头脑中把它建成了。这说明，在学习过程中比获取知识更重要的是自己建构知识的过程。

激进建构主义教学理念侧重于学习的过程而非结果。美国加州大学伯克利分校的数学和科学中的认识与学习课程，提供了激进建构主义教学理论在数学学科教学实践中的一个典型实例。该校为物理学、化学、生物学、机械学、生理学等不同专业学科的大三、大四学生提供数学选修课程。该课程为每周三个小时的课堂教学和一个小时的课外实习，课程学习的过程包括：教师为学生提供问题，学生以小组方式探究解决的方法，学生选择其中一个问题，和教师一起商量修正计划；学生和其他同学合作解决选定的问题；各自撰写研究论文。在该教学活动中，教师会用课堂学习中一半以上的时间供学生组会讨论，教师在整个学习过程中仅仅充当支持者和引导者的外部作用，而每个学生才是在课堂学习中的真正主体。可见该教学理念是认知主义的进一步发展，它使教与学的关系发生哥白尼式革命，与我国当代教育所倡导的增强学生主体学习能力有相近之处。遵循这一理念，不少研究者围绕相关的课堂教学设计和教学效果评估等方面进行了大量的理论与实证探索，目前，所得出的相关研究结论已经涉及我国高校思想政治教育理论课程，正在着手构建高校思政课学习共同体，对此，有必要将激进建构主义教学理念引入思想政治教育主课堂，探索教学改革与实践的新路径。

一、思想政治教育主课堂的激进建构主义培养模式

中共中央和国务院关于进一步加强和改进大学生思想政治教育的意见明确指出，加强和改进大学生思想政治教育，坚持将解决思想问题与解决实际问题相结合，紧密结合国际国内形势变化，重点关注大学生想要解决的热点、难点问题和与大学生有关的学习、成才、择业、健康生活等方面的具体难题，提高思想认识、升华思想境界。可见，思想政治教育改革的方向是以问题为核心，思想政治教育课程是以解决大学生所面临的现实问题为突破口的实践活动，而这与激进建构主义教学理念以问题为起源，带着问题学习，在解决问题的全部过程中自主推进教学活动的培养模式不谋而合。虽然从西方直接引进的激进建构主义教学理念，相对于我国固有的墨守成规传统教学理念来说比较繁杂，但课堂问题解决的模式依然是其最先进的核心思想，这就是所谓的批判性思维培养模式。这一培养

模式的发展脉络表明，激进建构主义的教学模式融入我国思想政治教育改革有着深刻的历史与文化根基。当前颇为流行的对话式教学、探究式教学、问题式教学、情景式教学等，都是从激进建构主义教学理念中汲取营养，以推动国内外教育改革的新局面。

我国高校人才建设是以培养全面发展、具有创新思维的一流人才为目标。这一目标也成为创建世界一流大学、创建世界一流学科（双一流）教育战略的重要组成部分。激进建构主义教学理念认为，知识不是学习者通过刺激—反应机制被动地从外界转移而来，而是学习者通过与外界的相互作用，在自己原有的知识储备基础上，主动在头脑中建构新的知识，在这一学习过程中，学习者的身心和智力将不断得到扩展，知识与智力将持续提升。以激进建构主义教学理念为蓝本的问题式教学效果表明，与传统课堂教学相比，大学生在问题式教学活动中更有可能主动使用已经学过的知识和技能，并将更高层的创造性思维迁移到新的教学情境。

我国思想政治教育的传统课程，往往偏重于纯知识性的独白式单向传输教学模式。在这种模式下，大学生参与教学互动的积极性不高，师生之间交流也不足。但是，激进建构主义教学理念关于师生关系的定位却反其道而行之。该理念主张，教师是引导者、支持者，是配角，而真正的主角是大学生，他们自己在头脑中建构知识和技能，所谓“龙生九子，各不相同”，正是这种差异性、特异性，大大激发了他们的学习兴趣，为思想政治教育的有效实施提供了最佳的内部环境。

高校思想政治教育理论课程应当紧跟新时代德育建设步伐，创新课堂教学模式。以全球教育共同体为载体，激进建构主义微文化理论在世界各国的教学实践中已取得一定成效，尤其对智育、美育等课程，这一动力理论在个体人格塑造与高校思政课学习共同体的有机结合方面收效显著。对此，应在激进建构主义微文化视阈下开展高校思政课学习共同体的构建，用激进建构主义微文化的方法论原理，将社会主义生态文明教育观与马克思主义核心价值观灵活巧妙地贯彻于课堂教学，让大学生自主把握学习进度，积极开展课后教学实践，从而达到事半功倍的教育效果，为全面复合型拔尖人才的培养搭建理论与实践平台。

二、“课堂学习共同体”的概念

“共同体”这一概念是人类社会学研究的范畴，最早来源于德语 gemeinschaft，表示任何基于协作关系的有机组织形式。德国社会学家 Boyer 和 Jossey（1995）首次将“共同体（community)”引入科学研究的范畴，提出“学习共同体”必须以共同愿景为基础，成员间平等、彼此之间能够合作交流，并同时遵守共同体的规则纪律[①]。所谓“学习共同体”，是主要由学习者及助学者（教师、专家、辅导者等）共同构成的团体，团体成员在学习过程中经常进行沟通、交流，并分享各种学习资源，共同完成一定的学习任务，相互影响、相互促进，以完成某种技能的掌握作为学习任务。学生针对学习任务进行探究性学习，教师在学习的过程中作为学生的协作者，在合作学习的过程中可能存在小组成员间学习不主动、对问题存在认知冲突等问题，教师可以通过知识建构的方式帮助学生解决问题。

学习共同体作用于学校教育是受到美国教育学家杜威（Dewey，1919）的“教育即生活，学校即社会”教育思想的影响。随后，伯耶尔（Boyer，1995）发表题为《基础学校：学习的共同体》的报告，正式提出“学习共同体”概念。他认为，有效的学校教育最重要的是在学校建立真正意义上的学习共同体。美国范德堡（Venderbilt）大学的认知与技术小组（CTGV）进一步阐释学习共同体的内涵为“一种支撑复杂学习的组织环境”。该组织环境“强调共同的信念和愿景，强调学习者分享各自的见解和信息，鼓励学习者通过探究以达到对学习内容的深层理解”。此后，国外各种学习共同体如雨后春笋般出现在不同学科领域。这一基于人本主义和建构主义学习观的理论，越来越受到国内学术团体的青睐，并将其应用于高等教育教学改革当中。

高校思政课亟待教学改革。因此，将学习共同体模型应用于高校思政课教学，有助于从我国教育文化背景出发，对系统论与学习共同体模型之间的内在联系开展研究，从而构建高校思政课堂学习共同体。

第三节 线上与线下思政课学习共同体

一、生态建构式课堂的教学理念

生态激进建构主义教学理念表现出的批判性思维，在培养大学生的创新型思维模式、独立精神、自主建构科学技术体系方面都产生了积极影响，但是如果将生态建构主义教学理念与我国的思想政治教育课程的实际教学过程直接挂钩生搬

---

① ［德］斐迪南·滕尼斯．共同体与社会：纯粹社会学的基本概念［M］．林荣远，译．北京：商务印书馆，1999.

硬套，便会凸显中西方文化的差异。生态激进建构主义教学理念认为知识是无法传授的，只能靠自身体悟获得，知识的作用在于个体经验世界的构成，而不是对外部世界的反映。所以生态激进建构主义教学理念一旦直接进入思想政治教育课程教学的实际操作层面，便会显露出相对主义的倾向，走向机械灌输的方面——自由放任。在积极推广生态激进建构主义教学理念时还出现过更滑稽的现象，如搬走讲台、让教师站到课堂后面的极端做法。另外，生态激进建构主义教学理念特别强调学习者对于环境的适应性，但教育始终是一种主观能动性的实践活动，正如马克思在《关于费尔巴哈的提纲》中所说，全部社会生活在本质上是实践的，凡是把理论引向神秘主义的神秘东西，都能在人的实践中以及对这种实践的理解中得到解决。我国的思想政治教育不仅要培养大学生适应世界，适应环境的能力，更注重培养其改造环境的能力。同时生态激进建构主义教学理念相对于传统课程会占用更多的教育资源，有可能导致学校的教学任务无法正常完成。鉴于生态激进建构主义教学理念应用于我国教育实践的案例，我们在高等学校思想政治教育课程与生态激进建构主义教学理念相结合时，只能借鉴其教学外在形式，而教育内核仍然是以新时代中国特色社会主义核心价值观为主要内容，我们国家要的是把激进建构主义教育中国化、生态化。

二、生态建构式课堂的教学形式

为了把生态激进建构主义教学理念与我国思想政治教育有机结合，还需对生态激进建构主义教学理念的教学外在形式进行一番脱胎换骨的改造。由于生态激进建构主义教学理念下的思想政治教育对于教学资源要求较多，主要是要保证教学时间和教学空间的充裕性，因此在运用新理念进行思想政治教育教学时，不能挤占完成其他教学任务的时间与空间。依据成熟教学经验，每周六、周日，每年寒假、暑假的时间，将生态激进建构主义教学理念植入我国思想政治教育课程之中，即推行开放式课堂。既不耽误正常教学时间，又可充分利用基本教学任务完成之后的零碎时间，并采取与完整的社会实践活动相结合的方式，为生态激进建构主义教学理念与思想政治教育的运用操作，赢得宝贵的时间和空间教学资源。

生态激进建构主义教学理念与我国思想政治教育理论课程有机结合，在形式上采用以问题为源头，但其核心内容仍应坚持中国特色社会主义核心价值观，且须紧扣时代主题。尤其在高校思想政治教育理论课程中，因为思想政治教育的强政治性质，使得思想政治教育不能与中国特色社会主义方向偏移或者脱钩，所以在高校思想政治教育理论课程开放性课程的内容，需要选择关涉品德教育的新时代主题。党的十七大报告中第一次提出生态文明，将生态文明、政治文明、物质文明、文化建设、社会建设一并提出，形成五位一体的总体布局；党的十九大以来，生态文明的重要性和话语权日益紧迫，因此，中国特色社会主义生态文明教育是党和政府赋予高校大学生思想政治教育的新任务，是治国理政的客观现实。

第四节　课内与课外思政课学习共同体

一、实际教学过程

高校思政课学习共同体的建构，还可运用课内与课外思政课学习共同体形式。高校思政课教师用每节思想政治教育理论课程的最后五分钟时间，其实质是周六、周日、寒暑假、其他零碎时间等，将思想政治教育理论课程的社会实践活动的主题、内容、方法、步骤等，提前告知全体大学生去做，甚至可以分发一些书面规划纲要和活动条目，积极鼓励全体大学生自主结合，分组讨论；负责教师要合理切割自己的参与讨论时间，以保证在所有的分组活动中，负责教师始终是以引导者与参与者的身份参与其中，这就是所谓的运筹学原理。让所有的大学生始终感到负责教师就在自己的这支分组活动队伍中间，始终就像一面旗帜，支持鼓励本组成员一往无前团结战斗，直至取得最后胜利。每支分组活动队伍都要推选本组负责人，作为这支队伍的领导核心，使得这次社会实践活动具备灵魂，不至于在整个活动中显得手足无措，成为一盘散沙。

这里所说的开放式课堂是从教学资源来进行多维度考量的，包括教师资源维度、大学生资源维度、时间资源维度、课题资源维度、学术资源维度、经费资源维度、奖励资源维度、分配资源维度等各种价值观维度。在美国等发达资本主义国家，领导科学是其思想政治教育课程的最重要课程之一，有50多门相关课程可以任由大学生选修，其目的就是培养大学生的领导能力。领导能力其实就是政治智慧，领导人是由被领导人集体选举出来的，领导人必须为被领导人服务，服务就是核心价值观。治国理政就是为人民服务。我国现在各地大学图书馆都有相关书籍可以借阅，例如，中共中央党校出版社出版的期刊《中国领导科学》，所有参加分组的大学生都可以在负责教师的指导下前去借阅。

二、开放式大学生课堂思想政治教育学习共同体

开放式大学生课堂思想政治教育学习共同体是一种以主体性思想政治教育为

基础，注重显性教育与隐性教育相结合的开放式务实教育管理体制，即建立一个执行一体化的高校思想政治教育平台，将学科链与产业链相对接，培养大学生正确的就业价值观，锻炼大学生的职业道德和职业素养，将高校思想政治教育理论课程由传统课程向课外实践空间延伸，将思想政治教育与社会实践相结合，以避免高校思想政治教育理论课程成为无源之水、无本之木。开放式课堂是以学习共同体来呈现的教学形式，所谓学习共同体，是指一个由学习者、助学者（教师、专家、学者、辅导员、班主任等）共同构成的团体，团体成员在专题学习中自主沟通、自主交流、自主分享教学资源和教学成果，协同完成一定的专题式学习，以求形成相互影响、相互促进、共同进步的人际联系。开放式课堂学习共同体强调具有不同文化背景的学习者，充分发挥自己的专业特长，相互合作、相互支持、共享成果，共同完成确定的专题学习目标和工作任务，最终的教学成果是每一个大学生发表一篇高质量的学术论文。

生态建构式课堂的教学内容涉及很多社会科学和自然科学领域，高校思想政治教育理论课程教师应转变教学方法，创新教学内容，重塑师生关系，以使大学生始终保持良好的学习状态。对此，需要以教学主体为本、以理想信念教育为核心、以社会主义核心价值观为引领，将知识传授转变为知识体系建构，准备贴近生活的具体案例，拓展教学内容的深度与广度。这时，高校思想政治教育理论课程教师既承担知识传授者的角色，又承担知识建构者的角色。在这样一种多元思维和新语境下，大学生能够持续保持旺盛的学习动机，从而激发学习动能，培育创新思维。根据这一教学理念，开发一套生态建构式课堂教学案例—问题讨论—核心价值观培育“三位一体”教学模式，具体见表 5 - 1。

表 5 - 1　生态建构式课堂教学案例 - 问题讨论 - 核心价值观培育“三位一体”教学模式

静态课堂 动态课堂	教学案例 B1	问题讨论 B2	核心价值观 B3
教学主体 A1	A1B1	A1B2	A1B3
教学情景 A2	A2B1	A2B2	A2B3
教学思维 A3	A3B1	A3B2	A3B3
……	……	……	……
同向互动性	模式Ⅰ	模式Ⅱ	模式Ⅲ

根据上述教学模式分析，思想政治教育生态建构式课堂教学结构如图 5-1 所示：

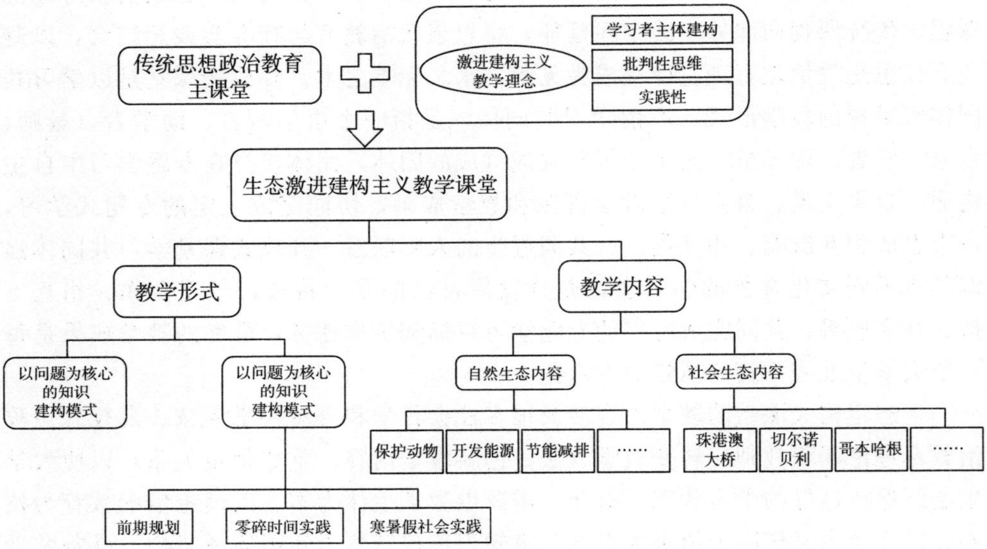

图 5-1 生态建构式课程教学结构

三、结语

适时地对课程目标、内容、形式进行完善，为将激进建构主义教学理念植入我国思想政治教育理论课程提供必要前提。在课程目标上，颠覆知识的作用就是对真理认知的传统概念，以提升大学生自主学习、主动建构知识为目标。在课程形式上，根据激进建构主义教学理念的课堂学习共同体形式，可形成开放式课堂学习共同体。在课程内容上，生态建构式课堂的教学内容囊括生态文明自然科学和社会科学两个方面，属于跨学科教育，适用于开放式教学。

根据后现代主义观点，教育具有一种“文化中立性”，并以此推演出一套民主平等的教学理念。在后现代主义教学理念看来，世界的本质是以无序为主导的，只有在差异中承认差异，在无序中认识无序，努力提高生来就是“与众不同”的自己，这才是人类的天性和世界的本质。因此，这一理念与激进建构主义教学观遥相呼应，为发挥人的主体性、提高思想政治教育课堂教学实效起到价值引领作用。

参考文献

著作：

[1] 马克思，恩格斯．马克思恩格斯选集（1—4卷）[M]．北京：人民出版社，1995.

[2] [瑞] 皮亚杰．儿童的道德判断 [M]．傅统先，陆有铨，译．济南：山东教育出版社，1984.

[3] [美] L. 科尔伯格．道德发展心理学：道德阶段的本质与确证 [M]．郭本禹，等，译．上海：华东师范大学出版社，2004.

[4] [德] 斐迪南·滕尼斯．共同体与社会：纯粹社会学的基本概念 [M]．林荣远，译．北京：商务印书馆，1999.

[5] 陈志霞．大学心理学 [M]．武汉：华中理工大学出版社，2001.

[6] 段鹏．传播效果研究：起源、发展与应用 [M]．北京：中国传媒大学出版社，2008.

[7] 黄希庭，郑涌，等．当代中国大学生心理特点与教育 [M]．上海：上海教育出版社，1999.

[8] 金盛华，张杰．当代社会心理学导论 [M]．北京：北京师范大学出版社，1995.

[9] 万明钢，刘显翠．现代社会心理学 [M]．北京：对外经济贸易大学出版社，2013.

[10] 张明新．参与型政治的崛起——中国网民政治心理和行为的实证考察 [M]．武汉：华中科技大学出版社，2015.

[11] Rawls，J. A theory of justice [M]．Cambridge，MA：Harvard University Press，1999.

[12] Rest，J. R. Moral development：Advance in research and theory

[M]．New York：A division of Greenwood Press，1986.

[13] Volker，J. M. Counseling experience，moral judgment，awareness of consequences and moral sensitivity in counseling practice [D]．Minnesota：University of Minnesota. 1984.

期刊：

[1] 边玉芳．冲突改变态度：费斯廷格的认知失调实验 [J]．中小学心理健康教育，2012（17）：31-32.

[2] 陈勃，董敏，赖红妃．社会不公信息传播对公正信念影响的实验研究 [J]．新闻与传播研究，2013（5）：70-76.

[3] 陈勃，蒋坤．社会不公信息网络传播的社会反响特征及启示 [J]．赣南师范学院学报，2013，34（2）：71-74.

[4] 陈步青，郭艳丽，刘文达，等．道德敏感性与攻击：自我控制和情绪调节的多重中介 [J]．中国健康心理学杂志，2018，26（1）：93-98.

[5] 陈欣银，项宇．我国青少年道德判断的发展及其相关因素研究 [J]．心理科学通讯，1990（1）：25-29，67.

[6] 单红梅，胡恩华，邱文怡，等．工会公平感对工会公民行为的影响：基于公平敏感性 [J]．管理科学，2016（6）：106-119.

[7] 董滨宇．康德与道德判断的敏感性 [J]．南通大学学报（社会科学版），2020（2）：28-34.

[8] 付珏，姚本先．社会不公与心理失衡研究述评 [J]．当代社科视野，2011（4）：33-36.

[9] 高德胜．再论道德冷漠与道德教育 [J]．教育研究与实验，2015（5）：1-7.

[10] 高齐天．道德需要和社会公正的互利共生关系 [J]．中学政治教学参考，2018（11）：26-27.

[11] 顾海根，李伯黍．上海地区青少年道德判断能力测验的编制及常模制定 [J]．心理科学，1997（3）：197-201.

[12] 郭永玉，杨沈龙，李静，等．社会阶层心理学视角下的公平研究 [J]．心理科学进展，2015，23（8）：1299-1311.

[13] 韩桥生，谭菊华．以公正为核心构建当代中国社会道德价值共识 [J]．理论月刊，2014（6）：160-164.

[14] 韩桥生．道德价值共识：防范和治理道德风险的内在要求［J］．理论导刊，2017（7）：17－21.

[15] 何亚云，冯江平．道德理论的新进展——道德判断的社会直觉模式［J］．心理科学，2004，27（5）：1190－1191.

[16] 寇彧．青少年道德判断发展与其道德观念影响源的关系［J］．心理科学，1998，21（3）：268－269.

[17] 吕寿伟．教育排斥与不公正的道德体验［J］．湖南师范大学教育科学学报，2014，13（3）：92－97.

[18] 麻宝斌．社会公正测量的五个维度［J］．理论探讨，2012（1）：8－9.

[19] 倪伟．我国品德心理研究 20 年的回顾与反思［J］．心理学动态，2001，9（1）：52－56.

[20] 潘云华，陈勃．社会不公信息的摄入与青少年道德发展［J］．教育评论，2014（3）：102－104.

[21] 庞维国，陆烨．道德发展理论的演进及其教育启示［J］．当代教育科学，2015（6）：41－44.

[22] 齐志远．高中生道德判断能力的现状研究——基于 MJT 的量化分析［J］．思想政治课教学，2018（6）：89－94.

[23] 任晶晶，江琦，李树芳，等．道德判断的双加工过程模型［J］．教育生物学杂志，2015，3（1）：43－47.

[24] 任俊，高肖肖．道德情绪：道德行为的中介调节［J］．心理科学进展，2011，19（8）：1224－1232.

[25] 王海明．公正与人道：社会治理的道德原则［J］．党政干部学刊，2008（2）：3－7.

[26] 王海燕．道德认知能力：学校道德素质教育的基点［J］．教育探索，2000，105（3）：40－41.

[27] 王云强，郭本禹，吴慧红．情绪状态对大学生道德判断能力的影响［J］．心理科学，2007，30（6）：1324－1327.

[28] 吴雷鸣．态度改变理论在高校思想政治教育中的应用研究［J］．思想理论教育导刊，2010（9）：95－97.

[29] 闫闯，蔡志良．学生道德宽容研究引论［J］．教育理论与实践，2015，35（1）：44－47.

[30] 余达淮，刘静．道德判断与道德行为关系研究的进展分析［J］．外国

教育研究，2011，38（6）：91-96.

[31] 余文霞，冯涛．社会转型时期的道德困境及破解对策探讨［J］．求实，2015（12）：50-55.

[32] 张娜，张剑，宋亚辉．保险营销员倾向性/情境性道德敏感性对道德决策的影响［J］．中国人力资源开发，2016（23）：57-65.

[33] 张志君，陈斌斌，顾海根．聋哑与听力正常青少年道德判断能力比较研究［J］．心理研究，2008，1（5）：32-35.

[34] 章乐．风险社会的道德困境与学校教育应对［J］．教育发展研究，2015（Z2）：39-43.

[35] 赵东伟．道德情绪：厌恶、愤怒情绪在道德判断中的区分［J］．法制与社会，2012（14）：268-269.

[36] 赵志毅．当代大学生道德认知状况研究报告［J］．南京师大学报（社会科学版），2001，（6）：58-66.

[37] 郑睦凡，赵俊华．权力如何影响道德判断行为：情境卷入的效应［J］．心理学报，2013，45（11）：1274-1282.

[38] 郑信军，岑国桢．大学生倾向性道德敏感的结构研究［J］．心理科学，2008，31（5）：1026-1030.

[39] 郑信军，岑国桢．道德敏感性：概念理解与辨析［J］．心理学探新，2009，29（1）：10-13.

[40] 郑信军，岑国桢．道德敏感性的研究现状与展望［J］．心理科学进展，2007，15（1）：108-115.

[41] 钟毅平，陈海洪．心理距离对道德行为判断的影响［J］．心理学探新，2013，33（1）：43-46.

[42] 周春燕，郭永玉．公正世界信念——重建公正的双刃剑［J］．心理科学进展，2013，21（1）：144-154.

[43] Amit，E.，Algom，D.，& Trop，Y. Distance-dependent processing of pictures and words［J］. Journal of Experimental Psychology：General，2009，138（3）：400-415.

[44] Bebeau，M. J. The Defining Issues Test and the Four Component Model：Contributions to professional education［J］. Journal of Moral Education，2002，31（3）：271-295.

[45] Bock，T.，& Narvaez，D. Moral Schemas and Tacit Judgement or

How the Defining Issues Test is Supported by Cognitive Science [J] . Journal of Moral Education, 2002, 31 (3): 297 - 314.

[46] Cushman, F. Action, outcome, and value: A dual-system framework for morality [J] . Personality and Social Psychology Review, 2013, 17 (3): 273 - 292.

[47] Erwin, W. J. Supervisor Moral Sensitivity [J] . Counselor Education and Supervision, 2000, 40 (2): 115 - 127.

[48] Finn, D. W., Munter, P., & Shaub, M. K. The effects of auditors' ethical orientation on commitment and ethical sensitivity [J] . Behavioral Research in Accounting, 1993, 5: 145 - 169.

[49] Gollwitzer, M, Jürgen, M., Schmitt, M., et al. Justice Sensitivity: Assessment and Location in the Personality Space [J] . European Journal of Psychological Assessment, 2005, 21 (3): 202 - 211.

[50] Greene, J., & Haidt, J. How (and where) does moral judgment work? [J] . Trends in Cognitive Sciences, 2002, 6 (12): 517 - 523.

[51] Greene, J. From neural 'is' to moral 'ought': What are the moral implications of neuroscientific moral psychology [J] . Nature Reviews Neuroscience, 2003, 4 (10): 846 - 850.

[52] Greene, J. Why are VMPFC patients more utilitarian? A dual-process theory of moral judgment explains [J] . Trends in Cognitive Sciences, 2007, 11 (8): 322 - 323.

[53] Haidt, J., & Wheatley, K. Affect, culture, and morality, or is it wrong to eat your dog [J] . Journal of Personality and Social Psychology, 2001, 65 (4): 613 - 628.

[54] Haidt, J. Moral psychology for the twenty-first century [J] . Journal of Moral Education, 2013, 42 (3): 281 - 297.

[55] Haidt, J. T. The emotional dog and its rational tail: A social intuitionist approach to moral judgement [J] . Psychological Review, 2001, 108: 814 - 834.

[56] Harenski, C. L., Antonenko, O., Shane, M. S., & Kiehl, K. A. A functional imaging investigation of moral deliberation and moral intuition [J] . Neuroimage, 2010, 49 (3): 2707 - 2716.

[57] Kymlicka, W. Testing the liberal multiculturalists hypothesis: Normative theories and social science evidenc [J] . Canadian journal of political science, 2010, 43 (2): 257 - 271.

[58] Liberman, N. , & Trope, Y. The psychology of transcending the here and now [J] . Science, 2008, 322: 1201 - 1205.

[59] Moll, J. , & de Oliveira-Souza, R. Response to Greene: Moral sentiments and reason: Friends or foes [J] . Trends in Cognitive Sciences, 2007, 11 (8): 323 - 324.

[60] Polman, E. , & Kim, S. H. Effects of anger, disgust, and sadness on sharing with others [J] . Personality and Social Psychology Bulletin, 2013, 39 (12): 1683 - 1692.

[61] Scherer, K. R. Profiles of emotion-antecedent appraisal: Testing theoretical predictions across cultures [J] . Cognition and Emotion, 1997, 11 (2): 113 - 150.